新编21世纪高等职业教育精品教材
经贸类通用系列

财经应用文写作

Finance and Economics Practical Writing

主编◎陈晓兰 董菁　副主编◎张媛媛 王茜 吴芳

中国人民大学出版社
·北京·

图书在版编目（CIP）数据

财经应用文写作 / 陈晓兰，董菁主编．-- 北京：中国人民大学出版社，2022.5

新编 21 世纪高等职业教育精品教材．经贸类通用系列

ISBN 978-7-300-30460-1

Ⅰ.①财… Ⅱ.①陈… ②董… Ⅲ.①经济—应用文—写作—高等职业教育—教材 Ⅳ.①F

中国版本图书馆 CIP 数据核字（2022）第 046688 号

新编 21 世纪高等职业教育精品教材·经贸类通用系列

财经应用文写作

主　编　陈晓兰　董　菁

副主编　张媛媛　王　茜　吴　芳

Caijing Yingyongwen Xiezuo

出版发行	中国人民大学出版社		
社　址	北京中关村大街 31 号	**邮政编码**	100080
电　话	010－62511242（总编室）		010－62511770（质管部）
	010－82501766（邮购部）		010－62514148（门市部）
	010－62515195（发行公司）		010－62515275（盗版举报）
网　址	http://www.crup.com.cn		
经　销	新华书店		
印　刷	唐山玺诚印务有限公司		
开　本	787 mm×1092 mm　1/16	**版　次**	2022 年 5 月第 1 版
印　张	14 插页 1	**印　次**	2023 年 11 月第 3 次印刷
字　数	329 000	**定　价**	38.00 元

前　言

随着社会经济、科技的高速发展，信息资源越来越丰富，信息传递、交流越来越受重视，应用文作为管理国家、处理政务、传达信息、组织策划、推广成果、发展科学，以及人们在社会、思想交流中使用的重要工具，已成为信息时代不可替代的重要传播手段和工具。

叶圣陶先生曾说过："大学毕业生不一定要能写小说诗歌，但是一定要能写工作和生活中的实用文章，而且非写得既通顺又扎实不可。"应用文写作包含的知识非常实用，小到书信、启事，大到调查报告、财务分析报告和各种行政公文等，都和人们的工作生活息息相关。因此，学习应用写作知识，提高应用写作水平，是时代对大学生提出的基本要求。对大学生来说，能写出思想正确、文理通顺、结构完整、语言流畅的符合规范的应用文，是必备的基本技能。

财经应用文写作是财经类院校学生必须掌握的一项基本功，是各职业院校财经类、金融类、商贸类专业的必修课。为更好地发挥本课程的作用，我们在深入调研的基础上，开发了本教材。

本教材以教育部《关于加强高职高专教育教材建设的若干意见》为指导，深入学习领会党的二十大报告精神和教育部印发的《高等学校课程思政建设指导纲要》等文件精神，确立了"写作技能、思维训练、职业素养和课程思政多元并育"的理念，从"学生专业技能需求、学生生活交际需求、学生未来职业岗位需求、学生未来可持续发展需求"出发，侧重选取学生学习、生活以及走上工作岗位后应用较多的财经应用文文种，精心组合，形成了 8 个项目、35 个工作任务。

本教材遵循二十大报告的要求，深入挖掘课程思政的育人要素，做到能力培养与价值引导的有机统一。在案例的选择上，选取最新、最贴合财经商贸大类的例文，让学生在学会应用文写作的同时，了解更多的行业、专业知识，引导学生增加对专业的认同感。

本教材具有以下特色：

1. 落实课程思政精神，让立德树人成为教育教学的根本

党的二十大报告明确提出，要"落实立德树人根本任务，培养德智体美劳全面发展的社会主义建设者和接班人"。二十大报告还强调，要"广泛践行社会主义核心价值观"。因此，本教材将社会主义核心价值观、团队协作意识、社会责任感、职业道德、传统文化融入不同的教学单元，例如：在日常事务文书"条据"的教学中融入诚信元素；在公关社交文书的教学中以中华优秀传统文化为切入点，强化文化共识，融入爱国元素；在财经活动文书的教学中结合相关法律文书，融入法治元素。在案例的选取和课后实践任务中注重思

政元素的融入和思政载体的应用，真正把立德树人当作教育教学的根本，让学生在潜移默化中习得这一根本要素。

2. 侧重财经类主题，更加契合财经商贸大类学生的需求

在教材编写过程中，我们紧紧围绕职业岗位所需知识和能力选取教学内容、设计教学单元，力求贴近财经商贸工作实际，将能力培养贯穿于具体写作任务之中，使学生在逼真的财经工作环境中通过实训加深对理论知识的理解，提高财经应用文写作技能。

3. 注重与时俱进，不断提供前沿写作指导

在选取最新、最前沿的案例、例文的同时，顺应信息时代特点，增加新媒体文案写作项目，为学生提供最新的应用写作指导。让学生了解财经应用文写作不是僵化枯燥的，而是不断顺应时代发展，不断更新变化的，知识理论和实践应用以及写作思维、信息素养，都是本课程提升的内容。

4. 配套开发丰富的在线数字化资源，提供多元化学习方式，更加符合当前高职学生的学习特点

当前大部分应用文写作教材多以平面教材为主体，缺乏数字化教学资源，明显落后于目前高校课程信息化的要求。本教材在编写过程中同步开发了相对应的在线学习资源，相关知识点和技能点及案例的微课视频通过二维码链接教材，提供多元化的学习方式。丰富的数字化学习资源能够实现高职教育的精准化教学，促进高职学生的个性化发展。

本教材是江苏财经职业技术学院基础教学部大学语文教研室全体教师的心血凝聚，由陈晓兰、董菁共同主编，张媛媛、王茜、吴芳担任副主编。具体分工如下：马燕负责项目一、吴芳负责项目二、顾劲松负责项目三、姜南负责项目四、陈晓兰负责项目五、张科杰负责项目六、张媛媛负责项目七、王茜负责项目八，陈晓兰和董菁负责教材总体设计和教材内容的整体把控，董菁、张科杰和魏文绫负责电子资源的制作，张媛媛和王茜担任审稿工作。本教材在编写过程中得到了程淮中、王丹的精心指导和中国人民大学出版社的大力支持，在此对他们表示衷心的感谢！

在编写过程中，我们还参考了大量文献资料及相关教材，借鉴、改编了大量已有的例文和训练素材，在此对原作者一并表示感谢！由于编者水平有限，书中难免存在一些不足，恳请各位专家、读者批评指正。

编者

目 录

项目一
日常事务文书

学习引导

在日常生活和工作中，人们必然会用到各种各样的事务性文书。一般情况下，我们把计划、条据、申请书、启事、竞聘词等最常用的应用文归纳为“日常事务文书”。这类文书直接关系我们的生活，以工作和生活中的实际需要为写作动机，以解决方方面面的日常问题为写作目的。这类文书看似容易，但各个文种均有自己相对独特的写作规范和技巧，同学们千万不能掉以轻心，更应该以踏实、务实的心态对待这类与生存技能、自身发展、日常生活和职场工作密切相关的应用文体。可以这样说，只有掌握了日常事务性文书，同学们才能真正从校园进入社会、适应社会、融入社会。

学习目标

知识目标：

- 知晓计划、条据、申请书、启事、竞聘词等日常事务文书的相关概念、类型及特点
- 掌握计划、条据、申请书、启事、竞聘词等日常事务文书的结构内容、格式等写作要求

能力目标：

- 运用计划、条据、申请书、启事、竞聘词等文种，解决日常工作学习中的实际问题
- 有意识地修改计划、条据、申请书、启事、竞聘词的格式、语言、体例，使之完善
- 熟练写出观点正确、内容充实、结构合理、层次分明、表达清晰、语言得体、标点正确的日常事务文书

素质目标：

- 树立正确的工作态度，进一步明确社会主义核心价值观
- 建立文化自信，弘扬社会主义法治精神
- 逐步形成严谨、细致的职业素养和良好的信息素养
- 培育精益求精的工匠精神，逐步提高团队协作意识

任务 1　计划

情境导入

经过一段时间的军训，苏小语已经正式成为一名大学生了。她决心努力学习，让自己成为国家和社会需要的德才兼备的高素质人才。怎样才能做到这一点呢？她想到了一句古话："凡事预则立，不预则废。"所以，小语同学准备为自己制定一个学习计划。

明确：学习计划的写作。

知识聚焦

一、计划的概念

［微课］计划

国家机关、社会团体、企事业单位或个人，对预计在一定时间内要达到的目标或完成的任务，提出具体要求，制定相应的措施和执行步骤，并写成系统化、条理化的书面材料，这就是计划。计划是对未来一定时期的工作或任务做出预想性安排的应用文书。

计划是个广义的概念，因其涉及内容和期限的不同，计划还有设想、要点、打算、规划、安排等名称。其中，初步的草案性计划是"设想"；列出工作主要目标的计划是"要点"；准备近期要做的事情，但对其中的细节考虑还不完全的计划是"打算"；对较长时期内工作和任务的总体性设想是"规划"；对短期内工作进行具体布置的计划是"安排"。在撰写计划时，要根据具体情况，使用不同的名称。

二、计划的种类

根据不同的分类标准，可以把计划分成不同的种类：

按性质划分，可分为专题性计划和综合性计划两种。前者又称单项计划，是针对特定方面的工作或任务制定的；后者又称总体计划，是对单位、部门或个人一定时期内的所有工作或任务做出全面安排的计划。

按内容划分，可分为工作计划、学习计划、销售计划、科研计划等。

按范围划分，可分为个人计划、部门计划、单位计划、国家计划等。

按时间划分，可分为周计划、月计划、季度计划、年度计划等。

三、计划的特点

（一）科学的预见性

古语云："凡事预则立，不预则废。"预见性是计划最明显的特点之一。

（二）明确的针对性

计划不是千篇一律的。同样是工作计划，也有单位和个人之分，即使是同一单位内部，不同部门的工作计划也不一样。

（三）切实的可行性

有了科学的预见性和明确的针对性作为基础，计划才有切实的可行性。

（四）一定的约束性

计划一经制定并公布，对计划所涉及的单位、人员，就具有一定的约束性。在执行中，局部必须服从全局，各部门必须按计划的方案行动，不得随意更改，更不能把计划当作一种摆设，而应该严格按计划执行。即使是个人的计划，也不能随意更改，应该遵照执行，并最终达到目标，完成任务。

四、计划的结构和写法

计划的常见写作格式有三种：一是条文式，二是表格式，三是条文与表格结合式。但无论采取哪种格式，计划都应具备标题、正文、落款三个部分。

（一）标题

计划的标题一般有四种：一是制定单位＋适用时期＋内容＋文种，如《四川省教育厅2022年工作要点》；二是适用时期＋内容＋文种，如《2020年第一季度工作计划》；三是内容＋文种，如《值班安排》；四是只有文种，如《计划》。

（二）正文

正文是计划的主体部分，一般包括前言、主体和结尾三个部分。

1. 前言

这部分主要回答“为什么”和“凭什么”的问题，即“为什么要制定这个计划”和“依据什么来制定这个计划”，主要点明制定计划的指导思想和对基本情况的说明分析。前言文字要高度概括、力求简明，以讲清制定本计划的必要性、执行计划的可行性为要，应力戒套话、空话。如果是个人的短期小型计划，这部分可以省略。

2. 主体

这部分是计划的核心，一般包括目标、措施和步骤三个内容。

目标要明确指出总目标和基本任务，随后应根据实际内容进一步详细、具体地写出任务的数量、质量指标。必要时再将各项指标定质、定量分解，以求让总目标、总任务具体化、明确化。

措施就是明确完成计划须动员哪些力量、创造哪些条件、排除哪些困难、采取哪些手段、通过哪些途径等。

步骤有先后、主次、缓急之分，进程又有一定的阶段性，为此，在计划中针对具体情况应事先规划好操作的步骤、各项工作的完成时限及责任人。只有这样才能职责明确、操作有序、执行无误。

3. 结尾

这部分与前言相互照应，使文章结构更加完整，一般用简洁的语言对整个计划进行展望。需要说明的是，这部分在格式上不是必需的，可以随着计划条文的终了而自然结束。

（三）落款

单位的计划一般都要求有单位名称和成文日期。如果是以文件形式下发的计划，还需要加盖公章。单位名称一定要写全，不能用简称；日期也要写全年、月、日，年份要写全四位数，公章要清晰醒目。如果是个人计划，则只需个人署名和成文日期。

例文

××集团首批员工车改工作实施方案（试行）

为了有效地控制和节约车辆费用开支，合理配置内部车辆资源，按照集团“××司〔2021〕05号”文件和“××司〔2021〕07号”等文件的规定，特制定本方案。

一、车改原则

认真摸底、严谨推进；方案实用、相对公平。

二、参加对象

属集团现任四级以上在职的员工和个别经集团总裁特批岗位的员工，为首批参加车改的对象（以在2021年11月17日前填报了“首批参加车改员工确认登记表”，确认“是”或“否”参加车改的员工名单为准）。

三、组织领导

在总裁的领导下，集团成立“车改专项工作小组”。

成员组成如下：万莉、万小金、杨茜、罗来源、盛菁。

成员分工如下：由万莉牵头负责集团此次车改工作的组织与实施；万小金负责费用认定结算方面的工作；杨茜负责司机安置聘用方面的工作；罗来源重点负责拟订方案等组织工作；盛菁重点负责做好摸底汇总等具体事务工作。

四、具体做法

1. 属本次参加车改的员工，将统一按本人现任职级划分标准（16万元/二级、12万元三级、8万元/四级）享受一次性购车补助款，不能领取现金。

2. 属本次参加车改的员工，将统一按“1 400元＋职级系数（另由集团总裁酌定）”享受每月“车辆补贴”（含司机、保险、修理、路桥、汽油、停车、罚款等所有用车的费用），可凭相关票据报销额定的费用；也可在年底时，按当年额定的费用总额报销费用，不能领取现金。

3. 属本次不参加车改的员工，将统一按本人现任职级划分标准（800元/二级、600元/三级、500元/四级）享受每月“交通补贴”，可凭交通票据报销额定的费用；也可在年底时，按当年额定的费用总额报销费用，不能领取现金。

4. 属员工现有配车，按原购车的总额，统一以“6年折旧”计价进入本次车改（属现有配车的员工，享有优先选择权）。

5. 在车改后，若因公事需出车到本市市区以外的区域，除路桥费实报实销外，另按 1 元/千米（以到集团行政部领取填报的“出车单”为准）给予结算出车补助；若因公事需出车到省外区域，还可申请配派司机；未经相关主管领导特许批准，不能擅自动用其他的行政公务用车。

6. 属车改后员工的配车，车辆的所有权归公司，使用权归个人。平时，在保证本人用车的基础上，如遇特殊情况，应自觉支持并服从相关行政部门的临时调用车，费用则按实际发生的金额结算。

7. 属本次参加车改的员工，允许保留或另请司机（要求妥善解决好现有司机的安置问题），在经报集团人力资源部审批备案后，司机由该员工本人管理，除薪资和奖全自付外，可与本公司正式员工同等享受其他的福利待遇。

8. 属本次参加车改的员工，若在“5 年期限内”本人岗位职级变化，将按变化后的岗位职务待遇增减计算，享受用车每月车贴。

9. 属本次参加车改的员工，若在“5 年期限内”离司，将按“满足 5 年时间”均摊计算，在扣除已工作年限应享受的补助款，并退回其余部分补助款后，才能办理正式离司手续。

10. 属本次参加车改购了新车后离司的员工，在本人办理完离职手续，并结清了补助款后，其新购的配车必须由自己带走；属员工在车改前的配车，则可选择自带或不带。

五、实施步骤

本次车改专项工作是在集团进行二次艰苦创业，强力推进“凤凰涅槃”式内部改革的情况下，所做的一项十分严肃的工作，必须按照“认真摸底、严谨推进；方案实用、相对公平”的原则，具体拟分为四个步骤进行：

1. 摸底统计（11 月 6 日—11 月 13 日）

属本次车改对象的员工，应在 2021 年 11 月 13 日前如实填报“首批参加车改员工摸底统计表”，并统一报送集团盛菁处汇总备案。

2. 确认登记（11 月 14 日—11 月 17 日）

属本次车改对象的员工，应在 2021 年 11 月 17 日前如实填报“首批参加车改员工确认登记表”，并统一报送集团盛菁处汇总备案。集团强调：凡经本人确认，一经填报“是”或者“否”后，不得更改；若逾期不报，则视作自动放弃处理。

3. 拟订方案（11 月 18 日—12 月 14 日）

由集团“车改专项工作小组”负责，根据摸底统计和确认登记情况，结合集团车改专项工作要求，收集并采纳相关合理化意见和建议，组织拟订“车改实施方案”，经送相关领导和参加本次车改的员工传阅后，报请集团总裁批准。

4. 组织实施（12 月 15 日—12 月 30 日）

集团将在相关会议上正式公布《车改实施方案》。整个车改工作要求在今年年底前全部落实到位。

六、相关事项

本方案由集团“车改专项工作小组”负责组织实施，涉及司机安置与聘用方面的问题，由集团人力资源部负责落实；涉及费用认定与结算方面的问题，由集团财务部负责落实；涉及车改后空出车辆调配与使用方面的问题，由集团行政部负责落实。

本实施方案自2022年1月1日起正式试行。在试行中，统一由集团行政部负解释并收集意见、建议，并做出完善。

附件：××集团首批参加车改员工确认登记汇总表（略）

××集团车改专项工作小组

2021年××月××日

【例文简析】

《××集团首批员工车改工作实施方案（试行）》主要从车改原则、参加对象、组织领导、具体做法、实施步骤和相关事项六个方面展开。全篇用词准确朴实、简明扼要，目标具体明确，方法与步骤切实可行。

写作提示

为了保证计划的实行，在制定计划时要注意以下几点：

1. 实事求是，切实可行。制定计划不能靠主观愿望和臆想，必须通过深入的调查研究，从实际情况出发，准确地把握客观实际和事物发展的规律。

2. 要求明确，措施具体。为了使计划得到良好的实施，在整体设计上要注意目标明确，表述清晰，并将实现目标的途径和办法一条一条地列出来。

3. 留有余地，防患未然。计划是根据客观情况制定的，客观情况在不断变化，所以计划还要有灵活性，应留有一定的余地，当某种未预见的因素发生时，计划能及时修正、补充和调整。

写作训练

1. 改错。下面是一份学生的寒假英语学习计划，请指出它的主要问题。

计　划

计划是十分重要的，有了切实可行的计划，就可以减少盲目性，增强自觉性，使我们顺利地完成预定的学习目标。特制定寒假英语学习计划如下：

1. 我掌握的单词量不够，在寒假中我要将第一册英语教材中的单词背熟。
2. 在语法方面，我要重点突破英语中动词的几种时态。
3. 要强化英语会话能力。
4. 去××师范大学办的寒假英语强化班学习。
5. 阅读两本有英汉对照的英语小说简读本。

周明

2. 为苏小语制定一份全面的学习计划。

任务 2　条据

情境导入

周末，苏小语要组织同学去××儿童福利院慰问。苏小语准备周五请假去购买所需物品，她需要先向财务处借相关费用，再到团委领取老师和同学捐献的衣物和书籍。在这个过程中，苏小语可要写不少相关的条据哦！福利院在收到这些东西后，也要给苏小语留下条据作为凭证。请注意：苏小语不但要以严谨细致的职业精神规范写作这些条据，还要在写作中践行诚信精神。

明确：学习条据的写作。

知识聚焦

一、条据的概念

人们在工作和生活中，常常为办理涉及钱财和物品的各种手续而留下存根，或者为说明某种情况和理由而留下字据，这种作为依据的字条就叫条据。

[微课] 条据

二、条据的种类

条据可分为两类：

(一) 凭证类条据

这类条据的作用是作为证据、凭证，具有法律效力，如收条、领条、借条、欠条。

(二) 说明类条据

这类条据的作用主要是告知对方某个信息，向对方说明某件事情。这类条据只起说明告知的作用，不具有法律效力，如留言条、便条、请假条。

三、条据的特点

(一) 使用便捷

条据内容清晰明了，而且记事扼要、形式多样、不受时间地点限制，所以使用起来十分方便快捷。

(二) 具有说明效果

请假条等说明类条据可以说明相关的情况，具有说明的效果。

（三）具有法律效力

当有些事发生争议的时候，凭证类条据是最好的证明。

四、条据的结构和写法

（一）借条

借条是单位或个人借到钱、物时写给出借方作为凭证的一种条据。它是一种非常重要的、具有法律效力的应用文。

借条在格式上分为标题、正文、落款三部分。

1. 标题

一般居中书写“借条”表明性质。

2. 正文

借条的正文内容虽少，但要点很多，而且都很重要，需要字字斟酌。

（1）一般以固定用语“今借到”三个字开头。

（2）要写清对方（个人或单位）的名字、名称全称。

（3）要写清所借钱、物的数量、品种、规格；在涉及金钱时，要写明币种。

（4）金额要用汉字的大写，如壹、贰、叁、肆、伍、陆、柒、捌、玖、拾、佰、仟，金额前后不能留白，不能涂改，后面还要写上“整”字。

（5）写清何时归还，可用“拟于”“准于”等字样。

（6）涉及较大金额借款时，最好写明所借之钱物用于何处；还要在借款人和被借款人姓名后写上身份证号；写明利息（如若不写，默认不计息）；借款人落款处如需按手印，应使用右手食指；后面附身份证复印件。

（7）习惯上，正文写完后，可接着写上“特立此据”或“此据”字样（可省略）。

3. 落款

落款包括署名和日期。署名写借者本人的姓名，如金额较大，还应写上借者的身份证号；如是单位借用，则分别署上单位名称和经手人姓名，必要时还须加盖公章或按指印。日期写在署名下，年、月、日要写全，不能只写月、日。

例文 1

借　条

今借到张三（身份证号：321×××××××××××××××）人民币拾伍万元整，用于购买蓝天花园住房，拟于2022年××月××日前归还。

此据

借款人：张××（本人签字并按手印）

身份证号：321×××××××××××××××

2022年××月××日

附件：身份证复印件

【例文简析】

这则借条开头使用了固定用语“今借到”，写明币种并使用了大写汉字，金额前后没有留白，后面加上了“整”字，归还日期写明了年、月、日，用了“拟于”的特定语言，专业性强。由于所借金额较大，因此还写明了身份证号码并按了手印，同时附上了身份证复印件，整体看上去规范而细致。

（二）欠条

欠条是欠物、欠款的个人或单位写给对方作为约期归还的一种凭据。

欠条的写作有两种情况：一是已归还给对方部分钱、物，尚欠一定数量的钱、物，所以写下欠条；二是立据人过去曾借对方的钱、物，但出于某种原因，一直未能归还，当时也未写下任何凭据，因此补写欠条，作为凭证。

欠条的写作格式及要求与借条基本相同。值得注意的是，欠条中“已还”和“尚欠”的部分一定要写清楚，以免引起歧义。

例文 2

欠　条

2022 年 1 月 2 日借杜××人民币叁佰元整，2022 年 3 月 5 日已还贰佰元整，尚欠壹佰元整，2022 年 6 月 5 日前还清。

此据

欠款人：洪××（本人签字）

2022 年××月××日

【例文简析】

这则欠条把初次借钱的时间和借款总金额，已还部分钱款的金额和时间，尚欠钱款的金额和还清时间都写得非常清楚。因前面已经写明了币种，后面金额出现时可省略币种。

（三）收条

收条是单位或个人收到钱、物时写给对方作为今后查对的一种条据。收条也是一种有法律效力的应用文。开头的固定用语为“今收到”三个字。其他写作格式及要求与借条基本相同。

例文 3

收　条

今收到市“帮学助困基金会”资助我的学费人民币贰仟元整，被子叁床，棉衣两套，水壶两只，书包壹个。

此据

××班学生：徐××（本人签字）
2022年××月××日

【例文简析】

这则收条以固定用语“今收到”开头，收到钱款的金额和物品的种类、数量都写得很清楚，同时注意到了金额大写等事项。

（四）领条

领条是单位或个人领取钱、物时写给对方作为凭证的一种条据。领条一般以“今领到”固定用语开头，其他写作格式及要求与借条、收条相同。

例文4

领　条

今领到学校四六级考试用屏蔽仪器拾台，仪器俱完好可用。

此据

领取人：教务处　顾××（本人签字）
2022年××月××日

【例文简析】

这则领条不仅把领到的物品数量写得清晰，而且说明了物品的质量，同时注意了以固定用语“今领到”开头，领取人本人签字和领取日期都完备。

（五）请假条

请假条是因事或因病不能出勤，向单位、组织或领导请求给予假期的便条。请假条的写作格式与一般书信大体一致，通常由标题、称呼、正文、祝颂语、落款组成。

（1）标题。居中书写“请假条”即可。

（2）称呼。不必用敬语，平时怎么称呼就怎么写，写时要顶格。

（3）正文。直接写明请假的原因、起止时间（请假天数一般要用大写）；如有别的事情需要交代，可另起一段。

（4）祝颂语。一般在正文写完后另起一行空两格，写“此致”，再转下一行顶格写“敬礼”（后面不加标点符号）。

（5）落款。包括署名和日期，署名写在正文的右下方，另起一行在署名的下面写上日期。

写请假条时要注意，请假的理由必须充分，要符合有关的规章制度（如病假要附有医院的证明）。请假条还须经过有关负责人的批准才能有效。

例文 5

请假条

××老师：

昨夜我突然发烧，经医生诊断为重感冒，今晨仍觉头昏脑涨、四肢无力，特于周一请病假壹天（2022 年 4 月 25 日），2022 年 4 月 26 日周二早上八点到校上课。请批准。

此致

敬礼

附：医院证明

学生：赵××

2022 年 4 月 25 日

【例文简析】

这则请假条请假理由充分，并附有医院证明，请假起止日期很清楚，用语也比较得体。

写作提示

由于涉及钱、物的处理并具有法律效应，因此条据写作要慎重、规范。一般要注意以下几点：

1. 字迹一定要端正、清晰，不宜涂改。确需修改时，要在修改处加盖印章。
2. 署名必须写当事人的名字，且由本人书写，不能由他人代签，以免丧失法律效力。
3. 不能用铅笔、红笔，要使用碳素墨水笔等不易涂改的笔。
4. 在借据等凭证类条据中，若存在明知借款用于不法活动，约定利息超过法律规定等情况，条据都不受法律保护。

写作训练

1. 修改下面的请假条。

请假条

敬爱的王老师：

您好！今天是星期天，按理明天我应该到校上课，可我因故不能按时到校了，还望您原谅并准假。不甚感激！

此致

敬礼！

学生：李××

××月××日

2. 修改下面的借条。

借　条

今借到张晓刚 650 元，3 天后归还。

谢谢！

李晓晓

3. 在此次活动中，苏小语要用到各种条据，请你帮助苏小语写作这些条据。

任务 3　申请书

情境导入

二十大报告提出，广大青年要坚定不移听党话、跟党走，做有理想、敢担当、能吃苦、肯奋斗的新时代好青年。苏小语读了这段话以后热血沸腾，立即着手撰写入党申请书并向学院党支部递交。

明确：学习申请书的写作。

知识聚焦

一、申请书的概念

申请书是个人或集体向组织、机关、企事业单位或社会团体表述愿望、提出请求时使用的一种文书。申请书的使用范围广泛，只要有愿望和请求想要向组织表达，都可以使用。

[微课] 申请书

二、申请书的种类

从用途上划分，申请书有以下几类：

(一) 思想政治生活方面的申请

这种申请一般是指加入某些进步的党派或团体，如申请加入中国共产主义青年团、中国共产党、少先队、工会、军队等。

(二) 工作学习方面的申请

这种申请是在求学或实际工作中所写的申请，如入学申请书、转专业申请书、在职进修申请书、工作调动申请书等。

(三) 日常生活方面的申请

在日常生活中，我们常常会遇到一些困难或问题，需要个人申请才可以被组织、集体、单位考虑、照顾或着手给予解决，如申请福利性住房、申请结婚、个人开业申请或困难补助申请等。

三、申请书的特点

（一）请求性

从写作动机看，申请书的写作带有明显的请求目的。

（二）单一性

申请书要求一事一书，内容单一明确，一份申请书只表达一个愿望和只提出一个请求，不能把不同的愿望和请求写在一份申请书中。

四、申请书的结构和写法

申请书一般由标题、称谓、正文、结尾、落款五部分构成。

（一）标题

有两种写法，一种是直接写“申请书”，另一种是在“申请书”前加上内容，如《入党申请书》《调换工作申请书》等，一般采用第二种。

（二）称谓

顶格写明接受申请书的单位、组织或有关领导。

（三）正文

正文部分是申请书的主体。

一是要写清所申请的事情是什么，即直截了当提出申请的具体内容。如“我郑重而激动地提出我的申请：申请加入伟大的中国共产党，实现我一生为人民服务的理想”。

二是要写清提出申请的理由。申请理由要陈述具体、充分、有条理。

三是要写清申请的态度。申请书一般都要表明自己的申请被批准后的态度和决心，内容可以简约一些。

（四）结尾

先写惯用语“特此申请”“恳请领导帮助解决”“希望领导研究批准”或“请××组织在实践中考验我”；后面也可再写上祝颂语，如“此致”“敬礼”等。

（五）落款

个人申请要写明申请者姓名，单位申请写明单位名称并加盖公章，注明日期。

例文1

转正申请书

尊敬的公司领导：

我叫陆××，于20××年6月1日进入公司，目前担任工程渠道管理一职，负责卫星数据投递工程管理工作。到今年6月，我即将满试用期一年，特此申请转正，理由如下：

1. 融入公司，投身工作。入职以来，我能快速适应、融入公司环境，全身心投入新的工作岗位，在较短的时间内调整好自己各方面的状态。参加了公司人力资源部组织的新员工培训，系统而全面地了解了公司的发展战略、技术体制、业务方向和规章制度，聆听了公司总经理关于“争做合格员工”的动员报告，对公司倡导的“智问、博见”的企业文化有了更深的理解。

2. 胜任本职，真抓实干。入职以来，我致力于建立、健全工程管理工作中所需要的各项规制，到目前为止，建立完成包括上门服务规范、派工单等在内的12项配套规制，定稿《测试用户安装服务协议》和《用户入网协议》。同时，积极推动测试用户工程建设，向工程施工单位派单26次，成功安装用户21户，实地勘察确定不具备安装条件的5户，处理故障用户4户。深入一线施工现场，亲自安装调试4户，实地体验工程安装过程，掌握一手信息，为工程管理奠定基础。

3. 支持领导工作，团队合作制胜。入职以来，尽己所能，积极配合部门领导开展工作，发挥助手作用。认真、快速完成部门负责人交办的各项任务。强调团队合作精神，凝聚部门人员，增强部门整体实力，全面推进部门工作开展。

这一年来，我一直在盼望着转正的那一天，期盼能以正式员工的身份为公司做出更大的贡献，在此我提出转正申请，恳请领导研究批准。

申请人：陆××

20××年××月××日

【例文简析】

这是一篇转正申请书。申请书第一部分表明了申请的具体内容是工作转正，继而分三个部分概括了入职一年以来自己的工作表现，以期让对方了解自己的能力，最后简洁地表达了对于转正的渴望。

例文2

抗击疫情请战申请书

尊敬的县人社局党委：

中华民族有灾难，炎黄儿女必担当。面对疯狂肆虐的新型冠状病毒，作为一名老党员，我恳请局党委安排我到第一线，做力所能及的工作，为防疫控疫努力奋斗。

我父母已逝，女儿已上大学，后顾之忧比同志们少。可以派我在县内防疫，也可以派我驰援武汉。我目前在芜湖小区过年，听候调遣，随时待命。

恳请组织批准！

申请人：×××

202×年××月××日

【例文简析】

这是一篇抗疫请战的申请书，文辞简洁，态度坚定明确，从短短几句话中可以看出一个老党员的先锋性和战斗性。在面对危险时主动请战，冲锋在前，这种在对国家、对人民深沉的爱中体现出来的模范带头作用，值得每一个同学学习。

写作提示

1. 一事一书。无论什么申请书，都必须做到一事一书，切忌一书数事。

2. 理由要充分合理。申请书的理由要充分合理，实事求是，不能虚夸和杜撰，否则难以得到上级领导或部门的批准。

3. 语言简洁朴实。申请书的语言要准确简洁，态度诚恳朴实，切忌东拉西扯，有意渲染。

写作训练

1. 为苏小语写一份入党申请书。

2. 修改下面的申请书。

尊敬的校领导：

您好！

我是××年考入我校××学院××专业就读的一名学生，我叫×××，今年大二。我家住在×市×镇×村，家里现有五口人。在校的这两年里，我收获了许多。上学年期末成绩我仅有一科为中，其他均为优良。现在有助学金这个机会，我很珍惜，希望能获得这次助学金，在本学年我会更加努力，响应老师和学院领导的号召，艰苦奋斗、积极进取，不会向困难屈服。

我希望我可以得到这次的国家助学金，那样可以减少一些学费带来的家庭负担，生活得到一些补助，我很需要这笔钱，真诚希望领导和老师能给我这次机会，使我能够全身心投入学习中，再也不用为生活费发愁，我也会继续努力学习，积极参加各种活动，争取将来可以为国家和社会贡献出自己的一份力量。如果可以的话，我也希望学校能给我一个勤工俭学的机会。真心感谢学校领导和老师能给我这次申请的机会，并希望领导老师能够批准我的申请。谢谢！

申请人：×××

××月××日

任务4　启事

情境导入

苏小语所在的学生会部门要开展一次征文比赛，需要写一份征文启事。同时，该部门还需要招收几名新干事，准备写一份招聘启事。所以，苏小语认真学习了有关的知识。

明确：学习启事的写作。

知识聚焦

一、启事的概念

[微课] 启事

启事是国家机关、企事业单位、团体或个人，因事需要向公众说明或提请公众注意，希望公众协助办理某事时使用的一种事务文书。一般通过标牌或广播、电视、报刊等形式向社会公开说明、宣传、介绍，使其周知。这里需要注意“启事”两个字的写法，“启事”的“事”是事情的“事”，而不是“表示”的“示”。

在合成词“启事”和“启示”中，“启”表示的意义并不相同。“启事”的“启”，是陈述表白的意思，“启事”即为公开声明某事而张贴在墙壁上或刊登在报刊上的文字。因此，为寻找失物、招聘职工或其他事情写个文告，都应当称“启事”才对。

“启示”的“启”义为开导启发，而“示”又有指示、开导、让人明白某种道理的意思，例如：“老师，这个问题怎样解答？请您给我一些启示！”因此，在合成词“启示”中，“启”与“示”是同义并用。“启示”的意思是启发指示、使人有所领悟的意思。

二、启事的种类

启事的种类很多，作用也不一样。根据启事事项的不同，大致可以分为找寻、征招、告知等几大类。

三、启事的特点

（一）公开性

启事是面向公众说明或提示有关事项，同时通过标牌或广播、电视、报刊等形式向社会公开说明、宣传、介绍，从而使其周知，因而具有公开性的特点。

（二）广泛性

无论是找寻、招领、开业、庆典，还是招聘、征稿，都要用启事，因而其用途比较广泛。

（三）实用性

无论是单位、团体还是个人，都经常使用各种启事，因而启事是一种非常实用的文体。

四、启事的结构和写法

大体而言，启事的结构包括以下几个部分：

（一）标题

标题的写法一般有以下几种：一是只有文种或只有事由；二是事由＋文种；三是发文者＋文种；四是发文者＋事由＋文种。还有一种比较特殊，如果启事重要和紧迫，为了引起公众注意和配合，可标明为“重要启事”或“紧急启事”。

（二）正文

不同类型的启事正文内容有所不同，一般包括：启事的目的、意义、具体办理方法、要求、条件等。正文是启事的主要部分，主要说明启事的事项。正文要写得具体、明白、准确，简练通俗，千万不可模糊、含混、模棱两可，以免产生歧义。

（三）落款

在右下角写明启事单位名称或个人姓名。视具体情况，有的还要写上地址和启事时间。在标题和正文中已写明启事者，结尾中可省略，只写日期。报刊上刊登的启事也可以不写日期。

例文 1

寻物启事

本人不慎于20××年3月5日上午8时左右在朝阳公园遗失棕色公文包一只，内有身份证、驾驶证、工作证等证件以及带有瑞士小军刀的钥匙一串。请拾到者拨打手机139××××××××与本人联系。面谢伍佰元！

王××

20××年××月××日

【例文简析】

寻物启事属于找寻类启事，是个人或单位丢失人或物品，希望通过启事得到帮助找回的一种应用文。寻物启事一般可张贴于丢物（人）的地点，或贴在单位门口或街巷等较显眼的位置，也可刊登在报纸和杂志上。

此类启事一定要写清楚丢失之人或物的具体情况或显著特征，并尽可能写清其他相关状况，如人走丢或者物品丢失的事发时间、地点等。另外，联系方式也务必写得详尽具体，方便群众联系。最好写明是否酬谢，是口头感谢还是物质奖励，如果是金钱感谢的话，数额大小也务必写明白，免得到时扯皮。

例文 2

天元建设集团招聘启事

天元建设集团有限公司因生产经营发展需要，拟招聘一定数量的管理和专业人员，现将有关事宜通知如下：

一、应聘人员标准与要求

1. 应聘人员应爱岗敬业，诚信友善，遵规守纪，廉洁自律，热爱建筑业，扎根天元，愿意长期从事材料或安全管理工作。

2. 身体健康，相貌端正，年龄在25周岁及以下。

3. 具有正规全日制专科以上学历，所学专业为应聘岗位所要求专业或相近专业，学习成绩优良，党员、院校学生干部、三好学生、英语六级，以及有一定工作经验者优先录用。

4. 应聘人员原则上限临沂市三区九县生源。

二、招聘岗位、数量和专业要求

招聘为定岗招聘，全部为材料及安全管理岗位，其中材料管理员50人，安全管理员30人。要求专业为土木工程、暖通、机械制造、电气自动化、工程管理、工程造价、会计或工程经济管理等相近专业。

三、招聘程序

应聘者应于9月20日之前携带能证明个人能力和素质的有效证件及复印件到集团人力资源部报名，然后由集团对报名人员进行筛选、考察、考核后择优聘用。

四、工资福利待遇

1. 新聘员工在试用期内月工资在1 500元以上，试用结束后根据其岗位重要程度和绩效确定工资和奖金。

2. 新聘员工按国家有关规定签订劳动合同后，享受五险一金及其他福利待遇。

五、报名地点及联系方式

报名地点：临沂市银雀山路××号天元大厦三楼人力资源部

联系电话：0539-8111××××　邮箱：××××@163.com

天元建设集团

20××年××月××日

【例文简析】

招聘启事属于征招类启事，主要用于招聘专业人才，如科技人员、管理人员等，它是企事业单位、社会团体公开向社会招聘有关人员所使用的一种启事，可以在报刊登载，或在电视台、广播电台做广告。

招聘启事一定要条理清晰地写明招聘的相关要求，如对应聘人员有什么要求，具体提供哪些岗位，招聘程序是什么，福利待遇有哪些，报名和联系方式等。

例文3

××农业银行××省分行营业部迁址启事

经向中国银行保险监督管理委员会××监管局和中国人民银行××中心支行备案，根据××农业银行××省分行的批复，××农业银行××省分行营业部于20××年××月××日起从××市青年路×××号华一广场搬迁至新址办公。

新迁地址：××市人民中路××号

邮政编码：××××××

联系电话：×××××××××

××农业银行××省分行营业部

20××年××月××日

【例文简析】

迁址启事属于告知类启事，是机关、企事业单位、社团组织等在搬迁新址时，向社会及有关方面告知的一种启事。这种启事除在报刊上刊登，在电视、电台播放，还可以张贴在原址大门或醒目的地方，以便于有关人员办理事项和保持业务联系。此类启事将告知事项写清楚即可。

写作提示

1. 内容要严密、完整。启事的事项要严密、完整，不遗漏应启之事，而且要表述清楚。切忌含混不清。

2. 用语要热情、恳切、文明。只有态度诚恳，语言有礼貌，言辞恳切，才能使公众产生信任感，达到预期效果。

3. 不能将“启事”错写成“启示”。“启示”含有“启发指示，使人有所领悟”之意，它跟“启事”毫无关系。

写作训练

1. 修改下面的启事。

寻物启事

今日早晨我在上学的路上，丢失钱包一个。期望拾到钱包者能尽早归还。请您到××学校来或打电话给我好吗？我将对此给予酬谢。多谢！

李天天

20××年××月

招领启事

4 月 5 日上午我在健康路和天津路交叉路口拾得红色皮包一个，内有钥匙、手机、手表、伞、钱包等，望失主前来认领。

丁果

4 月 6 日

2. 为苏小语写作所需的招聘启事和征文启事。

任务 5　竞聘词

情境导入

苏小语所在的班级要举行班干部换届选举。苏小语想起在 2014 年全国职业教育工作会议召开之际，习近平总书记指出，要弘扬劳动光荣、技能宝贵、创造伟大的时代风尚，营造人人皆可成才、人人尽展其才的良好环境，并强调努力让每个人都有人生出彩的机会。苏小语平时学习成绩在班级名列前茅，在高中曾经当过三年的学习委员，所以她希望在这次选举中让自己出彩，同时也有一个为同学服务的机会。她积极准备，认真写竞聘词，希望能够通过自己的表现当上学习委员。

明确：学习竞聘词的写作。

知识聚焦

一、竞聘词的概念

竞聘词是竞聘者在竞聘会议上面对评审者和听众就竞聘职位所发表的展示自己的竞聘条件、竞聘优势，以及对竞聘职务的认识，被聘任后的工作设想、工作计划等的专用演说类文书，也称竞聘演讲稿、竞聘报告或竞聘书。

[微课] 竞聘词

二、竞聘词的特点

竞聘词是演讲词的一种，因此它具有演讲词的一般特点。但由于它是针对某一竞争目标而进行的，因此它还具有以下特点：

(一) 目标的明确性

目标的明确性，是竞聘词区别于其他演讲词的主要特征。竞聘词在一开始就要鲜明地亮出自己所要竞聘的目标，其所选用的材料和运用的手法都为了一个目标——使自己竞聘成功。

(二) 内容的竞争性

竞聘词的内容不同于其他演讲内容，它的全过程都是听众在候选人之间进行比较、“筛选”的过程，所以竞聘者要尽最大可能显出“人无我有”“人有我强”“人强我新”的胜他人一筹的“优势”来，有时甚至还要把“劣势”换个角度讲成“优势”。

(三) 主题的集中性

竞聘词所表达的意思要单一，不蔓不枝，重点突出。要围绕一个中心，不要多重点、多中心，不能企图在一篇演讲中解决和说明很多问题。

(四) 材料的实用性

竞聘演讲是“竞争”，而不是比赛谁能“吹”，谁能用嘴皮子“甜”人。听众在听你的演讲时，就在“掂量”你的话是否能在现实中发挥作用，取得效果。那种凭空喊“我当选后如何给大家涨工资，如何给大家建楼房”的演讲者，听众一般是不买账的；而那种发自肺腑讲实际能办到的事的演讲者才是听众最欢迎的。

(五) 思路的“程序”性

竞聘词不像一般演讲那么“自由”，即使是临场发挥的竞聘词也应该遵循以下思路：

(1) 介绍自己所竞聘的职务和缘由。

(2) 介绍自己的身份等自然情况。

(3) 提出竞聘优势。

（4）提出假设自己任职后的施政措施。

（5）表明自己的决心和请求。

（六）语言的“准确”性

一是所用事实材料以及数字都要“求真求实”，准确无误，例如：在谈业绩时，三次获奖，就不能虚说“曾多次获奖”。二是要注意分寸，因为竞聘演讲的角度基本上是以“我”为核心，如掌握不好分寸，夸大其词，就会让听众产生逆反心理，从而使自己的演讲失败。

三、竞聘词的作用

竞聘词这一特殊文书，能够比较全面地反映竞聘者的基本情况和素质。它既是竞聘者能否被聘用的重要文字依据，也是组织人事部门用以考核干部的重要档案资料。竞聘词对竞聘者本身也有以下三个作用：促进自己迅速成才；激励自己多做贡献；融洽自己的人际关系。

四、竞聘词的结构和写法

竞聘词一般由标题、称谓、正文三部分构成。

（一）标题

一般标题用竞聘职位＋文种名称（如“竞选班长的竞聘词”），或者直接写上文种也可以。题目比较灵活，根据情况而定。

（二）称谓

在对象前面加上“尊敬的”敬语即可，如“尊敬的各位领导”等。

（三）正文

正文一般包括三个部分，即开头、主体和结尾。

1. 开头

竞聘演讲的时间是有限制的，所以说有吸引力的开头非常重要。一般开头的方法有以下几种：

（1）表达谢意。如“我非常感谢各位领导、同志们给了我这次竞聘的机会”。这种方法能使竞聘者和听众产生心理相融的效果。

（2）介绍自己。如姓名、学历、职务、经历等，用简洁的语言说清楚自己的基本情况就可以了，不需要太多的修饰。

（3）概述竞聘演讲的主要内容。这种方法能使评选者一开始就明了演讲的主旨。如“我今天演讲的内容主要分两部分：一是我竞选学生会主席的优势；二是谈谈做好学生会主席工作的思路”。

2. 主体

由于竞聘词是为了通过演讲使评选者进一步了解自己，因此竞聘词的主体内容应该包括以下几方面：

（1）介绍自己应聘的基本条件，即政治素质、业务能力和工作态度等。竞聘者在介绍自己的情况时，一定要有针对性，即针对竞聘的岗位来介绍自己。例如，在一次某品牌绍兴酒销售经理职位的竞聘中，一位应聘者是这样推销自己的："我觉得自己竞聘销售经理这个岗位，具有以下优势：首先，我为人正直，以诚待人，有高度工作热情和激情，并具有良好的团队精神，我近三年连续被评为优秀员工；其次，我有着十年的销售工作经验，熟悉绍兴酒市场的运作模式，对市场有较敏锐的洞察力和判断力，具备较强的工作执行力、协调和沟通能力，2015—2020 年三次被评为区销售冠军；然后，我现在 30 岁，处于一个有志男儿稳健的黄金阶段，愿意把全部的精力投入工作中，更想有所成就；最后一条，也是最基本的，我在这里想强调，我也是××品牌的忠诚用户，我十分愿意把这个品牌介绍给更多的用户，使它名扬四海。"

（2）简要介绍自身的不足之处。竞聘者在介绍自己时要尽可能展示自己的长处，也可以简单说说自己的不足之处，在介绍自己的不足之处时要讲究策略。请看某竞聘者的表述："我从没有担任过班干部，缺少经验。这是我的劣势，但正因为从未在'官场'混过，一身干净，没有'官相官态''官腔官气'。少的是畏首畏尾的私虑，多的是敢作敢为的闯劲。正因为我一向生活在最底层，从未有过'高高在上'的体验，对摆'官架子'看不惯、弄不来，就特别具有民主作风。因此，我的口号是'做一个彻底的平民班长'。"

（3）表明自己任职后的打算。作为评选者更关心的还是竞聘者任职后的打算。因此，竞聘者要紧紧围绕听众关心的热点、难点等问题，提出明确的工作目标和切实可行的措施。

3. 结尾

竞聘词常见的结尾方法有：

（1）表明对竞聘成败的态度。这种方法能使评选者感受到竞聘者的坦诚。

（2）表达自己对竞聘上岗的信心。

（3）希望得到评选者的支持。

例文 1

竞聘词

尊敬的各位领导、各位同事：

大家好！

我叫王鸣，今年 32 岁，目前在市委办公室工作。首先，非常感谢各位领导和同事的信任和支持，给我这次展示自我的机会。科级干部竞争上岗，是推行干部人事制度改革、加强干部队伍建设的重要举措。今天，我本着提高自己、锻炼自己的宗旨，站在这里，进行竞争上岗的演讲，希望能得到大家的支持。

我参加市信息办正科级秘书岗位的竞争，主要是基于以下三个方面的考虑：

第一，我具有较为扎实的专业知识。我先后在市、县信息办工作，有着从事信息化工作的经验和做好信息化建设的强烈愿望，比较熟悉基层信息化工作实践，也有一定的信息化理论知识。特别是调入市信息办以来，坚持不懈地加强对信息化理论知识的学习，努力促进自己从重技术学习向重理论学习转变、从重实践操作向重提出思路转变。同时，在参加全市第一期信息化骨干培训班的基础上，坚持不断地学习计算机和网络相关知识，在工作实践中不断提高自己的信息技术水平。

第二，我具有较强的工作能力。工作以来，我经过多个岗位的实践锻炼，培养了自己办文、办会、办事及综合协调等多个方面的能力。先后从事过调研、文秘、督查及信息化等工作，都取得了一定的成绩，曾被评为全国固定观察点系统优秀调查员、全市党委系统督查工作先进个人，撰写的调研文章曾在省级刊物上刊登。特别是在市委办公室一年多的工作实践中，我不断加强与县（区）、部门信息化工作人员的协调沟通，相互之间建立了良好的工作关系，也显著地提高了自己的综合协调能力。

第三，我具有较高的综合素质。在日常生活和工作中，我一直注意不断加强个人修养和党性修养，踏实干事，诚实待人，多年的办公室工作经历，培养了自己吃苦耐劳、坚韧不拔的性格，默默无闻、兢兢业业的敬业精神，与人为善、乐于助人的协作意识。这些正是团结同志、做好工作的基础。

如果这次竞争成功，我将在“深、实、严、新”四个字上下功夫，努力做到“学习求深、作风求实、自律求严、工作求新”。

学习上求深。我将把学习当作提高工作能力的有效途径，向书本学、向领导学、向同事学，以学习促进步，以学习促提高。一方面，加强政治理论学习，改造自己的世界观、人生观和价值观，不断提高自己的党性修养。另一方面，认真学习文秘知识、信息化理论等业务知识，积极总结和探索信息化工作规律，全面把握信息化发展方向。

作风上求实。“堂堂正正做人，老老实实做事”一直是我人生的座右铭。作为市委办公室的工作人员，我将继续发扬爱岗敬业、吃苦奉献、团结协作的精神，不断提高和改进自己的思想作风、生活作风和工作作风，在堂堂正正做人上有新境界，在踏踏实实做事上有新成效。

自律上求严。继续坚持严于律己，诚实待人，工作上积极主动，成绩面前不争先，困难面前不退缩，坚持大处着眼、小处着手，在小事上见精神，在细节上下功夫，无论事情大小，都以极其认真负责的态度，保质保量地完成任务。

工作上求新。信息化工作是一项全新的事业，当前已成为覆盖现代化建设全局的战略举措，但没有现成的模式可以借鉴，没有固定的发展思路可以遵循。因此，我将与同事们一起，把信息化发展趋势与我市实际结合起来，不断创新信息化工作思路，努力推动我市信息化工作再上新台阶。

尊敬的各位领导、各位同事，竞争上岗，无论成败，我都将以此为契机，寻找差距，加强学习，弥补不足，一如既往地勤奋工作。请大家给我投上宝贵的一票，谢谢大家！

【例文简析】

这篇竞聘词从专业知识、工作能力、综合素质三个方面道出自己的优势，同时提出自己如若竞聘成功，还将有“学习求深、作风求实、自律求严、工作求新”的进一步举措，态度诚恳，容易获得好感。

例文 2

竞聘词

尊敬的各位领导、评委：

大家好！

我竞聘的岗位是营销业务主管。我叫××，今年 30 岁，目前负责××区域，上次到公司参加区域主任的竞聘，让我坚定了职业理想，明确了工作中的努力方向。今天，我之所以满怀信心地来参加这次竞聘，是因为我具有以下优势：

一、我深深热爱自己的企业

爱因斯坦曾说过："热爱是最好的老师。"从进入公司的第一天起，我就被那不断追求卓越的昂扬奋进的企业文化所感染。我深深地热爱着这片成就自己事业的沃土，愿意为公司的发展勤奋工作、竭尽全力。我想，无论在什么岗位上工作，对公司的这份浓烈的爱都将是我不遗余力做好工作的最大的动力。

二、我具有较强的工作能力

我性格开朗、热情，为人真诚、周到，善于换位思考，具有较强的逻辑思维能力、语言表达能力和驾驭各种复杂局面的能力，能够很好地进行沟通、组织和协调工作；另外，我还具有敏锐的市场洞察力和快速反应能力，能够捕捉市场热点，灵活应对；在 2019 年岗位大比武中，我获得全大区唯一的特等奖；在 2017—2020 年的用户满意度调查中，我年年排在前三位。

三、我具有良好的综合素质

我具有"大雪压青松，青松挺且直"的坚毅品格，不惧困难，不畏压力，勇于承担繁重的工作压力和挑战；我以"律己足以服人，量宽足以得人，身先足以率人"为座右铭，严格要求自己，以身作则，率先垂范，团结带领大家一起做好工作。在我的带领下，我们的团队始终保持着一种积极向上的工作作风。2018—2020 年，我们团队的客户投诉率连续三年是全大区最低的。2020 年，面对突如其来的疫情，我们团队的反应速度是最快的，在最短的时间内拿出了应对方案。另外，无论在业务比武或者文艺汇演中，我们团队都获得了很好的成绩，在今年 10 月的庆国庆大合唱比赛中，我们团队还荣获了第一名的好成绩。

今天如果竞聘成功，我将继续牢记使命、不负重托，用男子汉宽厚的肩膀担负起应尽的责任，竭尽个人所能，带领团队更上一层楼，全力以赴地追求事业成功与人生价值的结合点。我将做到以下几点：

（1）严抓纪律，安排好各岗位工作职责，主持召开早晚例会。

（2）对销售人员的业务水平进行培训，提高专业知识。

（3）配合各销售人员跟踪客户，帮助谈单。

（4）以自己的工作激情带动同事的工作激情、提高整体销售业绩。

尊敬的各位领导、各位评委，几分钟的竞岗演讲，浓缩了人生一个短暂的片段，标注了人生一个新的起点。在此，我郑重承诺，爱岗敬业，无私奉献，用奋发的激情擂响奋进的战鼓，用沸腾的热血冲击时代的脉搏，用赤诚的胸怀书写公司发展的新篇章。请大家信任我、支持我、考验我！

我的演讲完毕，谢谢大家！

【例文简析】

这篇竞聘词开门见山地交代了自己竞聘的目标岗位，接下来主要针对竞聘岗位，从工作热情、工作能力、综合素质等几个方面展示出自己竞聘的优势，并简单介绍了自己对竞聘成功后的工作设想，整篇竞聘词意气风发，斗志昂扬，具有感染力。

写作提示

1. 从实际出发，内容要实在。紧紧围绕“竞聘”的主旨展开论述。如竞聘的职位、目的和理由，竞聘成功后所要实现的工作目标，以及保证目标实现拟采取的各种措施等。

2. 强调优势，把握好“度”。既要展示才华，又要展示德行；既要突出重点，又不能给人啰唆之感。

3. 把握好竞聘词的语体特点和风格。语言要质朴，态度要诚恳；多用符合口语表达习惯的句子，避免书面语过多的倾向；力避“啊”“是吧”等口头禅。

4. 根据时间要求，确定行文篇幅。竞聘演讲有时间的限制，一般在3～10分钟，撰写竞聘词时以不超过2 000字为宜。

写作训练

准备一篇苏小语竞聘学习委员的竞聘词。

项目二
公关社交文书

学习引导

公关社交一般是指一个社会人或组织在公共关系活动中为了满足某种需要或者达到特定的目的而进行的信息交流、联系和相互作用，而公关社交文书则是指在公共关系、社会交往方面用到的文书。在校园中，我们也有各种交往的需求，所以，我们需要学会欢迎词、欢送词、邀请函、贺信、倡议书、活动策划书这几种公关社交文书，以备不时之需。

学习目标

知识目标：

- 知晓欢迎词、欢送词、邀请函、贺信、倡议书、活动策划书等社交文书的相关概念、类型及特点
- 掌握欢迎词、欢送词、邀请函、贺信、倡议书、活动策划书等社交文书的结构内容、格式等写作要求

能力目标：

- 根据具体活动、事务、情境写出格式规范、内容充实、层次分明、表达清晰、逻辑缜密的公关社交文书
- 运用欢迎词、欢送词、邀请函、贺信、倡议书、活动策划书等文种，应对社会交往中的实际问题

素质目标：

- 养成善于沟通的意识，锻炼自己的沟通、协调能力
- 学会文字中的揖让进退，构建和谐的人际关系，培养民族自信、文化自信
- 培育精益求精的工匠精神，逐步提高团队协作意识
- 树立正确的工作态度，进一步明确社会主义核心价值观

任务1　欢迎词

情境导入

为了让“弘扬诚信文化、共建绿色校园”系列活动更生动、更具有影响力，院学生会在不同的讲座和沙龙中，根据实际需要邀请了杰出校友以及其他院校的学生干部代表参加。为了迎接这些嘉宾的到来，特地准备了欢迎词。

明确：学习欢迎词的写作。

知识聚焦

一、欢迎词的概念

欢迎词是机关、团体和企事业单位常用的一种公关礼仪文书。它是在迎接宾客的仪式、集会和宴会上，对宾客的光临表示热忱欢迎时使用的一种礼仪文书。欢迎词属于讲话稿，需要通过演讲来表情达意，一篇声情并茂的欢迎词，可以充分地向欢迎对象传递热情、友好、诚挚的情意。

［微课］欢迎词

二、欢迎词的种类

（1）按社交公关性质，可分为私人交往的欢迎词和公务往来的欢迎词。

（2）按表达方式，可分为现场演讲欢迎词和在媒体上发表的欢迎词。

（3）按用途，可分为会议欢迎词、庆典欢迎词、旅游欢迎词等。

（4）按欢迎对象，可分为迎宾型欢迎词、迎归型欢迎词、迎新型欢迎词。迎宾型欢迎词，即欢迎前来访问、考察、参观、交流经验、联系业务的来宾的致辞；迎归型欢迎词，即欢迎为了某项特殊使命而暂行离去，不久后回归到本土、本地、本单位的外出人员的致辞；迎新型欢迎词，即欢迎学校的新生、部队的新兵、单位的新职员等本组织新成员到来的致辞。

三、欢迎词的特点

（一）礼仪性

欢迎词的使用就是出于礼仪的需要，是一种典型的礼仪文书，字里行间要使欢迎对象感到温暖和愉悦。

（二）情感性

要想使欢迎对象感到温暖，欢迎词的情感流露必须真诚自然，真实亲切，所谓“感人心者，莫先乎情”。

（三）欢愉性

我国有句古话是“有朋自远方来，不亦乐乎”，所以致欢迎词应带有愉快的心情，言词用语务必富有激情，这样才能给客人一种“宾至如归”的感觉。

（四）口语性

欢迎词大多是现场当面向宾客口头表达的，所以口语化是欢迎词的必然要求，要运用生活化的语言，既简洁易懂又富有生活情趣，能使宾客产生情感共鸣。讲求节奏感、雅俗共赏。

（五）简短性

篇幅短小不拖沓。

四、欢迎词的结构和写法

欢迎词一般由标题、称谓、正文、结尾、落款五部分构成。

（一）标题

第一种采用只标示文种名称的形式，即只书写“欢迎词”三字，以示简洁、鲜明。

第二种采用“致辞者名称＋致辞场合＋文种名称”的形式，如《张××在欢迎李××宴会上的欢迎词》《××总经理在欢迎××集团考察团宴会上的欢迎词》，致辞者姓名前可以标示其身份。

第三种采用“致辞场合＋文种名称”的形式，省略致辞人姓名，只以场合和文种名称为题，如《在××公司组建 10 周年庆典上的欢迎词》。

在特定的情境下，欢迎词的标题也可以有其他的表达方式，如《在××欢迎仪式上的致辞》《在××欢迎会上的讲话》等。

（二）称谓

对被欢迎宾客的称呼，一定要写得礼貌得体。用语要确切、亲和，一般应在称呼之前冠以诸如“尊敬的”“亲爱的”之类的修饰语，并在其后加上被欢迎宾客的头衔，也可加“先生”“女士”之类的称谓。

（三）正文

这部分是欢迎词写作的主体，应根据实际情况表达不同的内容。

1. 迎宾型欢迎词

一般应先交代致辞者在何种情况下、代表谁向宾客表示欢迎、感谢和问候，接下去阐明宾客来访的目的、意义和作用，同时回顾宾主双方交往的历史与友谊，对宾客在交往过程中的贡献予以赞扬，突出双方合作的成果，并表示继续加强合作的意愿。要用充满激情的笔调，对合作的前景进行展望，以增强行文的鼓动性。

2. 迎归型欢迎词

首先，用简洁的语句对归来人员表示欢迎和问候；其次，热情赞颂归来人员取得的丰硕成果或优异成绩，热情赞颂其优秀品质或崇高精神等；最后，用简洁的语句向归来人员表达良好的祝愿。迎归型欢迎词应当着眼赞颂。

3. 迎新型欢迎词

首先，用简洁的词语对新成员的到来表示欢迎和问候；其次，从不同的角度传达给新成员“这里就是你的家”的信息，在精神上安抚新成员；最后，用简洁的语句向新成员表达良好的祝愿。迎新型欢迎词应当重在安抚。

（四）结尾

结尾一般用简洁的句子表达良好的祝愿，如“祝活动圆满成功”或“祝来宾工作愉快、身体健康”等。结尾应视场合而定，以礼仪结语结束全文。

（五）落款

落款包括署名和日期。在欢迎词结尾的右下方署上致辞的单位，或致辞者的身份、姓名，在署名的下一行署上成文的时间。

例文 1

在××公司成立 20 周年庆典上的欢迎词

尊敬的市领导、各方合作伙伴代表：

大家晚上好！

欢迎你们参加本公司成立 20 周年庆典酒宴。在此，我谨代表本公司，向各位领导和各方合作伙伴代表，表示热烈的欢迎和衷心的感谢！

本公司是一家中外合资的企业，20 年来的风雨历程，成就了 20 年来的辉煌业绩。此次庆典活动我们将以“为企业创造价值”为主题，让我们共同回顾本公司在 20 年来所经历的风风雨雨、所取得的辉煌成绩。

我们十分珍惜市政府领导与合作伙伴××公司、××公司、××公司对本公司的资助和支持，我们将不懈地努力，借鉴以往成功的经验，努力将本公司办成一个综合性、文化性、技术性兼备的企业，为推动我市企业的发展做出积极的贡献。

现在，我提议：为本公司成立 20 周年庆典酒宴圆满成功，为各位领导、代表的幸福安康，为我们的友谊地久天长，干杯！

××公司董事长　××

2022 年××月××日

【例文简析】

这则例文是庆典欢迎词，因为在宴会之前，所以一定要短小精悍，切忌冗长，不能让宾客感觉乏味。开头称谓用“尊敬的”表达情感，正文事项交代了致辞的缘由、代表谁，并回顾了宾主双方的友谊，对宾客在交往过程中所做的贡献予以赞扬。对合作的前景做出展望，字里行间充满激情。

例文 2

在 2022 级新生开学典礼上的欢迎词

尊敬的各位领导、老师，亲爱的同学们：

大家下午好！

一路艰辛跋涉，一路希望满怀。在这硕果累累、丹桂飘香的美好季节里，你们带着对梦想的不懈追求，带着新征程开启的满心喜悦，走进了我们美丽和谐的校园，走进了朝气蓬勃的知识殿堂。我非常荣幸作为一名老生代表，在如此隆重的开学典礼上，向全体学弟学妹们，致以最诚挚的问候和最热烈的欢迎！

新的环境、新的征程、新的荣耀，这一切都为你而来！我们学校，拥有 50 多年办学历史，有着深厚的文化底蕴、优良的学习环境；拥有教学经验丰富、师德修养高尚、治学执教严谨、管理服务科学的教职工队伍。他们秉承“教书育人、为人师表”的宗旨，坚持“教书育人、管理育人、服务育人”的理念，以他们的心血和智慧，确保每一位学生健康、快乐、成才！

同学们，你们即将与学校一起，开启生命的新篇章，你们的本领将在这里练就，你们的价值将在这里提升，你们的才华将在这里显露。在这里，你们将拥有更加广阔的舞台，校团委、校学生会、各种学生社团都将为大家提供展现自我的平台，为你们的成长助力。大家的课余生活也将是丰富多彩的，有演讲比赛、书画比赛、流行歌曲大赛、钢琴比赛等。总之，只要你心怀梦想，脚踏实地，你就能有机会大显身手、展翅飞翔！

亲爱的学弟学妹们，在这里，我们相识、相交、相知，让我们一起奠定无坚不摧的知识基石，一起拂动翱翔蓝天的浩浩长风。让我们携起手来，共度人生最美妙的时光吧！

再次欢迎你们的到来，今天，你是莘莘学子卷起的千堆雪中的一朵浪花；明天，你是母校熠熠生辉的丰碑上最耀眼的一个名字！

学生代表××

2022 年××月××日

【例文简析】

这则例文是新生开学典礼上的欢迎词，除了表达热烈欢迎的欢愉，还介绍了学校的基本情况，以及新生入校后的生活，传达出一种共同奋斗的激情，能在短时间内引起听众的情感共鸣。

写作提示

要写好欢迎词，应注意把握以下几个方面：

1. 要以礼待人，情真意切。撰写欢迎词，一定要根据宾客的实际情况和特定的场合，以诚恳热情、情真意切作为第一要义，充分体现出对宾客的尊重之情和友好合作之用意。称呼对方姓名要全名，不能用代称，更不能叫小名或绰号。

2. 对于双方交往中存在的分歧，在行文中如有涉及，也应力求巧妙圆润，含蓄婉转，既不要伤害对方的感情，又要表达自己的立场原则，从而使双方的交往与合作得以继续保持和发展。在措辞上要特别慎重，不能信口开河。

3. 用语恳切简练，切合实际。要以简明扼要的语言充分表达对宾客的欢迎之意，使之感到亲切自然，如果没有实实在在的内容，光讲客套话，会使对方感到虚伪。切忌过多使用那些没有实际意义的虚言浮词，以免令人产生反感。

4. 篇幅要短小精悍，切忌冗长。欢迎词一般适用于隆重典礼、喜庆仪式、公众集会或者设宴洗尘等特定场合，因而其在篇幅上应力求简短，一般以二三百字为宜，切忌长篇大论，空洞乏味，以免冲淡和谐气氛。

5. 要尊重对方的风俗习惯，不讲对方忌讳的内容。不同的地区、不同的人，都有其特殊的风俗习惯，事先应加以了解，不能触犯对方的忌讳，以免引起不快。

写作训练

1. 改错题。下面是一篇订货会欢迎词，请你找出表达不妥和欠缺之处。

欢迎词

经销商朋友们：

大家上午好，今天在此召开新能源产品说明暨订货会，我感觉很荣幸。欢迎你们的到来！

过去的一年里，我们公司受疫情影响，惨淡经营，真的很不容易。在新的一年里，我们会提高市场费用投入，加强市场维护力度，持续做大做强我们的品牌。所以，拜托大家不要压价、不要拖欠款项。事实会证明，只有选择与我们合作才是睿智的！

最后，我再次代表在场的业务员及全体员工预祝订货会圆满成功！谢谢大家！

业务员代表　××

2022 年××月××日

2. 请根据情境，帮助苏小语写一篇欢迎词，欢迎其他院校的学生干部代表参加此次“弘扬诚信文化、共建绿色校园”系列活动。

任务 2　欢送词

情境导入

在“弘扬诚信文化、共建绿色校园”系列活动中，几位杰出校友鼎力支持，他们在收到邀请后，不但在百忙之中抽出时间积极参与活动，还给出了很多有价值的建议。活动结束的晚宴上，院学生会主席为他们致欢送词。

明确：学习欢送词的写作。

知识聚焦

一、欢送词的概念

[微课] 欢送词

欢送词是客人应邀访问或参加会议、活动，在访问、会议或活动结束时，主人为表达对客人或会议代表离去欢送之意的讲话。和欢迎词一样，欢送词也属于讲话稿，也需要通过演讲来表情达意。

二、欢送词的种类

欢送词和欢迎词在分类上大致相同。比较常用的有：

（1）按表达方式，可分为现场讲演欢送词和在媒体上发表的欢送词。

（2）按社交的公关性质，可分为公事往来的欢送词和私人交往的欢送词。

（3）按用途，可分为会议欢送词、庆典欢送词、旅游欢送词等。

三、欢送词的特点

（一）惜别性

有句古诗说得好："相见时难别亦难。"欢送词表达对亲朋远行的感受，所以依依惜别之情要溢于言表。

（二）口语性

同欢迎词一样，口语性也是欢送词的显著特点之一。遣词造句也应注意使用生活化的语言，使送别既富有情趣又自然得体。

四、欢送词的结构和写法

欢送词一般由标题、称谓、正文、结尾、落款五部分构成。

（一）标题

欢送词的标题写法与欢迎词大致相同。欢送词通常只写"欢送词"，有时在"欢送词"前可以再写上致辞场合或致辞人，如《××会上（场合）的欢送词》《××在××（场合）的欢送词》。

在特定的情境下，欢送词的标题也可以有其他的表达方式，如《在××欢送仪式上的致辞》《在××欢送会上的讲话》等。

（二）称谓

确定称谓时，既要根据欢送的具体对象，又要符合社交礼仪的习惯。通常是尊称和职务，如"尊敬的×××"；如果欢送对象是一个群体，就要根据具体情况加以称呼，如"朋友们""同学们"等。称呼在标题的下一行顶格写，后加冒号。

（三）正文

首先说明此时在举行何种欢送仪式，发言人是以什么身份、代表什么单位或什么人向宾客表示欢送的，应写得简明扼要。如果是欢送宾客，主要用来回顾双方在访问和合作期间，达成了哪些一致意见、形成了什么共识、取得了哪些成绩、发表了什么样的联合声明、给双方带来了哪些利益，有哪些科技、贸易、文化及其他方面的合作等，还可以指出双方友谊的性质和价值、双方合作的深远历史意义等。

如果是送别同事、送别战友、送别援助者等特定人员的欢送词，可以在表达方式上更散文化、更具有文采，以渲染和表达致辞者的特殊情感。在内容上，可以回顾对方给自己的帮助和支持、双方的深情厚谊，对未来交往的希冀和期待等。

（四）结尾

在结尾处再次表示真挚的欢送之情，表达期望再次合作的心愿，并送上美好的祝愿。

（五）落款

在欢送词结尾的右下方署上致辞的单位，或致辞者的身份、姓名。在署名的下一行，署上成文的时间。如标题中已经出现致辞者的姓名，此处可省略，避免重复。

例文 1

欢送词

尊敬的皮特先生：

再过半个小时，您就要起程回国了。我受董事长之托，代表集团公司，向您及您率领的技术代表团全体成员表示最热烈的欢送！

我十分高兴地看到，近一个星期以来，我们双方本着互惠互让的原则，经过多次会谈，达成了四项实质性协议，取得了令人满意的成果。在此，我们对您在洽谈中表现出的诚意和合作态度，深表感谢！我衷心地希望您和您的同事们今后一如既往，为进一步发展我们双方的经济贸易往来而不懈努力！

我们期待着您和您的同事们明年再来这里访问。

谨致最美好的祝愿！

××公司副董事长　××

20××年××月××日

【例文简析】

这篇欢送词在向客人表达欢送之意的同时，突出了两方面的内容：一是对与客人会谈所取得的成果、收获表达感谢和祝愿。“再过半个小时，您就要起程回国了”一句，点明欢送的缘由；“近一个星期以来”一句，点明客人的访问时间。二是主人的希望、要求和祝愿。全文用语巧妙，语言精练，是一篇简明扼要、短小精悍的欢送词。

例文 2

鄂州市委书记王立在贵州援鄂医疗队欢送仪式上的致辞

尊敬的各位领导、贵州援鄂医疗队的全体将士们：

今天，是个美好的日子。“三月三，拜祖先”，这不仅是汉族“祛除病痛灾祸、祈求福祉降临”的“上巳节”，也是贵州布依族、苗族同胞赓续千年的传统节日。我们在这里送战友、踏征程，全市人民长街列阵，眼中饱含热泪，心中万般不舍。

慷慨自古英雄色，甘洒热血写青春。风雪交加之夜，你们辞别家人、千里逆行，为患者和家属点亮了生命之光；艰难困苦之际，你们白衣执甲、以命相拼，凭一腔热血拯救了千年吴都；春暖花开之时，你们又收拾行装、凯旋归乡，让我们来不及看清彼此的模样。但是，过往并肩鏖战五十多个日夜，大家用心和心结下的患难真情，这座英雄的城市和他英雄的人民将永远铭记、永世不忘！

侠之大者，为国为民。医之圣者，悬壶济世。你们不仅给了我们“第二次生命”，更给了这座城市“重启的力量”。鄂州“凤凰涅槃、浴火重生”，离不开习近平总书记和党中央的亲切关心，离不开“集中力量办大事”的制度优势，离不开“一方有难八方支援”的民族精神，更离不开贵州四千万各族同胞的倾囊相助。这一切，都将成为我们重整旗鼓、砥砺前行的不竭动力，全市人民一定会团结一心、奋力拼搏，将这座江南美丽田园城市建设得更加美好！

送君还旧府，明月满前川。临别之际，我们约定：摘下口罩，我们一定会去“爽爽的贵阳”、拜访“多彩贵州”；也请亲爱的战友们“常回家看看”，看看这座“拼过命”的城市和患难与共的亲人。

最后，向全体队员和你们的家人表示衷心的感谢并致以最崇高的敬意。让我们同祝伟大的祖国繁荣昌盛！祝福贵州人民、鄂州人民幸福安康！

祝战友们一帆风顺、一路平安！

202×年××月××日

【例文简析】

这篇欢送仪式上的致辞，也是欢送词的一种。第一段写出送别时间、情境；第二段回顾医疗队的无私付出、并肩作战的深情厚谊；第三段表达鄂州对党和国家、对贵州同胞支持与帮助的感激之情；第四段抒发对未来的希冀、展望；最后再一次表达感谢、敬意以及祝福。词句间流露出真挚的感激与不舍，富有文采，情意绵长。

写作提示

欢送词要表达的是依依惜别的情感，所以不要像欢迎词那样热情洋溢，但格调也不要太低沉，做到以情动人、真挚自然最好。在措辞上，要注意礼节礼貌，委婉含蓄，力求营造一个友好、亲切、轻松的气氛。

写作训练

1. 改错题。下面是一篇欢送词，请你找出表达不妥和欠缺之处。

欢送词

同事们：

今天我们在此举行聚会，欢送××同志出国进修。

××同志是经济学博士，才高八斗、学富五车，是我们学校不可多得的科研型人才，过去的几年，他兢兢业业、踏实勤勉，为我们学校的发展立下了汗马功劳。无论是业务能力还是为人处世，他确实比其他同志要优秀很多！这次又申请到了出国进修的名额，我相信未来的他前途不可限量！

作为相处五年的老同事、老朋友，我非常舍不得××同志，一想到要分开整整五年的时光，我就忍不住地伤心、失落。

希望××同志在国外主动融入新的环境，积极参与科研项目，学习先进的思维理念，早日学成归来。

最后，让我们共同举杯，欢送××同志！

××

20××年××月××日

2. 请根据情境，帮助苏小语拟写一篇欢送词。

任务3　邀请函

情境导入

在“弘扬诚信文化、共建绿色校园”系列活动中，有一个“诚信文化　家校共建”专题研讨沙龙，需要邀请部分学生家长的参与，院学生会向这些家长代表发出了邀请函。

明确：学习邀请函的写作。

知识聚焦

一、邀请函的概念

邀请函也称邀请信、请帖，是单位、团体或个人为了举办各种联谊活动、纪念活动、交往活动向受邀方表达郑重邀请的书信。邀请函体现了活动主办方的愿望、友好和盛情，在商务活动中具有重要作用。

［微课］邀请函

二、邀请函的种类

根据不同的适用情况，邀请函分为两类：请柬、常规邀请函。

（一）请柬

请柬是为了邀请客人参加某项活动而发的礼仪性书信。请柬一般用于较庄重的场合，如婚庆典礼、开业典礼等，邀请的事项单一，且格式相对固定。

（二）常规邀请函

常规邀请函是邀请亲朋好友或相关人士、专家学者等参加某项活动时所发的请约性书信。常规邀请函通常适用于一些普通事项的邀请，邀请的事项较复杂或需要向被邀请者说明有关问题，如学术研讨会、经验交流会、纪念会、订货会、说明会等。

三、邀请函的结构和写法

（一）请柬

请柬一般由封面和内文两部分构成。

1. 封面

写明“请柬”“请帖”字样，有时也可加上活动名称。封面要美观大方，有庄重感和艺术性。

2. 内文

内文包括称谓、正文和落款。

（1）称谓顶格书写，为表示尊重，个人姓名之后可以加职务、职称，如“总经理”“局长”“教授”“主任”等，或者加上“先生”“女士”等，如“尊敬的××先生/女士”。

（2）正文写明活动的内容、时间、地点及其他须知事项，以“敬请光临”“届时敬请光临”“敬请参加”等作为常用的结束语。

（3）落款。署名写发出请柬的单位名称或个人姓名。成文日期的年、月、日应齐全。

请柬用语必须准确、简洁、诚恳、典雅，使受邀者能够领会邀请者的意图，能够感受到邀请者的诚意。

（二）常规邀请函

常规邀请函一般由标题、称谓、正文和落款四部分构成。

1. 标题

常规邀请函的标题一般有两种构成方式。

（1）单独以文种名称构成，如《邀请函》。

（2）由事由和文种名称构成，如《关于举办理财产品说明会的邀请函》。

标题还可包括个性化的活动主题标语，如《××年终客户答谢会邀请函——“网聚财富主角”》，活动主题标语可以体现举办方特有的企业文化特色。

2. 称谓

称谓可以是确指的个人，也可以是泛指的群体。

3. 正文

主要包括活动的目的意义、内容安排及发出邀请、结语。

开头一般告知被邀请方举办礼仪活动的原因、意图；接着写明活动内容、事项及要求，以及活动的地点和时间安排等，并向被邀请方发出热情诚恳的邀请；结尾一般要写邀请惯用语，如“敬请光临”“欢迎光临”等。

如有需要，差旅费、活动经费和被邀请者应准备的材料、文件、发言等，也应在文中交代清楚。如邀请方与被邀请方相距较远，还应写明交通路线等内容，并留下主办单位的联系人、联系电话、传真、电子邮件地址、企业网址等。

此外，为了确保礼仪活动顺利进行和宾主双方在活动期间愉快交流，邀请函有时需要通过“回执”来确认被邀请方能否按时参加活动。通过回执还可了解被邀请的参会人员的详细信息，如所在企业、姓名、性别、职务、级别、民族习惯等，这有利于主办方制定合理的接待标准和规格，安排相应的接待程序，避免主办方因安排不当、礼仪欠妥而造成不良的影响。

回执常采用表格的形式，将被邀请方需要填写的事项逐项列出。一般包括参会企业名称、参会人员姓名、性别、职务、民族、参会要求、被邀请方的联系人、联系电话、传真、电子邮件地址等。回执随邀请函同时发出，并要求按时回复。

4. 落款

要写明礼仪活动主办单位的全称和成文日期，应年、月、日齐全，并加盖公章，以示慎重。

四、请柬和常规邀请函的区别

（1）从内涵上看，请柬一般是为礼仪性、例行性、娱乐性活动发出的，如“庆典”“娱乐晚会”等。常规邀请函一般是为实质性工作、任务或事项发出的，如学术研讨会、科技成果鉴定会等。

（2）从称谓上看，请柬的称谓一般是确指，如“尊敬的××教授”“××女士”等。常规邀请函一般由社会组织出面，邀请对象的范围可以是确指，也可以是泛指。

（3）从内容上来看，请柬适用于礼仪性、例行性的单一活动。常规邀请函内容更加详尽、丰富，这些活动往往时间较长、项目较多，程序较为复杂，因此需要详细说明。

（4）从形式上来看，请柬大多设计美观、装帧精良，由主人亲自递送。常规邀请函可用信封通过邮局寄出，或通过电子邮件发送。

例文1

请　柬

××先生/女士：

兹定于××××年××月××日至××日 19:00—21:00，在××大酒店举行公司成立十周年庆典晚宴，恭请您的光临。

××敬邀

20××年××月××日

【例文简析】

这是一则公司成立十周年庆典晚宴的请柬文案，时间、地点、主题表述得清晰明确，言简意赅、一目了然。

例文 2

全国财经商贸文化教育论坛邀请函

尊敬的××先生/女士：

为贯彻国家关于财经商贸文化传承发展的有关精神，探讨财经商贸文化与中华优秀传统文化教育的关系，搭建专家学者思想碰撞的平台，经山东省社科联批准，山东省当代教育研究院拟举办“全国财经商贸文化教育论坛”，素仰您学殖深厚，在财经商贸文化教育领域造诣精深，特邀您拨冗与会、共襄盛举。现将有关事项奉告如下：

一、举办单位

主管：山东省社会科学界联合会

主办：山东省当代教育研究院

协办：××出版社上海出版事业部

二、论坛日期

2022 年 10 月 19 日—21 日，会期 3 天。10 月 19 日全天报到，10 月 21 日下午离会。

三、论坛地点

山东教育大厦（山东省济南市历下区历山路 49 号）。

四、论坛议程

论坛设开幕式、专家讲座、主题讲演、分组讨论、论文表彰、闭幕式等环节。

五、具体事项

1. 请于 2022 年 9 月 20 日前将论坛回执（附件 1）发送至会务组邮箱，邮件主题标注为“论坛回执”，回执以附件形式发送，附件命名为“单位＋姓名＋参会回执”，如“山东大学张三参会回执”。

2. 请围绕论坛主题撰写论文。论文需符合学术规范，请于 2022 年 10 月 1 日前发送到会务组邮箱，邮件主题标注为“论坛征文”，论文以附件形式发送，附件命名为“单位＋姓名＋论文”，如“山东大学张三论文”。

3. 论坛拟设主题讲演环节，有意做主题讲演的学者请于 2022 年 10 月 1 日与会务组联系，确定主题讲演的学者需自行制作 PPT，以便讲演时使用。

4. 会议统一安排食宿，食宿费、差旅费与会务费由与会学者向所在单位报销。论坛收取会务费 1 000 元，开具正式发票，提供正式纸质邀请函。如需提前获取纸质邀请函，请与会务组联系。

5. 限于条件，会议不安排接送站，与会学者请参考交通指南。

六、会务组联系方式

邢老师：××××××××××××　付老师：××××××××××××

邮　箱：××××××××××××@163.com

山东省当代教育研究院

2022 年××月××日

附件 1：

全国财经商贸文化教育论坛参会回执

姓名		性别	
职称		职务	
电话		邮箱	
单位			
住宿要求			

【例文简析】

这是一则教育论坛邀请函，属于事务性工作，邀请范围比较广，所以需将各项事务表述的具体、明确，以便落实安排。活动的目的意义、内容安排、差旅费、活动经费和被邀请者应准备的材料文件、交通路线等注意事项都有涉及，考虑周全，交代清楚。邀请函中还留下联系方式，便于主客之间及时沟通。附件的回执，方便主办方做好人数统计和食宿安排。

写作提示

1. 使用礼貌用语。邀请函除了清晰、完整地表述礼仪活动的事项、要求等内容外，还要求语言礼貌庄重、简洁明了，突出“邀请”的意思，切忌使用“务必”“必须”等强制性词语。

2. 内容清楚明了。邀请函要详细告知被邀请方活动举办的缘由、目的、内容、事项及要求，写明活动的日程安排、时间、地点。此外，其他被邀请者应准备的材料、文件、发言等也应交代清楚，这样可减少一些意想不到的麻烦。

写作训练

1. 改错题。下面是一则请柬，请找出表达不妥和欠缺之处。

请　柬

王强：

本周末是我的三十岁生日，我想在××大酒店举行生日宴会，邀请你和家人前来参加。请务必到场。

××

2022 年××月××日

2. 请根据情境，帮助苏小语拟写发送给学生家长代表的邀请函。

任务 4　贺信

情境导入

在“弘扬诚信文化、共建绿色校园”系列活动中，学生社团发挥了很大的作用。近日，学校又多了一个新社团——凌云创业社，为那些对大学生创业感兴趣的同学提供锻炼和实践的舞台。为了庆贺学校社团联合会又添新成员，院学生会向他们发出了贺信。

明确：学习贺信的写作。

知识聚焦

一、贺信的概念

贺信是指行政机关、企事业单位、社会团体或个人向其他集体单位或个人取得的成就、获得某种职位、组织的成立、纪念日期表示祝贺的一种专用书信。

［微课］贺信

今天贺信已成为表彰、赞扬、庆贺对方在某个方面所做贡献的一种常用形式，它还兼有表示慰问的功能。它是从古代祝词中演变而来的，它既可以宣读，也可以通过邮寄送达对方。

二、贺信的特点

（一）祝贺性

贺信的使用目的单一，主要体现在“贺”字上，祝贺者通过这种形式表达对他人的祝贺和赞颂，有时还用来慰问和表扬。重要的贺信对广大群众有很大的激励和教育作用。这种由衷的祝愿还可以增进了解、加深友谊、促进团结合作。

（二）真挚性

贺信是通过书信的投递和电文的拍发达到祝贺目的，庆贺者无法当面宣读，而由受贺者收后阅读。这就要求语言热烈真挚，充满感情色彩，给人以鼓舞力量，又要做到篇幅短小，内容实事求是，评价恰如其分。

（三）审美性

贺信措辞须由衷、雅致、扼要。要符合喜庆、吉利的气氛，也可适当地引经据典，套用成语。

三、贺信的结构和写法

贺信一般由标题、称谓、正文、结尾、落款五部分构成。

（一）标题

贺信的标题通常由文种名构成。如在第一行正中书写“贺信”二字。

（二）称谓

顶格写明被祝贺单位或个人的名称或姓名。写给个人的，要在姓名后加上相应的礼仪名称，如“同志”。称呼之后要用冒号。

（三）正文

贺信的正文要交代清楚以下几项内容：

第一，结合当前的形势状况，说明对方取得成绩的大背景，或者某个重要会议召开的历史条件。

第二，概括说明对方都在哪些方面取得了成绩，分析其成功的主观、客观原因。这一部分是贺信的中心部分，一定要交代清楚祝贺的原因。

第三，表示热烈的祝贺。要写出自己祝贺的心情，由衷地表达自己真诚的慰问和祝福。可以写些鼓励的话，提出希望和共同理想。

（四）结尾

结尾要写上祝愿的话，如“此致敬礼”“祝争取更大的成绩”等。

（五）落款

写明发文的单位或个人的姓名、名称，并署上成文的时间。

四、贺信与贺电、贺词的区别

贺词一般是在隆重的集会上，当着受祝贺者的面宣读的。如果距离较远，则用贺信。如果要表示慎重，而且要快，则用贺电。贺电一定要发得及时，慢了就失去意义。

例文1

贺　信

××青年志愿者协会：

正值全国人民喜迎建党100周年的特殊时刻，喜闻贵县成立青年志愿者协会，并召开成立大会，特代表××省青年志愿者协会，表示热烈祝贺，并向××青年志愿者们致以亲切的问候！

青年志愿者是从事社会公益事业与社会保障事业的一支重要力量，奉献、友爱、互助、进步的志愿精神，是对中华民族团结友爱、助人为乐、见义勇为、尊老爱幼等传统美德的继承和发扬。在协会正式成立之前，贵县的很多青年志愿者就积极投身公益事业，不计回报地贡献和付出，取得了令人瞩目的成绩，为你们的博爱精神点赞！

希望××青年志愿者协会在共青团××县委的正确领导下，组织好广大青年志愿者开展志愿服务活动，不断推动社会主义精神文明建设，促进社会主义市场经济体制的建立和完善，提高青年的整体素质，为经济社会的协调发展和全面进步贡献力量！

××省青年志愿者协会

2021年××月××日

【例文简析】

这篇例文是协会成立贺信。正文第一句交代贺信的写作背景，表达祝贺之情。然后概括说明协会成立的意义，肯定其以往取得的成绩，最后提出殷切的希望。整体上内容简洁，感情诚挚，结构完备。

例文2

贺 信

王宗源同志及家人：

欣闻在第32届奥运会男子双人3米板跳水比赛中，您沉着冷静、顽强拼搏，与队友完美配合勇夺冠军，为中国体育代表团喜添一枚金牌，实现了襄阳运动员代表国家参加奥运会比赛金牌零的突破，为祖国争得了荣誉，为家乡增添了光彩。在此，向您表示最热烈的祝贺！向您及家人致以最诚挚的慰问！衷心祝愿您再接再厉、再创佳绩，为祖国和家乡争取更大光荣！

中共襄阳市委

襄阳市人民政府

2021年××月××日

【例文简析】

这篇例文是湖北选手王宗源携手搭档谢思埸在东京奥运会男子双人3米板跳水决赛中夺得金牌后，中共襄阳市委、襄阳市人民政府给他及家人发的贺信，肯定了他的成绩，说明了这块金牌的重大意义，最后表达了祝贺和祝愿。

写作提示

1. 贺信要体现的是自己真诚的祝福，是加强彼此联系、增强双方交流的重要手段，所以贺信要写得感情饱满充沛。冷冰冰的陈述、评价是表达不出祝贺者真诚的祝福的。

2. 贺信内容要真实，评价成绩要恰如其分。表示决心要切实可行，不可空发议论，空喊口号。

3. 贺信要求简单短小，不宜长篇大论。语言要求精练、简洁明快，不堆砌华丽辞藻。

写作训练

1. 改错题。下面是一则开业贺信，请找出表达不妥和欠缺之处。

贺 信

××财务软件公司：

听说你们公司今天在工业园区正式开业，是一件可喜可贺的大事，在此向你们表示祝贺！

人才就是竞争力，你们公司招纳了很多青年才俊，技术力量雄厚，应该可以开发出具有竞争力的软件系统，满足当下日新月异的互联网市场需求。

祝你们公司开业大吉、宏图大展！

××公司全体员工

2022年××月××日

2. 请根据情境，以学生会的名义，给社团联合会写一则贺信。

任务5　倡议书

情境导入

在“弘扬诚信文化、共建绿色校园”活动正式开始前，学生会为了鼓励更多同学了解和参与进来，通过发放线上、线下倡议书的形式，对此次活动的背景、意义与参与方式进行宣传，取得了非常好的效果。

明确：学习倡议书的写法。

知识聚焦

一、倡议书的概念

［微课］倡议书

倡议书是为倡议、发起某项活动而写的号召性的、公开提议性的专用书信，由某一组织或社团拟订、就某事向社会提出建议或提议社会成员共同去做某事的书面文章。它作为日常应用写作中的一种常用文体，在现实社会中有着较广泛的使用。

二、倡议书的结构和写法

倡议书一般由标题、称呼、正文、结尾、落款五部分构成。

（一）标题

倡议书标题一般由文种名单独组成，即在第一行正中用较大的字体写“倡议书”三个字。另外，标题还可以由倡议内容和文种名共同组成，如《为见义勇为英雄××献血的倡议书》。在某些特定的情境下，倡议书的标题也可以是其他表达形式，如《致××的一封信》。

（二）称呼

一般顶格写在第二行开头。倡议书的称呼可依据倡议的对象而选用适当的称呼，如

“广大的青少年朋友们”“广大的妇女同胞们”“大学生朋友们”等。有的倡议书也可不用称呼，直接在正文中指出。

（三）正文

一般在第三行空两格写正文。倡议书的内容需包括以下几个方面：

（1）写倡议书的背景、原因和目的。倡议书的发出意在引起广泛的响应，只有交代清楚倡议活动的原因，以及当时的各种背景事实，并说清楚发布倡议的目的，人们才会理解和信服，才会自觉行动。这些因素交代不清，就会使人觉得莫名其妙，难以响应。

（2）写明倡议的具体内容和要求，这是正文的重点部分。倡议的内容一定要具体化。开展怎样的活动，做哪些事情，具体要求是什么，它的价值和意义都有哪些，均需一一写明。倡议的具体内容一般是分条列项的，这样写清晰明确，一目了然。

（四）结尾

结尾要表示倡议者的决心和希望，或者写出某种建议。

（五）落款

落款即在右下方写明倡议者的单位、集体或个人的名称或姓名，署上发倡议的日期。

例文1

倡议书

敬爱的老师、同学们：

学校是我们日常活动的基本场所，优美的校园环境不仅是教学秩序的重要保障，也是展现我们良好品德修养与高尚道德情怀的重要窗口。当我们为美好未来努力拼搏时，相信每一个同学都渴望一个干净文明的校园，渴望一个和谐健康的生活环境，渴望清洁，渴望绿色。

为了增强大家的环境保护意识，营造建设节约型校园的良好氛围，让校园和班级环境更加整洁靓丽，我们诚挚地向全校师生们提出如下倡议：

在你离开教室的时候，请放慢你匆忙的脚步，花1分钟的时间，带走自己身边的食品袋、饮料瓶等杂物；离开教室时请随手关灯、关空调、关多媒体，节约用电；洗手间及时关闭水龙头，杜绝“长流水”现象；不要乱扔垃圾，不给保洁阿姨增加工作量。

“校园文明我文明，校园美好我美好”。同学们，只需要你的举手之劳，就能还教室一片整洁，还校园一片绿色！让我们义不容辞地承担青年人的使命，让知识在纯洁的环境中传播，让美好的心情在学习中延续，树立环保意识，培养高尚的品格，从我做起，从现在做起，从点滴小事做起，为共建节约、整洁、健康的和谐校园而努力吧！

请每一位任课老师积极参与进来，在下课时提醒同学们参与“一分钟环保”活动，感谢您的大力支持！

学生处、教务处

2022年××月××日

【例文简析】

例文是一则环保倡议书。整体上措辞诚挚，情感真切，让人读了很有感触。开头交代了倡议的原因和目的，中间部分明确提出了具体化的要求，内容清晰明确，一目了然。最后发出了号召和倡议，以情动人，能够达到行文目的。

例文 2

致居留在张家界游客朋友的一封信

亲爱的游客朋友：

非常感谢您选择来张家界旅游。因我市出现确诊病例，根据联防联控机制相关要求，我市两个区 11 个街道调整为中风险地区。全市所有景区景点于今天全部关闭。我们非常抱歉给您带来了诸多不便，也希望在这个特别的时段，能以我们周到的服务，让您感受到张家界的另一种美。为了您的身体健康和疫情防控工作需要，特别向您作如下提示：

1. 请您在离开张家界之前配合完成三次核酸检测。全市所有核酸检测点都专门为您设置了应急免费核酸检测游客专用通道，团队游客请由旅行社组织检测，自助游客人请您就近选择检测。

2. 我们非常理解您的归心似箭，以及渴望早日离开有确诊病例所在地的急迫想法。但请您一定要冷静思考：在没有确认自身安全的前提下，您回到单位或与家人团聚，会给身边在意的人带来什么样的潜在风险？请您能够多多考虑自己和家人的安全，遵守国家疫情防控要求，配合酒店、旅行社、所在街道社区（村居）做好居店自我隔离，落实各项防控措施，非必要不外出。我市相关旅行社、酒店、疾控部门等将为您居留在张家界期间提供便利温馨服务。

3. 当您完成三次核酸检测，符合离张条件后，我们将为您提供 24 小时咨询服务，以方便您顺利离张。如需帮助请您致电 0744-8380188。如果您是团队客人，请与接待旅行社对接；如您是需要租车服务的自助游客人，请您致电张家界市旅游协会旅游运输分会许先生（电话：15974411110）。

风雨过后见彩虹。有您的理解和配合，我们一定能众志成城，战胜疫情。张家界三千奇峰、八百秀水永远欢迎您；张家界人民永远是您的朋友！

中共张家界市委旅游工作委员会办公室

2021 年 7 月 30 日

【例文简析】

这篇例文是 2021 年 7 月 30 日新冠疫情再次暴发后，中共张家界市委旅游工作委员会办公室针对游客发布的一封信，向他们提出号召性的建议与倡议。这封信中，多处使用了“您”的尊称，表达对游客的尊重；有贴心的“提示”，让游客知道具体、明确的要求，便于执行和配合；对居留的游客安排周到，从心理、情感上进行共情，换位思考，暖人心扉；公布相关部门的电话号码、手机号，显得诚意十足；更打动人心的是字里行间流露出来的人文关怀、大局思维，展示了社会责任与担当，得到了社会各界的一致好评。

写作提示

1. 倡议书写作背景要清楚，理由要充分，否则无法感染响应者，影响倡议效果。
2. 措辞要恰切，情感要真挚，同时要富于鼓动性。
3. 内容要有新意，能引领社会风尚，切实可行，不违背国家的方针政策。

写作训练

请根据情境，写一则“弘扬诚信文化、共建绿色校园”活动倡议书。

任务 6　活动策划书

情境导入

为了办好“弘扬诚信文化、共建绿色校园”活动，院学生会各部门负责人在一起进行了活动策划，从前期的资料准备到活动中摄影摄像，从预算活动经费到活动现场的布置安排，从文书写作到校外宣传……正因为策划到位、分工明确，各部门紧密合作，这次的活动取得了圆满成功。

明确：学习活动策划书的写作。

知识聚焦

一、策划书的概念

［微课］活动策划书

策划是个人、集体以及各种经济实体在行使职能、谋求自身利益过程中的一种计划性行为。策划的目的在于协调、拓展、理顺各种社会关系和经济关系。在社会主义市场经济建设不断深入的今天，策划工作已经成为各项工作的基本点和出发点。而策划书则是在策划的基础上所形成的一种应用文体形式，即对某个未来的活动或者事件进行策划，并展现给读者的文本。

二、策划书的种类

策划书的用途比较广泛，常见的策划书种类有：商业策划书、创业策划书、广告策划书、活动策划书、营销策划书、网站策划书、项目策划书、公关策划书、婚礼策划书、医疗策划书等。

三、策划书的结构和写法

不同类型的策划书因其写作目的不同，写作要点也不尽相同。在日常生活和工作中，最常见的策划书是活动策划书。

活动策划书是公共关系文书的一种。众所周知，公共关系研究的是人与人之间、群体与群体之间的关系形态。因此，活动策划书首先强调的是人际关系的道德准则。不管是策划理念还是文本形式，所体现的都是“以人为本”的观念。活动策划的重点在于构思、设计、营造一种和谐、有益的人际关系。策划书写作最直接的目的在于将自己的人际关系理念传递给大众并为大众所接受，从而唤起大众对活动的参与意识和奉献精神，并在参与活动的同时从情感和心理上受到感染与影响。

活动策划书有一些基本的结构内容，同时可以根据实际情况留取需要的部分。

（一）策划书标题

策划书的标题，一般是“单位＋内容＋文种”的格式，如《××大学××活动策划书》；也可以用“正标题＋副标题”的格式，如《让校园多点绿——××学院植树节活动策划书》。

（二）活动背景

包括活动的现状、存在的相关问题、大众的各种诉求、活动涉及的一些知识性内容、各级职能部门的相关政策与措施等内容。较为详细的背景介绍，可以使参与者了解相关背景，深刻认识活动的意义和参与的价值。

（三）活动主题

活动主题是整个活动的灵魂，是统领整个活动的纽带。用简洁、准确的语言表述活动的主题，让潜在的参与者能很清楚地明确这个活动和自己是否有契合点，从而决定是否参与。活动主题要精练而且富有感染力、吸引力。

（四）活动目的及意义

通过对活动目的的说明，参与者就可以对活动做到心中有数，知晓此次活动可能产生的社会、经济效益，并且在参与过程中自始至终体现出一种主人翁意识。

（五）活动对象

参加此次活动的人员构成。

（六）活动方式

这一部分要阐述活动开展的具体方式，主要是确定合作伙伴或者协办单位等。作为策划的正文部分，表现方式要简洁明了，使人容易理解，但表述方面要力求详尽，写出每一点能设想到的东西，没有遗漏。

在此部分中，不仅仅局限于用文字表述，也可适当加入统计图表等。对策划的各工作项目，应按照时间的先后顺序排列，绘制实施时间表有助于方案核查。人员的组织配置、活动对象、相应权责及时间地点也应在这部分加以说明，执行的应变程序也应该在这部分加以考虑。

这里可以提供一些参考方面：会场布置、接待室、嘉宾座次、赞助方式、合同协议、媒体支持、校园宣传、广告制作、主持、领导讲话、司仪、会场服务、电子背景、灯光、音响、摄像、信息联络、技术支持、秩序维持、衣着、指挥中心、现场气氛调节、接送车辆、活动后清理人员、合影、餐饮招待、后续联络等，需根据实情自行调节。

（七）活动时间和地点

确定活动时间和地点的时候要综合考虑，全面权衡，而且要提前与相关部门进行充分的沟通。

（八）活动前期准备

活动前期准备包括人员安排与分工、物料准备等。

（九）活动流程

活动能否顺利实施以获得预期的效果，除了前期要做好充分的相关准备之外，现场活动流程的制定也很重要。活动的策划者在事先就要梳理好活动的流程，充分考虑千头万绪的细节，以文本形式进行确定，把各个环节安排清楚，要做到忙而不乱，有条有理。

（十）费用预算

在活动策划时应该严格制定经费预算，列出总目和分目的支出内容，既方便核算，又便于以后查对，也能更好地控制成本。

（十一）应急预案

考虑到一些可能发生的意外情况会给活动执行带来的困难，如天气变化、现场事故、人员变动等都有可能导致活动无法顺利进行，因此必须对各种可能出现的意外事件做必要的人力、物力、财力方面的准备。

例文 1

“树财德、启财思、育财商”演讲比赛策划书

一、活动主题

树财德、启财思、育财商。

二、活动目的

鼓励同学们发表自己对财商与财德的认识与看法，提升同学们的综合素质；为热爱演讲的同学们提供一个学习交流、展现自我风采的大舞台，让青春更自信、让生活更精彩！

三、活动地点

图书馆 550 人大礼堂。

四、活动分工与安排

（一）办公室

1. 负责收集、整理各个选手的资料。

2. 及时、准确地通知选手比赛流程，积极联系选手。

3. 制作决赛评分表及次序表，准备荣誉证书及奖状。

4. 提前布置会场，准备好水以及评委打分的纸笔和计算工具。

（二）商务部

1. 主要负责本次演讲比赛的外联工作，处理和商家合作的赞助事宜。

2. 主要负责各场演讲比赛的外事工作，包括邀请嘉宾、评委等。

3. 安排好决赛当晚的统分人员及奖状填写人员，在所有选手演讲后应以最快的速度算出成绩交于礼仪人员送到主持人手上。

（三）生活部

1. 负责赛场的器材，每场演讲比赛器材组成员必须提前最少两个小时到达赛场，调试话筒，准备音响，并且保证赛场的音响正常工作，电路运行安全。

2. 负责后勤工作，如会场座位安排、主席台水的供应、卫生。

3. 安排人员到晚会现场催场，一个选手快要演讲时，催场人员马上去叫下一位选手到准备区，依此类推。

4. 准备好奖品。

（四）文艺部

1. 布置舞台灯光、音响等用具。

2. 培训主持人及礼仪人员，并对主持人串词进行商讨。

3. 对比赛过程进行整体把握。

（五）体育部

1. 负责赛场的秩序工作，保证各选手在一个和谐、融洽、热烈的氛围中进行比赛。

2. 安排相关人员到会场协调工作，一直到比赛结束。

（六）宣传部

1. 负责赛前的宣传工作。

2. 负责本次演讲比赛的宣传工作，包括网上宣传、媒体宣传、广播宣传、海报、展板等宣传工作。

五、参赛要求

1. 演讲作品要求：体裁不限、主题鲜明、观点新颖、文字简洁，具有较强的创新性、欣赏性和时代性，有一定的理论高度，能反映当代大学生积极向上的理财观和正确的价值观、人生观。

2. 表达形式新颖多样，有独创性，选手可以围绕主题畅谈自己的所见所闻，也可以根据个人思想，抒发自己的感想。

3. 必须脱稿演讲，演讲过程中要求选手语言流畅、演讲技巧娴熟，具有较强的感染力。选手可以根据自己的需要在演讲过程中播放一些背景音乐。

4. 每位同学的演讲时间分布：命题演讲 3 分钟，即兴演讲 2 分钟，回答问题 1 分钟，选手的演讲时间要求控制在正负 15 秒内。

5. 所有参赛同学应当着装整洁，讲究礼仪，不得使用不当语言。

六、比赛流程

1. 主持人上场，宣布比赛开始，并介绍出席评委及嘉宾，宣布比赛要求及评分细则。

2. 比赛开始，选手依抽签顺序开始演讲。

3. 主持人宣布选手得分（前三名选手的得分在第四名选手演讲完毕后一起公布），第四名选手得分在第五名选手演讲完毕后公布，其他依此类推。

4. 嘉宾点评（其间有工作人员计算成绩，并进行排名，得出比赛结果）。

5. 主持人宣布获奖名单，并由领导颁奖。

6. 流程中可适当增加一些表演环节，如名人小短片、相声等，主要体现现代大学生人生观。

7. 参赛选手及评委合影。

七、评分标准

比赛采取10分制进行评分，相关分值如下：

1. 内容在要求范围内，且新颖独特，有号召力、感染力，满分为2分。

2. 语句通顺，吐字清晰，表达流畅，情感表现充分，满分为2分。

3. 表情自然，肢体语言丰富，满分为2分。

4. 衣着得体，精神面貌丰满，满分为2分。

5. 台下反应较好，演讲时间在5分钟内，满分为2分。

八、计分标准

去掉一个最高分，去掉一个最低分，其余评分的平均分即为选手的最终得分。

注：各参赛选手必须从始至终参加听取其他选手的演讲；遵守会场纪律，不起哄，不喝倒彩，做文明观众，对每一位选手的比赛都给予掌声鼓励。

九、奖项设置

一等奖一名：5本经济类书籍+定制保温杯+奖状。

二等奖两名：定制保温杯+奖状。

三等奖三名：笔记本+奖状。

最佳组织奖：奖状与奖杯。

十、经费预算

名称	单价（单位：元）	数量	总计（单位：元）
横幅	30	2	60
请柬	2	50	100
证书制作	10	20	200
获奖选手礼品	60	20	1 200
海报展板	20	10	200
会场布置材料	300	1	300
合计	—	—	2 060

十一、应急预案

1. 专设应急小组，处理音响、多媒体等一些易发生故障的器材。

2. 积极联系保卫处及保卫人员，协助处理一些突发事情。

3. 如遇到观众扰乱赛场秩序，先进行警告，如继续无视赛场纪律，驱逐出场。

4. 选手演讲内容中禁止出现一些反党、反社会、不健康的内容，如遇此种情况出现，立即取消其参赛资格。

校团委

2022 年××月××日

【例文简析】

这是一个大学生学习生活中常见的活动策划书，内容包括活动的主题、目的、地点、分工与安排、参赛要求、比赛流程、评分标准、计分标准、奖项设置、经费预算以及应急预案，内容具体翔实、格式规范、语言得体，具有可操作性。在经费预算部分，以表格列出单价和数量，清晰具体，让人一目了然。

写作提示

1. 活动策划书的写作应主题明确，内容具体。主题是整个策划的灵魂，是对活动内容的概括，因此要做到主题明确，内容具体。

2. 活动策划书的写作应背景清楚，形式新颖。要交代清楚举办活动的目的、依据、条件等，并精心设计活动的形式，要有创意，避免落入俗套。

3. 活动策划书的写作应对效果有所预期。要明确活动预期达到的效果及产生的影响，符合社会主义核心价值观的传播。

写作训练

请你根据情境，为“弘扬诚信文化、共建绿色校园”活动写一份策划书。

项目三
会务文书

学习引导

会务文书是一般会务管理相关工作的重要内容。从会前到会中再到会后，所涉文书种类繁多，写作规范和要求不尽相同。学习会议通知、会议记录的写作，将有助于写作者了解和掌握会务文书基本写作常识，初步提升基础写作能力；熟悉会议简报和会议新闻的写作，能帮助写作者学会高效从事专业性工作，从而顺利走上新时代职场，从容应对当下职场的综合挑战。

学习目标

知识目标：

- 掌握会议通知、会议记录、会议简报、会议新闻的相关基础知识和常规写作要求
- 熟悉不同文种的逻辑结构、基本思路、常规表达方式、专业性语言等特点
- 熟悉一般会议的大概流程及基本会务工作

能力目标：

- 根据会议具体情况拟写格式规范、内容充实、层次分明、表达清晰、逻辑缜密的财经会务文书
- 分析具体会务文书的观点、材料、结构、语言等

素质目标：

- 逐步形成严谨、细致、务实的职业素养和良好的信息素养
- 认同良好的职业道德，形成诚信、敬业的社会主义核心价值观
- 了解世情、国情、民情的发展变化，提升自我的使命感和责任感
- 培养服务意识以及协同与团队精神

任务 1　会议通知

情境导入

学校准备召开“学习二十大、永远跟党走、奋进新征程”主题活动动员会。苏小语所在部门负责会议的服务工作，院领导为了培养和锻炼她的应用写作能力，决定由她来拟写此次会议所需的会务文书。经过分析，苏小语认为，在会议召开之前，撰写会议通知，借以发布会议召开信息，是整个会务中一项相当重要的工作。

明确：学习会议通知的写作。

知识聚焦

一、会议通知的概念

会议通知是组织向成员、上级向下级传达会议召开等基本信息时所使用的应用文书，是各级行政机关、企事业单位、社会团体经常性使用的下行文。

［微课］会议通知

《党政机关公文处理工作条例》（以下简称《条例》）规定，通知“适用于发布、传达要求下级机关执行和有关单位周知或者执行的事项，批转、转发公文”。

二、会议通知的种类

根据《条例》对通知使用的相关规定，通知可分为批转性通知、转发性通知、发布性通知以及传达性通知等。会议通知属传达性通知的一种。

三、会议通知的结构和写法

会议通知一般由标题、主送机关、正文（附件）和落款四个部分构成。

（一）标题

会议通知的标题有两种常见形式：

1. 发文机关＋事由＋文种

如《××省财政厅关于召开 2021 年度全省经济运行态势汇报工作会议的通知》《天津国恒铁路控股股份有限公司关于召开 2021 年度股东大会的通知》，前者发文机关为“××省财政厅”，事由为“召开 2021 年度全省经济运行态势汇报工作会议”，文种为“通知”；后者发文机关为“天津国恒铁路控股股份有限公司”，事由为“召开 2021 年度股东大会”，文种为“通知”。

2. 事由＋文种

如《关于召开财务审计工作会议的通知》《关于召开第三届全国电子商务物流大会的通知》，前者事由为“召开财务审计工作会议”，文种为“通知”；后者事由为“召开第三届全国电子商务物流大会”，文种为“通知”。

会议通知正式发文时，眉首的发文机关标识中已经包含发文机关名称，此时标题可省略发文机关。内部张贴的通知常用“事由＋文种”的标题形式。

（二）主送机关

主送机关的写法主要有两种：

1. 主送机关单一或者少于三个

直接书写或按惯例排序。

2. 主送机关超过三个

常采用概括方式，依次标明单位规范化简称或同类单位统称。同类别机关间用顿号隔开，不同类别机关间用逗号隔开，如“各市市委、市人民政府，省委各部委，省各委办厅局，省各直属单位，部属各有关单位”。

需要注意的是，主送机关应是单位，不能是参会人员。

（三）正文（附件）

会议通知的正文结构为：发文缘由＋通知事项＋结尾。如有需要，还应加上附件。

1. 发文缘由

通常写会议召开的意义、根据、背景。在发文缘由末尾常加承启语“现通知如下”“现将有关事项通知如下”“特通知如下”等。

2. 通知事项

根据会议召开情况，会议通知又可分为简单和复杂两种。简单的会议通知，只需写明会议内容、参加人员、会议时间和地点；复杂的会议通知，还要写明会议日程、议题、参会要求、会议费用、食宿安排、接待手续、联系方式等。为了方便阅读，会议通知事项通常采用多段式写法。

3. 结尾

结尾主要有四种写法：

（1）提出要求或希望。

（2）做其他说明。

（3）用尾语“特此通知”结束。

（4）秃尾。即写清事项就结束，没有独立的结尾。

4. 附件

外部会议通知通常附带报名回执等附件。报名回执是一种由拟参加会议人员填写并返回会议主办单位的信息收集表，一般包括姓名、性别、年龄、单位、职务（职称）、民族、联系电话、住宿要求、是否预订返程车票等。报名回执可为会议主办方食宿安排、会议接待等筹备工作提供参考。

（四）落款

1. 发文单位

写明发文单位全称或规范化简称，位于正文右下方，置于成文日期之上。在正式发文时，发文单位以盖章形式呈现。

2. 成文日期

成文日期置于发文单位之下，应该年、月、日齐全。

例文 1

关于参加《无纸化财务管理工作条例（试行）》专题培训会议的通知

各处室、服务中心：

按照省财政厅工作部署，我办定于2022年××月××日星期×下午15:00于河南饭店5号楼1楼华夏厅召开《无纸化财务管理工作条例（试行）》专题培训会议。会议由省财政厅信息技术处主任郭建功专题解读《无纸化财务管理工作条例（试行）》。请各部门安排业务分管副处长（副主任）、业务工作人员各1名参加会议，参会人员请于当天下午14:50前入场，不得缺席、迟到或早退。

××省财政厅财务管理办公室

2022年××月××日

【例文简析】

这是一则内部会议通知。因为会程较短，通知内容比较简单，所以在表达方式上仅采用一段文字。发文缘由部分介绍会议召开依据，通知事项涵盖会议内容、参加人员、时间、地点四项基本要素，最后以提出相关要求的方式收尾。此通知虽然是内部通知，比较简短，但通知本身的写作非常严谨，需要呈现的基本信息皆具备，结构相当完整，格式恪守基本规范，表述清晰、准确。

例文 2

第五届劳动经济学会学术年会通知

在当今世界正经历百年未有之大变局，新冠肺炎疫情全球大流行使这个大变局加速变化的背景下，我国提出“形成以国内大循环为主体、国内国际双循环相互促进的新发展格局”，是实现中华民族伟大复兴战略全局的必然选择。在新发展格局下，劳动就业、工资与收入分配、劳动保障与劳动关系等将面临新的挑战与机遇，为劳动经济研究者提出了诸多研究课题。为此，劳动经济学会经研究决定举行以“双循环新发展格局下的劳动力市场”为主题的第五届学术年会。我们诚挚邀请国内外劳动经济领域相关研究者参加本次年会。相关事项通知如下：

一、会议主题

双循环新发展格局下的劳动力市场

二、组织机构

主办单位：劳动经济学会

承办单位：北京师范大学经济与工商管理学院

协办单位：人口与劳动经济研究所

中国人民大学劳动人事学院

北京师范大学国际商务与管理研究中心（珠海）

组委会名誉主席：张嘉伟

组委会主席：孙德胜、赖志军

组委会委员：白娟、甘重恩、谷犁、李建全、李实、刘玲、姚向兵、杨先国、曾伟国、章湘泉、张政、赵星臣、钱振华、王伟、赵大树、高忠、杨文书

支持期刊：《管理世界》《经济学动态》《人口科学》《劳动经济研究》《教育经济评论》

三、会议时间、地点

（一）会议时间

2021年××月××日，其中，××日全天报到，××日—××日上午为正式会期。

（二）会议地点

北京师范大学珠海校区国际交流中心（广东省珠海市香洲区唐家湾金凤路18号）。

四、会议论文征集

（一）论文要求

会议论文可围绕大会主题及劳动经济相关研究领域撰写，并符合以下要求：

1. 应是未曾公开发表过的论文，或者是已取得阶段性成果的科研课题的研究报告或实践创新案例。

2. 应符合学术规范。

3. 中英文均可，需包含题目、作者信息、摘要、关键词、正文和参考文献等内容。作者信息需包括工作单位和联系方式（电话和电子邮箱）。

（二）提交方式

论文可通过个人独立提交、分支机构组织专题提交两种方式提交。

个人独立提交：准备向会议提交论文的个人投稿人请于2021年××月××日前将论文电子版通过电子邮件发送至投稿邮箱：cale2021@163.com，邮件主题标明：作者+cale2021年会个人投稿论文。

分支机构组织专题提交：劳动经济学会各分支机构可作为专题组织者，自行确定专题名称和组织专题论文，并将专题名称、主持人及其联系方式、所有专题论文，于2021年××月××日前通过电子邮件发送至投稿邮箱cale2021@163.com，邮件主题标明为“××分支机构组织专题论文集”。分支机构组织者应对论文质量负责。通过分支机构组织专题提交的论文请勿再行独立提交。

（三）会议发言

大会组委会将组织专家对独立提交论文进行评审，确定部分发言论文。

分支机构可自组专题会场论坛（不超过半天时间），于2021年××月××日前通

过投稿邮箱（cale2021@163. com，邮件主题标明："××分支机构"专题论坛议程）向大会组委会提出论坛需求，并将专题论坛议程（含主持人与发言人姓名、单位与电话、发言题目）一并发送。组委会有权根据论文情况进行适当调整。

（四）论文征集相关费用

会议论文征集、评审等不收取任何费用。

五、会议费用及住宿安排

学会会员每人收取会务费 300 元，非会员每人收取会务费 600 元，在读学生免收会务费。交通费、住宿费自理。

会务组为收到正式邀请函的参会代表在北师大珠海校区校园内统一安排住宿（费用自理），标准间/单人间费用标准：388 元/间、天。

六、会议报名及相关事项

（一）报名回执

欲参加线下会议的人员请于 2021 年××月××日前按以下任何一种方式填写报名回执（见附件）：

1. 打开如下链接报名：https://www. wjx. cn/jq/93458888. aspx；

2. 填写会议回执（见附件），并邮件发送至 cale2021@163. com。

（二）参会人数

根据疫情防控要求，本次会议限制参会人数在 200 人以内，组委会将以会议发言人、理事、会员、报名时间早晚为优先顺序，于 2021 年××月××日—××日期间发送会议正式邀请函，收到邀请函的代表前往北师大珠海校区参加线下会议。

（三）其他事项

组委会将根据疫情情况及时调整会议各项安排。

七、组委会联系方式

学会秘书处：陈小慧 15210888888

北京师范大学经济与工商管理学院：杨娟 010-58806666

劳动经济学会

北京师范大学经济与工商管理学院

2021 年××月××日

附件：

第五届劳动经济学年会会议回执

姓名	性别	职称与职务	单位及邮编	手机	邮箱	学会身份（1. 理事；2. 会员非理事；3. 其他）	住宿需求（1. 单人住；2. 两人住；3. 不需要）

【例文简析】

这是一则外部会议通知，由两个部门联合行文。因为会程较长，涉及食宿等事项，内容较为复杂，所以采用分条列项写法，显得更加清晰明了；在疫情防控常态化情况下，提高疫情防控基本要求；为方便与会人员参会，通知中还写明联系人、联系方式，并附上回执；整个通知内容丰富，通知事项“不厌其烦”，完备周详；特殊情况下有特殊参会要求，凸显实在会风；各时间节点要求非常严格，力求会议流程的高效衔接；语言简练，格式规范。

写作提示

写作会议通知时需注意：

1. 注意根据需要书写通知事项。召开外部会议时，会议通知既是传递会议召开信息的媒介，也是做好会议安排的依据，还是参会者顺利参加会议的指引。因此，外部会议通知事项一般较为烦琐，撰写者不仅要具备较好的表达能力，还要有较强逻辑思维能力和管理经验，同时要站在会议主办方和参会者角度，考虑通知事项的具体内容。

2. 注意区分会议通知和会议邀请函。会议邀请函是专门用于邀请特定单位或人士参加会议，具有礼仪和告知双重作用的会务文书。邀请函用于会务活动时，与会议通知的不同之处在于：邀请函主要用于横向性的会务活动，发送对象是不受本机关职权所限的单位和个人，也不属于本组织的成员，一般不具有法定与会权利或义务，是否参加会议由对象自行决定。举行学术研讨会、咨询论证会、技术鉴定会、贸易洽谈会、产品发布会等，以发邀请函为宜。而会议通知则用于具有纵向关系（即主办方与参会者存在隶属关系或工作上的管理关系）性质的会议，或者与会者本身具有参会的法定权利和义务，如人民代表大会、董事会议等。对于这些会议的通知发送对象来说，参加会议是一种责任，因此适合发会议通知，不宜用邀请函。学术性团体举行年会或专题研讨会时，要区别成员与非成员。对于团体成员应当发会议通知，而邀请非团体成员参加则应当用邀请函。

除了使用情况不同外，会议邀请函与会议通知在具体写法上也略有不同，会议邀请函的结构和写法可参考项目二公关社交文书中的邀请函。

写作训练

1. 首都物流中心计划召开 2022 年下半年业务研讨会，需要写一份会议通知，发送给有关单位。通知初稿如下，请分析该通知存在哪些不足并加以修改。

为了传达公司 2022 年上半年工作会议精神，进一步认清形势，统一认识，明确思路，解决问题，下大力气做好主业经营工作，经研究，定于 2022 年××月××日（星期×）在大华饭店五楼会议大厅召开“下半年业务研讨会”，敬请下列有关人员准时出席：正、副经理，财务部经理、营销策划部经理、促送中心经理、大堂经理等，参加会议人员务必于××日上午 8:30 之前莅会，准时出席大会。

2. 请根据前述情境，帮助苏小语完成会议通知的写作。

任务 2　会议记录

情境导入

经过认真筹备，“学习二十大、永远跟党走、奋进新征程”主题活动动员会在学校报告厅如期举行。苏小语所在部门负责会议的服务工作，除了会场布置、入场引导、材料准备等诸多工作外，院领导还决定让她所在的部门全程参加会议，并负责做好现场摄像、拍照、会议记录及相关资料的搜集、汇总、存留工作。根据个人特长情况，苏小语被安排专门负责主会场的会议记录工作。

明确：学习会议记录的写作。

知识聚焦

一、会议记录的概念

［微课］会议记录

会议记录是由会议组织者指定专人，如实、准确地记录会议组织情况和会议内容的一种应用性文书。

会议记录一般用于比较重要或正式的会议，它要求真实、全面地反映会议的本来面貌。会议记录是会后研究工作、总结经验的重要依据。

二、会议记录的特点

（一）真实性

会议记录者有一个显著特征，那就是只有记录权，没有改造权。记录者不能对会议内容进行任何主观性的自我加工、提炼，不能做任何增删修改，不能夸大缩小，不能移花接木、张冠李戴。

（二）原始性

会议记录是会议实际过程最客观、最直接的反映，是会议情况和内容的原始记录。原始是指未经加工、未加综合，这是会议记录与会议简报最大的区别。会议简报同样要求真实，但并非原始不变、原封不动，而是在对会议记录进行加工整理基础上形成的文字材料，在存在形态上与会议记录差异明显。

（三）完整性

会议记录要完整地反映会议有关情况，如名称、时间、地点、参会人员、主持者、议题等基本情况，领导者讲话、与会者发言、讨论和争议、会议形成的决议和决定以及现场情况（如鼓掌、争吵等）都要一一如实记录下来，不能有所缺漏。

三、会议记录的种类

会议现场与会人员的发言是会议记录的重要内容，记录发言的方式可分摘要记录与详细记录两种。

多数会议只要记录发言要点，即把发言者讲了哪些问题，每一个人的基本观点与主要事实、结论，对他人发言的态度等作摘要式记录，不必“有闻必录”。而某些特别重要的会议或特别重要人物的发言，需要记下全部内容。如果有摄像或录音设备，可先摄像或录音，会后再整理出会议记录；如果没有摄像或录音条件，应由速记人员进行记录；如果连速记人员都没有，可以多配备几个记得快的人从事记录，以便会后互相核对、补充。

四、会议记录的作用

（一）依据

会议记录忠实地“直录”会议全貌，包括会议精神、会议形成的决定和决议、会议对重大问题做出的安排等。如果在会议后期需要形成文件，要以会议记录为依据；如果未形成文件，与会者在会后传达、贯彻会议精神和决定是否准确，也要以会议记录为依据，进行有效检验。

（二）素材

会议记录是形成会议简报的基础，会议进行过程中连续编发的会议简报，要以会议记录为重要素材。会议简报可以对会议记录进行一定的综合、提炼，但不得对会议记录所确认的内容进行歪曲和篡改。

（三）备忘

会议记录可以作为会议情况和会议内容的原始凭证。时过境迁，会议实况可能无法在记忆中复现，甚至当时做出的重要决定也可能模糊不清，这时就可查阅会议记录。会议记录还可以成为一个部门或单位的历史资料，若干年后，通过大量会议记录可以了解该部门或单位的历史进程和发展状况。

五、会议记录的结构和写法

会议记录一般由标题、基本情况和会议内容三部分构成。

（一）标题

会议记录的标题形式为“会议名称＋记录”，如《××公司××××年××月××日第×次部门经理例会记录》。

（二）基本情况

会议记录开头部分，要分项完整地记录会议有关情况：时间＋地点＋主持者＋出席者＋缺席者＋列席者＋记录者。

1. 时间

写明开会的年、月、日，×时到×时，或写明上午、下午。

2. 地点

写明开会的具体地点，如“××会议室”“××宾馆×号房间”。

3. 主持者

写明主持会议者的姓名、职务。

4. 出席者

写明出席会议人员的姓名、职务或到会人员级别。大型会议则记录在主席台或前排就座人员的姓名、职务，或记录到会总人数。

5. 缺席者

写明缺席人员的姓名、职务及缺席原因。大型会议可记录缺席总人数。

6. 列席者

写明列席人员的姓名、职务。

7. 记录者

写明记录者的姓名、职务。大型会议可有多人记录。

（三）会议内容

这部分通常随着会议进展逐步完成，没有固定的模式，但一般可能包含以下这些方面的内容：

- 会议议题、宗旨、目的；
- 会议议程；
- 会议报告和讲话；
- 会议讨论和发言；
- 会议表决情况；
- 会议决定和决议；
- 会议遗留问题。

这些是一般会议的基本项目，但不同的会议侧重点会有所不同，先后次序也会有所不同。

记录发言要尽可能详细，特别是重要观点、分歧意见或表决情况等，不能有疏漏。记录完毕，另起一行空两格注明会议结束时间，或呈现“散会”字样，如中途休息，要写明“休会”。如果是重要会议，记录完毕，记录人员和会议主持人应在记录上签字，以示负责。

例文 1

未来建设有限责任公司月度财务工作汇报会记录

会议时间：2022 年××月××日（星期×）上午 9 时

会议地点：公司第三会议室

主持人：董事长史达明

参加人员：公司各部门主要负责人

记录人：秘书陈克

会议内容：

一、主要议题

本次汇报会听取了公司各部门主要负责人月度财务工作汇报及下个月财务工作计

划，公司领导对下个月重点工作进行了安排部署。

二、财务规划部门主要负责人发言

（一）按照公司关于“财务健康运行年”的部署，认真落实规划工作，做到人员落实、项目落实、时间落实，确保科学规划，不走过场，不流于形式。

（二）物资部门要按照公司要求，严格按章程进行物资采购，注意流程的科学性、规范性和有效性，严查已到物资保管情况，做好分类、分区保管工作；同时做好有关物资进出台账，严格执行物资进出双查制度。

（三）公司物资进出面广量大，公司各部门根据各自职能，严把物资进出关、使用关、保管关、报废关，确保流向科学合理、线路清晰。

三、财务出纳部门负责人发言

（一）今年仅剩三个月不到的时间，各部门要充分利用这段时间，仔细梳理本部门物资进出情况、资金使用情况。工程部等相关部门要抓紧与参建单位沟通，敦促施工单位尽快完成人力、机械、设备等财务清单汇总和梳理工作等，保证在常规时间节点前完成走账和入账。

（二）工程施工过程中的监理账务需要提前做好入账工作，账面要清楚，入账要科学合理，并征得公司分管领导的同意再行入账。

（三）后勤处要尽快做好出入库物资账务的上报工作，特别是设备报废账务，务必仔细核对原始账目，确保准确无误。

四、审计部门主要负责人发言

（一）各相关处室一定要做好初始账目的自查工作，并在公司规定的时间节点按要求上报财务出纳部门，确保相关工作的科学高效对接。

（二）财务出纳部门在下个月底前完成各有关处室账目统计工作，并完成各部门资金划拨工作，特别是公司外放资金，需提前做好拨付，确保拨付质量。

（三）相关账目及相应的账务须按照统一标准进行汇总，以备核查；原始凭证须有序规整，以备审计。

五、会议决定

公司第二次财务规范化会议初步定于××月××日上午召开，这既是一次月度的财务工作汇报会，也是一次业务指导和培训会，届时请全体财务工作成员参加。

散会。

主持人：×××

记录人：×××

2022年××月××日

【例文简析】

这则会议记录首先写明会议名称、议题，然后写出会议时间、地点、主持人、参会人员、记录人员等会议基本情况，要素齐全，格式规范。会议内容的记录，既注意保持其客观原始性，凸显会风之细致、严谨；又注意完整详尽性，实事求是地记录会议内容及相关情况，力求会议流程每一个环节实实在在，不走形式。

例文2

区委财经委员会第二次会议记录

时间：2022年××月××日（星期×）上午10点

会议地点：多媒体会议中心第一会议室

会议主持人：陈兆国 秘书长

会议记录人：李由 副主任

出席人：区委财经委员会委员

一、会议议题

总结分析全区上季度经济运行情况，全面部署下阶段主要工作。

二、区委副书记朱建国发言

上季度全区地区生产总值实现8%的增长。工业生产保持增势，项目投资进度加快，消费市场开始回暖，新经济新动能快速成长，物价水平总体稳定，经济运行积极因素增多，总体呈现稳中有进态势。

当前全区发展外部环境严峻复杂，经济运行存在风险和挑战，特别是消费潜力亟待加快释放，部分行业市场需求不足，一些企业生产经营困难增多，需要拿出针对性解决办法。

三、区长张庆华发言

要突出目标导向、问题导向、高质量导向，切实以主动作为应对环境变化，以内需扩大对冲外需低迷，以新动能培育弥补增长缺口。一要强化对重点行业、企业和项目的调度；二要加快重大项目落地，形成强劲发展支撑；三要狠抓工业经济，突出实体经济和先进制造业，稳住工业基本盘；四要狠抓招商突破，努力招引更多高质量的“旗舰项目”“龙头项目”。

四、区委书记刘敏汉发言

坚持稳中求进工作总基调，坚持新发展理念，进一步抓好“稳”，抓牢“保”，抓实“新”；狠抓工作作风，各级各部门要发扬连续作战精神，强化工作落实，主动靠前服务，以过硬担当交出满意答卷，努力在全市进位争先。

散会。

主持人：×××

记录人：×××

2022年××月××日

【例文简析】

这则会议记录首先写明会议的基本情况，然后列出会议讨论的议题，接下来依次记录清楚发言人的主要发言内容。整个会议记录有始有终，客观、准确、严谨；会议内容也完整详尽，务实求真；记录思路清晰，井井有条，效率至上，为后续其他工作留存了可靠资料。

写作提示

写作会议记录时需注意：

1. 真实准确。要如实记录与会者发言，无论是详细记录，还是概要记录，都必须忠实于原意，不得添加记录者观点和主张，不得断章取义。真实准确的要求具体包括：不添加，不遗漏，依实而记，书写要清楚，记录要有条理、重点突出。

2. 要点不漏。记录是详细还是简略，要根据情况决定。一般而言，决议、建议、问题、发言人观点、论据材料等要记得具体、详细；一般情况的说明，可抓住重点，略记大概意思。

3. 始终如一。始终如一是记录者应有的态度，记录人从会议开始到会议结束都要认真负责地一记到底。

写作训练

1. 按照会议记录基本写作要求，在模拟召开会议时，代苏小语做好会议记录。

2. 从事会议记录时，如果某位与会者的发言比较凌乱，是否可以随便记录一下或者不做记录？为什么？

任务 3　会议简报

情境导入

“学习二十大、永远跟党走、奋进新征程”主题活动动员会顺利召开，苏小语所在部门负责会议的服务工作，并全程参加了会议，最终获取了大量的会议现场影像和文字等相关资料，苏小语还专门负责主会场的会议记录工作。此时，院领导安排苏小语充分利用会议记录和其他资料，编写一份会议简报，做好本次会议的初步总结、精神传达和宣传工作。

明确：学习会议简报的写作。

知识聚焦

一、会议简报的概念

[微课] 会议简报

简报是党政机关、社会团体、企事业单位内部用于汇报工作、反映问题、沟通情况、指导工作、交流经验、传递信息的一种简短的、具有一定新闻性质的文书。常见的简报有三种：一是会议简报，主要反映会议交流、进展情况；二是情况简报，反映人们关注的问题，供机关领导参考；三是工作简报，报告重大问题的处理情况以及工作动态、经验或问题等。会议简报适用于会期较长、人数较多、事项相对重要的会议。

二、会议简报的种类

会议简报的编写方式大体有以下两种：

（一）综合式

将会议上反映的诸多问题或现象的表现、原因、成绩与不足、应对策略等进行系统而全面的综合整理和编辑，从而形成一个综合性简报。

（二）专题式

只就会议上反映的主要问题或现象的某一个方面进行整理和编辑，或以其中一个方面为主、其他方面为辅进行整理和编辑，集中突出某一点，或专门倾向于某一个侧面。

三、会议简报的结构和写法

一般会议简报的基本结构为：报头＋报核＋报尾。

简报的三个部分之间用间隔线隔开。报头与报核之间用红色间隔线，报核与报尾之间用黑色间隔线。如果是党报，则红色间隔线中间加五角星。

（一）报头

报头位于第一页上端居中位置，约占页面的1/3，字体应庄重醒目。

报头的基本结构为：报头名称＋期数＋编发部门＋编发日期。

1. 报头名称

报头名称根据需要而定，通常是“机构名称＋会议/工作简报”。

报头名称一般写在同一行上。如机构名称较长，则有两种做法，一种是将字体改为瘦长一些，缩小字距，但要注意不能排为通栏；另一种是把“机构名称＋会议/工作”放在第一行，把“简报”二字放在第二行。无论哪种做法，都是以庄重大方为原则。报头名称一般套红印刷，以示庄重，俗称“红头小报”。

2. 期数

期数就是流水号，一期一号，另外有时还会注明总期数。如“2021年第18期（总第64期）”。

3. 编发部门

指具体负责编写印发的部门。编发部门可能是单一部门，也可能是多个部门合发。

4. 编发日期

指印制发行的具体时间。一般要求年、月、日用阿拉伯数字完整标示。

（二）报核

报核基本结构为：（按语）＋标题＋正文＋供稿者。

1. 按语

按语用来说明编者意图，或引起读者重视，或提出问题鼓励读者发表意见。按语并不一定每期必有，往往只有在编发较重要的文章或制作专题简报时才根据需要加编按语，后续从简。

2. 标题

标题以单行标题居多，要求平实、醒目，直接点题。如果标题较长，不要通栏排列，可以折行。折行要求与公文标题要求一样，不能随意拆分词语或固定词组。如《昆明市工商局严肃查处东川区工商局新村分局乱收费行为》是一个很长的标题，一行排不下，或者勉强排下但显得很局促，拆分为两行时应在“严肃查处”后面执行，以保持语义的相对完整性。

3. 正文

简报正文的写法类似于消息，先在开头（导语）部分对主要内容进行概括，然后进行具体叙述。

4. 供稿者

简报正文的右下方应使用括号标示供稿者。供稿者通常是部门的具体名称，有时也可以是供稿者的名字。供稿者信息有时也会省略。

（三）报尾

报尾居最末一页下方约 1/3 位置，即使这一页上面的报核部分只有几行字，报尾也是居下 1/3 处。

报尾的作用是标明发送情况。其结构为：发送范围＋印发份数。

1. 发送范围

按行文关系分别标示报送（给直属上级）、抄报（给非直属上级）、转送（给平级）、分发或发至（给下级）单位名称。

2. 印发份数

用阿拉伯数字标示。

例文 1

东山区财经工作会议简报

2022 年第×期

（总第×期）

东山区财经委员会办公室　　　　　　　　　　　　2022 年××月××日

按：今年以来，东山区人大多次举行财经专题工作座谈会，进行现场走访、考察和实地调研，就全区财经工作的热点问题展开热议和深入探讨，认真履行人大自身监督职责，并积极建言献策，高效助力地方经济社会发展。

全区人大财经工作第五次座谈会召开

××月××日，全区人大财经工作第五次座谈会在区会议中心第一会议室召开，市人大常委会副主任马进言出席会议并讲话。

区镇两级财经委员会相关代表在会上汇报了各地近阶段财经工作情况，对工作中较为普遍存在问题和比较好的经验进行了深入交流，并就如何进一步加强和改进新时代人大财经工作提出合理意见和可行性建议。马进言副主任提出四点要求：一要围绕区委“进位争先”的要求和定位，高起点谋划各级人大财经工作；二要依法履行人大财经监督职责，更好助力经济社会发展和改革攻坚任务；三要做细做实监督和代表工作，切实为群众办实事、解难题；四要全面加强自身建设，不断提升履职能力和水平，推动人大财经工作再上新台阶。

（供稿人：李大壮）

报：区委、区政府
送：区直有关单位
发：各镇有关单位

（共印 100 份）

【例文简析】

这是一则财经专题性工作座谈会简报。报核中有按语，按语介绍了财经专题工作座谈会召开的背景，并对相关内容进行了扼要评价。正文在宏观介绍座谈会基本情况基础上，简要阐述了会议主要发言人所提的四点工作要求。简报条理清晰，凸显会议本身求实之倾向；内容简明扼要，追求会务工作从简高效。

例文 2

××市财政工作会议简报

（第×期）

××市财政局　　　　2022 年××月××日

【领导论坛】

××在我市财政工作会议上的讲话

【政策传真】

我市财政五项措施促进就业鼓励创业

八类企业融资硬指标将逐步取消

【财政动态】

“互联网＋小微贷款”破解新注册企业融资难

我市一事一议财政奖补讲求实效

【建言献策】

新税改试点年内县区全覆盖

民生项目税收缺口财政兜底

【短讯速递】

技术研发型小微企业所得税税率降低 30％

我市农民工返乡自主创业免征三年个人所得税

【领导论坛】

××在我市财政工作会议上的讲话

……（略）

【政策传真】

我市财政五项措施促进就业鼓励创业

近日召开的市财政工作会议传出信息，为了进一步助推我市经济发展，惠及百姓日常生活，市财政将推出五项积极措施，促进就业，鼓励创业。

财政五项具体措施是：第一，将企业吸纳就业税收优惠的人员范围由失业一年以上调整为失业一个月以上，将高校毕业生、登记失业人员创办个体工商户的税收减免政策扩展到个人独资企业；第二，放宽新注册企业场所登记条件限制，推动企业集群注册改革；第三，将小额担保贷款调整为创业担保贷款，最高额由 10 万元或不足 10 万元统一调为 30 万元；第四，支持高校、科研院所等专业技术人员在职和离岗创业，对经同意离岗的可在三年内保留人事关系；第五，加大困难人员就业援助，确保零就业家庭、最低生活保障家庭等困难家庭至少一人就业。

八类企业融资硬指标将逐步取消

……（略）

【财政动态】

"互联网＋小微贷款"破解新注册企业融资难

记者日前从我市财政工作会议上获悉，为了彻底解决我市小微企业融资难题，市委市政府决定，由市财政局召集相关部门，确保 6 月底前共同建成"互联网＋小微贷款"金融中心平台，专门帮助小微企业进行融资。

凡是我市小微企业，各企业业主只需准备身份证明、婚姻状况证明、个人收入证明等基本资料，即可在家坐等办贷款，3 天内银行贷款将全部下拨，最高可贷 800 万元。

此前，我市已有近 500 家小微企业被提前预入"互联网＋小微贷款"扶持名录库，其中 50 家企业将分别获得银行发放 300 万元二年内免息扶持贷款。

（供稿人：市财政局邓晓斌、黄苏箭）

我市一事一议财政奖补讲求实效

……（略）

【建言献策】

新税改试点年内县区全覆盖

日前召开的我市财政工作会议分组研讨会上，部分专家提议，为了进一步活跃我市县区市场，激发我市实体经济内生动力，促进企业积极调整生产、经营方向，应将新税改试点由国企和市直扩大到县区，并做到年内全覆盖。

《××市全面推进财政税务制度改革总体方案》已经获得省财政税务改革领导小组批复，这也是我省首个获批的地方改革方案。我市国企和市直新税改试点工作目前已经基本完成，相关后续工作正有序推进，改革效果显著，企业反馈评价普遍较高。

民生项目税收缺口财政兜底

……（略）

【短讯速递】

技术研发型小微企业所得税税率降低30%

日前召开的我市财政工作会议明确提出，为继续扶持并鼓励小微企业发展，今后五年，我市所有技术研发型小微企业所得税税率将在原有税率基础上降低30%，新注册小微企业将获得同等待遇。

我市农民工返乡自主创业免征三年个人所得税

……（略）

（局办公室供稿）

报：省财政厅

发：各县市区财政局、局属各单位

（共印360份）

【例文简析】

这一则财经工作简报，结构要素完整。报核部分特色鲜明，由领导论坛、政策传真、财政动态、建言献策和短讯速递五个模块组成，内容简明扼要，重点突出。

写作提示

编写会议简报要做到一快二简三精四准。

1. 速度快。简报采编者要具有新闻记者的姿态和作风，善于观察思考，反应敏捷，一边参加会议耳听手记，搜集材料，一边分析综合归纳整理问题，会议信息一经传达，稿子即成，及时编发。

2. 文字简。简报通常是“千字文”，这就求文字干净、简练，不说废话。写法上要开门见山，直截了当。

3. 材料精。简报内容要紧紧围绕中心议题，把主要成绩、问题、不足和经验反映出来。要扣紧主题，抓住典型，突出重点。

4. 内容准。简报内容都要有依据，观点、材料必须忠实于原始信息，不能任意夸大或缩小，一些关键的词句甚至要求原材料、原话。

写作训练

请以“任务2　会议记录”中的【例文2】《区委财经委员会第二次会议记录》为原始材料，编写一份会议简报。

任务 4　会议新闻

情境导入

“学习二十大、永远跟党走、奋进新征程”主题活动动员会顺利结束。苏小语撰写了会议通知，又在主会场做了全程会议记录，会议即将结束时又编写了一份会议简报。为进一步宣传本次会议，扩大本次会议的外部影响，苏小语决定围绕本次会议的流程和主要议题，撰写一则会议新闻，并准备向市级以上媒体投稿。

明确： 学习会议新闻的写作。

知识聚焦

一、会议新闻的概念

［微课］会议新闻

新闻是报纸、电台、电视台、互联网经常使用的记录社会、传播信息、反映时代的一种文体。新闻有广义与狭义之分。广义而言，除了发表于报刊、广播、电视上的评论与专文外的常用文本都在新闻之列，包括消息、通讯、特写、速写（有的将速写纳入特写之列）等；狭义而言，新闻则专指消息。消息是用概括的叙述方式、比较简明扼要的文字，迅速及时地报道国内外新近发生的、有价值的事实。

会议新闻属于新闻的一个细分类目，是采集、报道、发布会议主要内容或与会议有关事件的新闻。

二、会议新闻的分类

（一）工作会议新闻

工作会议新闻包括各级党、政、军、社会团体研究重大问题和主要工作而召开的全会、常委会、代表会、现场会、规划会、例会，也包括各级各部门召开的阶段性总结大会、庆功会等。这类新闻要突出会议的主要精神，包括重大举措、重要思路、重大人事变动、新成果、新经验等。

（二）集会新闻

集会新闻包括报告会、团拜会、文艺晚会、纪念会、追悼会、声讨会等。这些会议的内容各不相同，但写法大致相同，常采用单向信息的传播形式报道会议的主要内容。

（三）新闻发布会新闻

各行各业的新闻发布人对本地区、本单位、本系统、本阶层的新动态、新成果、新经验的介绍，对重大活动、重大事件的解释，往往通过召开新闻发布会或记者招待会。

三、会议新闻的结构和写法

会议新闻的基本结构与一般新闻报道的结构总体相同，都包含标题和正文两大部分。

（一）标题

会议新闻的标题大致有三种形式：

1. 单标题

多直接写明什么会议在何地（何时）举行或何团体举行什么会议，或会议所反映的社会生活诸多领域出现的新气象、新问题、新观念，如《三江集团在宁举行第八次董事会》《东南精纺有限责任公司 2020 年度实际利用外资达 10 亿美元》。

2. 双标题

主标题凸显会议召开背景信息，副标题揭示会议主题，如《2020 年度无纺机产能环比增长 5%——国茂集团年度经济工作会议召开》《2020 年度地方特色产品力争出口总值踏上千亿台阶——全省贸易促进会昨日召开》。

3. 多标题

即由引题、正题和副题构成，如《小核桃带动大产业　西山镇 2018 年度食博会开幕——3 天土特产卖出 3 亿元》。

（二）正文

会议新闻的正文结构一般为：导语＋主体＋结尾。

1. 导语

导语是会议新闻的开头部分。导语部分往往要交代相关会议召开的背景，对会议召开相关的历史条件、现实环境以及其他客观条件做扼要介绍，紧接着简要介绍会议呈现的核心新闻信息，集中反映最具新闻性的会议内容。

2. 主体

主体部分是会议新闻的主要组成部分。它是在导语之后，对导语所呈现核心会议内容进行具体、详尽的阐述和说明，或回答导语提出的问题，是对导语内容的丰富、细化、深化，从而让读者更全面地把握会议信息，包括会议上透露的社会生活相关领域现状、制约或影响现状的原因、主要成绩和不足等。

介绍会议的具体内容，要按照一定的顺序，用到一些关联性的词语，例如：“会议开始，由×××讲话，他指出/强调/表示……；其次，……；最后由×××做会议的总结，他再次强调了……”

3. 结尾

结尾是会议新闻的最后一部分，结尾的写法多种多样，常见的有小结式、启发式、引语式等几种，内容可以是回顾总结会议主体内容，阐述会议的深远意义，也可以是交代后期应对策略或措施，展望前景或走向。

例文 1

学校举办“五四红旗分团委”评审暨团学工作交流会

4 月 23 日下午，我校“五四红旗分团委”评审暨团学工作交流会在 A 楼智慧教室举行。学校副校长梁枫出席会议，各二级学院党总支副书记、团委全体人员、各二级学院分团委及学生干部代表参加会议，会议由校团委书记何振华主持。

各学院分团委书记通过图文展示、现场演讲的方式，从思想政治引领、组织制度建设、校园文化活动、团学改革攻坚等方面进行了工作汇报，展示了各自的工作特色和工作成果。

会上，梁枫鼓励全体团学干部在全团深化改革的大背景下，在工作中夯实基础、勇于创新，全力以赴争创更优异的成绩。希望全体团学干部在工作中进一步增强政治站位、持续深入学习、提高自身综合素质，为切实服务青年、主动抢占团学阵地提供坚实基础。同时，梁枫对全体师生提出三点要求：一要始终坚持共青团工作的政治性，始终坚持党的领导，自觉肩负起团结带领青年听党话、跟党走的政治任务；二要始终坚持共青团工作的先进性，以先进思想团结引领广大团员青年紧跟时代的步伐，为实现中国梦伟大目标而努力奋斗；三要始终坚持共青团工作的群众性，让青年当主角，最广泛地覆盖和影响青年，努力做青年的知心人、贴心人。

最后，与会人员对各团支部工作手册进行了互评互检，并就相关工作开展讨论交流。

此次“五四红旗分团委”评审落实了团中央《关于印发〈基层团组织书记述职评议考核暂行办法〉的通知》（团组字〔2021〕1 号）文件精神和全面从严治团工作要求。本次会议旨在更好地发挥团组织引领凝聚青年、组织动员青年、联系服务青年的作用，全心全意为党育人。

【例文简析】

本则会议新闻标题直截了当，交代会议基本信息。导语体现“四要素”：时间、地点、事件及参会人员。主体部分介绍与会内容，一是厘清会议的程序，二是提炼领导讲话，突出发言人所提基本要求及着重强调性内容。结尾点明会议举办的背景或意义。总体来说层次清楚，内容重点突出，确保基本信息准确、可靠；行文思路明晰，格式规范，力求及时报道，具备一般会议新闻的基本特征。

例文 2

市委财经委员会召开第七次会议

谭作钧主持并讲话 陈绍旺肖盛峰王启尧出席

晨报讯（刘星）5 月 6 日，市委财经委员会召开第七次会议，听取《2019 年国民经济和社会发展计划执行情况与 2020 年国民经济和社会发展计划草案（讨论稿）》和

《2019年预算执行情况和2020年财政预算安排（讨论稿）》汇报，研究部署当前经济工作。省委常委、市委书记、市委财经委员会主任谭作钧主持会议并讲话。市委副书记、代市长、市委财经委员会副主任陈绍旺，市人大常委会主任肖盛峰，市政协主席王启尧出席。市委副书记、宣传部部长、市委财经委员会副主任徐少达出席。

会议指出，当前，新冠肺炎疫情给我市经济社会发展带来了前所未有的冲击。我们要坚持实事求是，既要理性看待疫情给当前经济发展造成的风险和不确定性，又要充分看到我市经济长期发展的韧性和稳定性，既要直面问题增强紧迫感，又要坚定保持经济增长的决心和信心。要充分调动全社会的主观能动性，鼓足干劲、迎难而上，危中寻机、化危为机，科学应变、主动作为，以饱满的精神状态、务实的工作作风，全力以赴保持经济运行在合理区间，确保全面建成小康社会。

会议强调，要坚持短期与长期相结合，既要扎实做好“十三五”收官各项工作，更要科学谋划“十四五”乃至更长时期经济工作，统筹抓好经济转型、科技创新和消费提振，加快布局数字经济、智能经济等新产业生态链，加速推进5G、工业互联网等新基建重大项目，着力在促进消费上深度挖潜，为经济发展积蓄新动能、释放新活力。要把抓“六保”促“六稳”作为坚持稳中求进工作总基调的重要抓手，将扩大就业放在经济社会发展的突出位置，有针对性地开展援企、稳岗、扩就业工作，加大社保缴费“减、免、缓”等方面支持力度，千方百计保居民就业。要精打细算过日子，全力做好资金政策统筹，健全财政支出政策决策机制，大幅压减一般性支出，切实把有限资金用在“刀刃”上，牢牢守住风险底线。

会议强调，要坚持改革不动摇，加快供给侧结构性改革，大力推进“放管服”改革，持续深化园区改革、国资国企改革等重点领域改革，推进改革更加系统集成、协同高效，真正使改革成为推动振兴发展的强大动力。要坚持开放不止步，持续优化营商环境，加大招商引资力度，继续深耕日韩市场，主动融入共建“一带一路”，推进自贸试验区制度创新，打造东北亚开放新前沿。

市委财经委员会委员出席会议，中省直和市直有关部门负责同志列席会议。

【例文简析】

本则会议新闻选自2020年5月7日的《半岛晨报》，一方面充分借助会议，对过去工作进行科学总结，另一方面对来年工作进行全面规划，重点部署了当下工作。新闻采用正副标题搭配的形式，正标题言简意赅，交代会议本身最基本的信息，副标题则凸显主要发言人及相应内容信息。导语部分宏观介绍会议基本情况，新闻主体侧重领导讲话及相应要求，真切再现会议现场实况，凸显会议召开基本目的。

写作提示

会议新闻写作要做到：

1. 事实要准确。尊重事实，用准确无误的事实说话，是新闻工作者应该具备的最基本素养。组织召开各种会议皆有基本目标，新闻工作者必须恪守最基本的职业道德，报道真实、准确、可靠的会议信息，服务他人，服务民生，服务国家和社会。

2. 导向要正确。从根本上来说，所有的新闻报道都应具备正确的舆论导向作用，会议新闻报道也不例外。只有导向正确，会议本身才能引领主旋律、传递正能量，会议新闻报道工作才能发挥积极的社会作用，产生最大的社会价值。

3. 报道要及时。现代社会发展态势瞬息万变。会议报道一定要及时，新闻工作者要养成快写快发的工作习惯，这样才能提供最鲜活的会议信息。否则，会议结束之后很久才进行报道，信息就会滞后，新闻就会成为旧闻，其价值就会大打折扣，甚至一文不值。

写作训练

请以"任务 2　会议记录"中的【例文 1】《未来建设有限责任公司月度财务工作汇报会记录》为基础材料，代苏小语撰写一则会议新闻。

项目四

财经报告文书

学习引导

财经报告文书是指按照一定的工作程序，采用特定的工作方法，对财经管理工作进行周密调查、深入分析、科学评估之后形成的报告类财经应用文，如市场调查报告、可行性研究报告、经济活动分析报告、财务分析报告等。财经报告文书的写作，是财会人员日常工作的重要内容。

学习目标

知识目标：

- 熟悉市场调查报告、可行性研究报告、经济活动分析报告、财务分析报告的相关概念、类型及特点
- 掌握市场调查报告、可行性研究报告、经济活动分析报告、财务分析报告等财经报告文书的结构、内容、格式等写作要求
- 了解相似文种的相同点和不同点

能力目标：

- 根据需要拟写格式规范、内容充实、层次分明、表达清晰、逻辑缜密的财经报告文书
- 分析具体财经报告文书的观点、材料、结构、语言等

素质目标：

- 树立正确的工作态度，进一步明确社会主义核心价值观
- 逐步形成严谨、细致的职业素养和良好的信息素养
- 建立文化自信，弘扬社会主义法治精神，增强责任意识
- 培育精益求精的工匠精神，逐步提高团队协作意识

任务 1　调查问卷设计

情境导入

二十大报告指出，要广泛践行社会主义核心价值观。学校学生对社会主义核心价值观的认同感如何，苏小语准备用问卷调查法就这个问题进行一次调查。

明确： 学习调查问卷的写作。

知识聚焦

一、问卷的概念

问卷，也叫调查表，它是一种以书面形式了解被调查对象的反应和看法，并以此获得资料和信息的载体。问卷设计是依据调研与预测的目的，开列所需了解的项目，并以一定的格式，将其有序地排列，组合成调查表的活动过程。

[微课] 调查问卷设计

问卷调查是目前调查业中所广泛采用的调查方式——即由调查机构根据调查目的设计各类调查问卷，然后采取抽样的方式（随机抽样或整群抽样）确定调查样本，通过调查员对样本的访问，完成事先设计的调查项目，最后由统计分析得出调查结果的一种方式。问卷调查严格遵循概率与统计原理，因而具有较强的科学性，也便于操作。

二、问卷的目标及功能

（一）问卷的目标

1. 根本目标

设计出符合调研与预测需要及可以获取足够、适用和准确的信息资料的调查问卷。

2. 具体目标

（1）便于为管理者提供必要的决策信息。任何不能提供管理或决策重要信息的问卷都应放弃或加以修改。

（2）便于应答者回答，避免使用专业术语。

（3）便于编辑和数据处理。编辑是指检查问卷以确保按跳问形式进行；如有可能，开放式问题应预先编码。

（二）问卷的功能

（1）把研究目标转化为特定问题。

（2）使问题和回答标准化。

（3）通过措辞、问题流程与卷面设计来促进合作。

（4）记载记录原始数据。

（5）加快数据分析过程。

（6）进行有效性测试。

三、问卷设计的原则

问卷设计的好坏很大程度上与设计制度（原则）有关，问卷设计的主要原则有以下五点：

（一）合理性

合理性指的是问卷必须与调查主题紧密相关。违背了这一点，再漂亮或精美的问卷都是无益的。而要使问卷体现调查主题，就要在问卷设计之初找出与调查主题相关的要素。

例如："调查某化妆品的用户消费感受"——这里并没有一个现成的选择要素的法则。从问题出发，特别是结合一定的行业经验与商业知识，要素是能够被寻找出来的：

一是使用者（可认定为购买者）。包括她（他）的基本情况（如性别、年龄、皮肤性质等）；使用化妆品的情况（如是否使用过该化妆品、使用化妆品的周期、使用化妆品的日常习惯等）。

二是购买力和购买欲。包括她（他）的社会状况（如收入水平、受教育程度、职业等）；化妆品消费特点（如品牌、包装、价位、产品外观等）；使用该化妆品的效果（评价）。问题应具有一定的多样性，但又限制在某个范围内，如价格、使用效果、心理满足等。

三是产品本身。包括对包装与商标的评价、广告等促销手段的影响力、与市场上同类产品的横向比较等。

应该说，这几个要素对于调查得出结果是有直接帮助的。被访问者也相对容易了解调查员的意图，从而予以配合。

（二）一般性

一般性，即问题的设置是否具有普遍意义。

这是问卷设计的一个基本要求，如果问卷中带有一定的常识性错误，不仅不利于调查成果的整理分析，而且会使调查委托方轻视调查者的水平。如进行一个"居民广告接受度"的调查：

你通常选择哪一种广告媒体？

A. 报纸　　B. 电视　　C. 杂志　　D. 广播　　E. 其他

而如果答案是另一种形式：

A. 报纸　　B. 车票　　C. 电视　　D. 墙幕广告　　E. 气球

F. 大巴士　　G. 广告衫　　H. ……

如果统计指标没有那么细（或根本没必要），那第二种形式的答案就犯了一个"特殊性"的错误，从而导致某些问题的回答实际上对调查是无用的。

在一般性的问卷技巧中，需要注意的是，问题不能犯内容上的错误。例如：

你拥有哪一种信用卡?

A. 长城卡　　B. 牡丹卡　　C. 龙卡　　D. 维萨卡　　E. 金穗卡

其中,"D"的设置是错误的,应该避免。

(三) 逻辑性

问卷的设计要有整体感,这种整体感就是问题与问题之间要具有逻辑性,独立的问题本身也不能出现逻辑上的谬误,从而使问卷成为一个相对完善的小系统。例如:

(1) 你通常每日读几份报纸?

A. 不读报　　B. 1 份　　C. 2 份　　D. 3 份以上

(2) 你通常用多长时间读报?

A. 10 分钟以内　　B. 半小时　　C. 1 小时　　D. 1 小时以上

(3) 你经常读的是下面哪类(或几类)报纸?

A. ××市晚报　　B. ××省日报　　C. 人民日报　　D. 参考消息

E. 中央广播电视报

在以上的几个问题中,由于问题设置紧密相关,因而能够获得比较完整的信息。调查对象也会感到问题集中、提问有章法。相反,假如问题是发散的,问卷就会给人以随意性而不是严谨性的感觉。那么,将市场调查作为经营决策的一个科学过程的企业就会对调查失去信心。因此,逻辑性的要求是与问卷的条理性、程序性分不开的。在一个综合性的问卷中,调查者可将差异较大的问卷分块设置,从而保证每个"分块"的问题都密切相关。

(四) 明确性

明确性,事实上是指问题设置的规范性。这一原则具体是指:命题是否准确;提问是否清晰明确、便于回答;被调查者是否能够对问题做出明确的回答;等等。

如上文问题中"10 分钟""半小时""1 小时"等设计是十分明确的。统计后会告诉我们:用时极短(浏览)的比例为多少;用时一般(粗阅)的比例为多少;用时较长(详阅)的比例为多少。反之,答案若设置为"10~60 分钟"或"1 小时以内"等,则不仅不明确、难以说明问题,而且会令被调查者很难作答。

再则,问卷中常有"是"或"否"一类的是非式命题。例如:

您是否结婚?

A. 是　　B. 否

显而易见,此题还有第三种答案(离婚/丧偶/分居)。如按照以上方式设置则不可避免地会发生选择上的困难和有效信息的流失,其症结即在于问卷违背了"明确性"的原则。

(五) 非诱导性

非诱导性指的是问题要设置在中性位置,不参与提示或主观臆断,完全将被调查者的独立性与客观性摆在问卷操作的限制条件的位置上。例如:

你认为这种化妆品对你的吸引力在哪里?

A. 色泽　　B. 气味　　C. 使用效果　　D. 包装　　E. 价格

这种设置是客观的。若换一种答案设置：

A. 迷人的色泽　　B. 芳香的气味　　C. 满意的效果　　D. 精美的包装

这样的设置则具有诱导性和提示性，从而在不自觉中掩盖了事物的真实性。

四、问卷设计的结构

问卷设计所应达到的要求是：问题清楚明了，通俗易懂，易于回答，同时能体现调查目的，便于答案的汇总、统计和分析。一份完整的问卷一般应该包括以下几个部分：问卷标题、卷首语、指导语、个人特征资料、问题与答案、编码、结束语等。

（一）问卷标题

一般而言，问卷的标题应该在调查问卷的最开始出现。问卷的标题可以明确地概括出调查的目的，但有时为了获得真实的信息，在问卷标题中可以不说明调查的目的，或者把标题写得笼统一些、模糊一些。

（二）卷首语

每个问卷的前面都必须有一段前言或卷首语，主要是简单向被调查者介绍此次问卷调查的主要目的、意义、调查方的身份、填写要求等，用于拉近和被调查者的关系，赢得被调查者的信任与合作。卷首语的语言要简明、中肯，篇幅宜短不宜长，短短两三百字最好。调查问卷中卷首语大致包括以下 5 个方面的内容：

（1）我是谁。介绍该项调查的主办单位。

（2）我们要调查什么。概述该项调查的主要内容。

（3）我们为什么进行这项调查。简要阐述该项调查的目的，应告诉被调查者该项调查是正当的、有意义的。

（4）我们为什么找您做调查。主要应说明被调查者是随机抽取的，并没有其他特别的意义。

（5）我们的调查不会有损于被调查者的利益。要着重强调对个人隐私的保护。

例如：

亲爱的同学们：

您好！

我们是卫生管理学院 2021 级管理专业的学生，为了解我校食堂就餐满意度的情况，给相关部门提供真实的资料，并为同学们对我校食堂改建意见和建议提供一个平台，我们开展了这次关于我校食堂就餐满意度调查。本次调查问卷不记名，对您提供的答案绝对保密。您的真实意见和建议对我们非常重要。希望能得到您的支持和协助。谢谢！

（三）指导语

指导语又称问卷填写说明，是告诉被调查者如何正确地填答问卷，或者提示调查员如何正确完成问卷访问工作的语句，对回答该问卷需要注意的问题和带有共性的要求进行逐一提示。不过，问卷中个别题目由于填答要求特殊，可以直接出现在问题之后。编写问卷填写说明时一般要把以下 4 点交代清楚：

（1）限定回答范围。例如：标明“单选题”，则说明此题只填一个选项。

（2）指导回答方法。例如：请在合适的方框内打“√”。

（3）指导回答过程。例如：“请按照调查问卷的提问和填答要求逐一填答，以免漏答。”

（4）规定或解释概念和问题的含义。例如：对房间统一口径为“计算房间数量时应包括厨房，但不包括浴室和卫生间”。又如：请按照调查问卷的提问和填答要求逐一填答，以免漏答。除非特别说明，所有选择题均为单选题，请在选定的序号上打“√”。每个“【 】”中只填一个选项。凡选择“其他”选项，请注明。遇有“不适用”或无法回答的问题，请尽量在该题旁边写明原因。

（四）个人特征资料

在调查研究中，个人特征资料往往是作为一种自变量来考虑和使用的。在原因的分析与特征的比较中需要对其加以控制。例如：教育调查研究所需要的个人特征资料包括个人基本状况（如年龄、性别、工作所在地、职业、岗位或职务、工作年限）、受教育状况（如受教育程度、就读学校、在学年级、成绩等级、业余爱好）、家庭环境状况（如家庭人口总数及构成、父母职业、父母教育程度、家庭经济状况）等。

（五）问题与答案

问卷的正文主要有要调查的问题及答案。它们是问卷的中心部分，也是获得所需信息的关键部分。根据问题的作答方式，可以将调查问题划分为开放型问题、封闭型问题和混合型问题。开放型问题是一种自由作答的问题，对答案没有限制。封闭型问题可以根据备选答案的提供方式分为单选题、多选题、判断题、排序或赋值题、分叉题等。以下主要介绍排序或赋值题、分叉题。

排序或赋值题是指要求被调查者将所给答案按一定的顺序排序或者赋值；有的已经给好了几个程度（或几个隐含的编码值），直接要求被调查者从这几个程度中选择。例如：

您对教师的下列各项待遇的看法如何？（请在适用的方格内打“√”）

	非常满意	满意	无所谓	不满意	非常不满意
工资待遇	□	□	□	□	□
业务培训	□	□	□	□	□
参与管理	□	□	□	□	□
职称评定	□	□	□	□	□
科研条件	□	□	□	□	□

分叉题则常常要求被调查者依据对某一题目的回答而跳过一些题目。在这种题目中，要清楚指明应该跳过那些题目进行回答。例如：

你是独生子女吗？

A. 是　　B. 不是（请跳过问题 4 至问题 8，直接从问题 9 答起）

这里的问题 4 至问题 8 都是询问有关独生子女方面的情况的，对于非独生子女来说，显然就是无意义的，因此通过跳答指示，让他们从问题 9 开始回答。

在设置问题的顺序时，简单易答的问题放在前面；能引起被调查者兴趣的问题放在前面；被调查者熟悉的问题放在前面；先问行为方面的问题，再问态度、意见、看法方面的问题；个人背景资料放在前面，开放式问题放在后面。

（六）编码

为便于统计处理，一般要给每一个问题及答案编上数码。编码工作可以在问卷设计时就变好，即预编码；也可以在问卷回收后再进行编码，即后编码。对那些问题比较灵活、开放性问题较多的问卷，采用后编码。编码一般放在每一页的最右边。

因为信息化技术的应用，现在问卷星等很多应用软件都可以直接进行数据分析，所以不少调查问卷中都省略了这一内容。

（七）结束语

问卷结束语主要表示对被调查者合作的感谢，记录下调查人员姓名、调查时间、调查地点等。结束语要简短明了，有的问卷也可以省略。

五、问卷设计的程序

（一）明确调查目的，确定数据收集方法

围绕所要调查的问题，自然地、随便地与各种对象交谈，并留心观察他们的特征、行为和态度。通过探索性工作，确定数据收集方法。获得原始资料有多种方法，如小组讨论法、电话访问法、邮寄访问法等。每一种方法对问卷设计都有不同的要求。

（二）设计问卷初稿

设计问卷初稿时，应透彻地了解和分析笼统、抽象的调查主题，编写多个概念界定清楚、便于被调查者回答、直接为主题服务的现实问题和具体问题，同时按照思维逻辑，排列提问次序。另外，要决定提问的方式，哪些用封闭式提问法，哪些用开放式提问法，哪些需要做解释和说明。如果是封闭式提问，还要设计答案，答案要设计得简洁、明了、完整。同时，应审查提出的各个问题，消除含义不清的问题、倾向性语言和其他不妥的问题。

（三）试用评估问卷

通过评估问卷，获得各方的认可。客观检验法即用小样本检验，看回收率、有效回收率、填写错误、填答不完全情况。主观评价法即由该领域的专家、研究人员以及典型的被调查者评价。

（四）修改定稿并印制

最后的定稿也是重要的环节，无论是版面安排上的不妥，还是文字、符号的印刷错误，都将直接影响最终的调查结果。

例文

大学生社会主义核心价值观认同的调查问卷

您好！这份问卷的目的是更好地了解目前大学生对社会主义核心价值观的认同状况，请您根据自己的实际情况填写这份问卷。本问卷仅作为我们的研究资料，填写内

容将保密，不提供给任何部门或个人。非常感谢您对本研究的支持！

一、基本信息

性别（A. 男　B. 女）

专业类别（A. 理工类　B. 文科类）

政治面貌（A. 中共党员　B. 团员　C. 其他）

年级（A. 大一　B. 大二　C. 大三　D. 大四）

学习状况（A. 成绩优异，得过不止一次奖学金　B. 中上水平，偶尔得奖学金　C. 成绩中等　D. 中下等，偶尔会挂科　E. 成绩很差，经常需要补考）

二、请您先详阅每一题，再根据自己的观点逐一选择

1. 您对社会主义核心价值观了解吗？

A. 非常了解　B. 了解　C. 不知道　D. 不了解　E. 非常不了

2. 您知道社会主义核心价值观包括几个层面？

A. 一个　B. 两个　C. 三个　D. 四个　E. 不清楚

3. 您能准确说出社会主义核心价值观的具体内容吗？

A. 能　B. 基本能　C. 知道一半左右　D. 只知道几个　E. 完全不清楚

4. 富强是国家发展的首要目标，是中华民族的理想追求和价值取向。

A. 非常赞同　B. 比较赞同　C. 不确定　D. 不大赞同　E. 很不赞同

5. 我国 GDP 持续增长，增强了我们的道路自信。

A. 非常赞同　B. 比较赞同　C. 不确定　D. 不大赞同　E. 很不赞同

6. 文明是中华民族的传统美德，是实现中华民族伟大复兴的重要支撑。

A. 非常赞同　B. 比较赞同　C. 不确定　D. 不大赞同　E. 很不赞同

7. 社会主义核心价值观是中国先进文化的体现。

A. 非常赞同　B. 比较赞同　C. 不确定　D. 不大赞同　E. 很不赞同

8. 西方式的自由同样适用于中国。

A. 非常赞同　B. 比较赞同　C. 不确定　D. 不大赞同　E. 很不赞同

9. 中华人民共和国公民在法律面前一律平等。

A. 非常赞同　B. 比较赞同　C. 不确定　D. 不大赞同　E. 很不赞同

10. 诚信是中华传统优秀品格，是为人之本。

A. 非常赞同　B. 比较赞同　C. 不确定　D. 不大赞同　E. 很不赞同

11. 为了完美地完成任务，我会加班加点。

A. 非常赞同　B. 比较赞同　C. 不确定　D. 不大赞同　E. 很不赞同

12. 分配给我的工作任务，得过且过就好，不必太过认真。

A. 非常赞同　B. 比较赞同　C. 不确定　D. 不大赞同　E. 很不赞同

13. 每次听到国歌响起，我都会肃然起立。

A. 非常赞同　B. 比较赞同　C. 不确定　D. 不大赞同　E. 很不赞同

14. 学校对于思政课的高度重视会引起你对思政课的反感。

A. 非常赞同　B. 比较赞同　C. 不确定　D. 不大赞同　E. 很不赞同

15. 社会大环境是影响思想政治教育效果的主要因素。

A. 非常赞同　　B. 比较赞同　　C. 不确定　　D. 不大赞同　　E. 很不赞同

16. 参加青年志愿者活动，可以更好地发挥大学生的光和热。

A. 非常赞同　　B. 比较赞同　　C. 不确定　　D. 不大赞同　　E. 很不赞同

17. 参观革命纪念馆，进一步加深了我对祖国历史的认同感。

A. 非常赞同　　B. 比较赞同　　C. 不确定　　D. 不大赞同　　E. 很不赞同

18. 参加“培育和践行社会主义核心价值观”活动，有利于树立正确价值观。

A. 非常赞同　　B. 比较赞同　　C. 不确定　　D. 不大赞同　　E. 很不赞同

19. 父母的观点会影响你对思想政治教育的看法。

A. 非常赞同　　B. 比较赞同　　C. 不确定　　D. 不大赞同　　E. 很不赞同

20. 您了解和学习社会主义核心价值观的途径有哪些？请选出 3 种途径：

课堂学习（　）　　校园活动（　）　　报纸杂志（　）

网站　　（　）　　电视媒体（　）　　社交平台（　）

【例文简析】

这是一篇关于大学生社会主义核心价值观认同的调查问卷。该文紧密联系主题，相关性强，问题清楚明了，通俗易懂，易于回答。问题分类的具体细化，易于统计分析。问卷长短适中，具有普遍意义。

写作提示

1. 问卷结构。问卷的前言和附录部分要尽可能短些，以突出正文部分。一般而言，问卷的开头都要向被调查者简要介绍问卷的背景。这段文字语气要亲切，态度要诚恳。问卷的正式内容中前几个问题通常是被调查者的基本资料，如姓名、年龄、职业、通信地址等；若调查对象是经销商，则基本资料应包括企业名称、地址、注册资金、年销售额等。

2. 问卷语言。语言要尽量简单；陈述要尽可能简短；避免带有双重或多重含义（如“您的父母退休了吗？”）；语言不能带有倾向性（如“你不抽烟，是吗？”）；语言避免使用否定形式提问（如“你是否赞成对物价不进行改革？”）。

3. 问题应能得到被调查者的关心与合作，避免提不易回答的问题和敏感问题。

4. 问题设计排列要科学，使用统一的参考架构，有利于数据处理。

写作训练

假设你是苏小语，请根据情境设计相应的调查问卷，进行市场调查。

任务 2　市场调查报告

情境导入

临近毕业，苏小语准备响应国家号召自主创业。为了确定经营方向，她通过问卷调查，掌握了大学城周边消费市场的第一手资料。现在，她准备撰写市场调查报告，将所得到的情况数据加以汇总分析，并最终确定自己的经营方向。

明确：学习市场调查报告的写作。

知识聚焦

一、市场调查报告的概念

［微课］市场调查报告

市场调查是运用科学的方法，有目的、有计划地搜集、整理、分析和研究市场对产品需求的情况以及与此有关的资料。把市场调查获得的情报资料进行整理、筛选、分析、归纳，得出恰当的结论，提出采取行动的合理建议，进而写成的书面报告就是市场调查报告。

市场调查报告是市场调查研究成果的集中体现，其撰写的好坏将直接影响整个市场调查研究工作的成果质量。一份好的市场调查报告，能给企业的市场经营活动提供有效的导向作用，能为企业的决策提供客观依据。

二、市场调查报告的分类

市场调查报告可以从不同角度进行分类。按其所涉及内容含量的多少，分为综合性市场调查报告和专题性市场调查报告；按调查对象的不同，分为关于供求情况的市场调查报告、关于产品情况的市场调查报告、关于消费者情况的市场调查报告、关于销售情况的市场调查报告以及关于竞争情况的市场调查报告；按表述手法的不同，分为陈述型市场调查报告和分析型市场调查报告。

三、市场调查报告的特点

与普通调查报告相比，市场调查报告无论在材料的形成还是结构的布局方面，都存在着明显的共性特征，但它比普通调查报告在内容上更为集中，也更具专门性。

（一）针对性

市场调查报告是企业进行决策的重要依据之一，必须有的放矢。

（二）真实性

市场调查报告必须从实际出发，只有通过对真实材料的客观分析，才能得出正确的结论。

（三）科学性

主要表现为两点：一是对调查得来的材料进行科学分析，找出反映市场变化的内在规律；二是报告的结论要准确可靠。

（四）时效性

市场调查报告要及时、迅速、准确地反映、回答现实经济生活中出现的新情况、新问题，突出“快”和“新”二字。

四、市场调查报告的作用

（一）有助于更好地吸收国内外先进经验和最新技术，改进企业的生产技术，提高管理水平

当今世界，科技发展迅速，新发明、新创造、新技术和新产品层出不穷、日新月异，这种技术的进步自然会在商品市场上以产品的形式反映出来。通过市场调查，可以得到有助于我们及时了解市场经济动态和科技信息的资料信息，为企业提供最新的市场情报和技术生产情报，以便更好地学习和吸取同行业的先进经验和最新技术，改进企业的生产技术，提高人员的技术水平，提高企业的管理水平，从而提高产品的质量，加速产品的更新换代，增强产品和企业的竞争力，保障企业的生存和发展。

（二）为企业管理部门和有关负责人提供决策依据

任何一个企业都只有在对市场情况有了实际了解的情况下，才能有针对性地制定市场营销策略和企业经营发展策略。在企业管理部门和有关人员要针对某些问题进行决策时，如进行产品策略、价格策略、分销策略、广告和促销策略的制定，通常要了解的情况和考虑的问题是多方面的，主要包括：本企业产品在什么市场上销售较好，有发展潜力；在哪个具体的市场上预期可销售数量是多少；如何提升企业产品的销售量；如何掌握产品的销售价格；如何制定产品价格，才能保证销售和利润都能有所提升；怎样组织产品推销，销售费用又将是多少；等等。这些问题都只有通过具体的市场调查，才可以得到具体的答案，而且只有通过市场调查得来的具体答案才能作为企业决策的依据，否则，就会形成盲目的和脱离实际的决策，而盲目则往往意味着失败和损失。

（三）增强企业的竞争力和生存能力

商品市场的竞争由于现代化社会大生产的发展和技术水平的进步而变得日益激烈。市场情况在不断地发生变化，而促使市场发生变化的原因，无外乎产品、价格、分销、广告、推销等市场因素和有关政治、经济、文化、地理条件等市场环境因素。这两种因素往往又是相互联系和相互影响的，而且不断地发生变化。因此，企业为适应这种变化，就只有通过广泛的市场调查，及时地了解各种市场因素和市场环境因素的变化，从而有针对性地采取措施，通过对市场因素，如价格、产品结构、广告等的调整，去应付市场竞争。对于企业来说，能否及时了解市场变化情况，并适时适当地采取应变措施，是企业能否取胜的关键。

五、市场调查的方法

市场调查的方法主要有观察法、实验法、访问法和问卷法。

（一）观察法

这是社会调查和市场调查研究的最基本的方法。它是由调查人员根据调查研究的对象，利用眼睛、耳朵等感官以直接观察的方式对其进行考察并搜集资料。例如：市场调查人员到销售场所去观察商品的种类及包装情况。

（二）实验法

由调查人员跟进调查的要求，用实验的方式，把调查的对象控制在特定的环境条件下，对其进行观察以获得相应的信息。控制对象可以是产品的价格、品质、包装等，在可控制的条件下观察市场现象，揭示在自然条件下不易发生的市场规律，这种方法主要用于市场销售实验和消费者使用实验。

（三）访问法

可以分为结构式访问、无结构式访问和集体访问。

结构式访问是事先设计好的、有一定结构的访问问卷的访问。调查人员要按照事先设计好的调查表或访问提纲进行访问，要以相同的提问方式和记录方式进行访问。提问的语气和态度也要尽可能地保持一致。

无结构式访问没有统一问卷，是调查人员与被调查者自由交谈的访问。它可以根据调查的内容，进行广泛的交流。例如：对商品的价格进行交谈，了解被调查者对价格的看法。

集体访问是通过集体座谈的方式听取被调查者的想法，收集信息资料。可以分为专家集体访问和消费者集体访问。

（四）问卷法

问卷法是通过设计调查问卷，让被调查者填写调查表的方式获得被调查者的信息。在调查中将调查的资料设计成问卷后，让调查对象将自己的意见或答案，填入问卷中。在一般的实地调查中，问卷法使用范围最广；同时，问卷法在网络市场调查中的运用较为普遍。

六、市场调查的内容

市场调查的内容涉及市场营销活动的整个过程，主要包括：

（一）市场环境调查

市场环境调查主要包括经济环境、政治环境、社会文化环境、科学环境和自然地理环境等。具体的调查内容可以是市场的购买力水平、经济结构，国家的方针政策、法律法规、风俗习惯、科学发展动态、气候等各种影响市场营销的因素。

（二）市场需求调查

市场需求调查主要包括消费者需求量调查、消费者收入调查、消费结构调查、消费者行为调查，包括消费者为什么购买、购买什么、购买数量、购买频率、购买时间、购买方式、购买习惯、购买偏好和购买后评价等。

（三）市场供给调查

市场供给调查主要包括产品生产能力调查、产品实体调查等。具体为某一产品市场可以提供的产品数量、质量、功能、型号、品牌等，以及生产供应企业的情况等。

（四）市场营销因素调查

市场营销因素调查主要包括产品、价格、渠道和促销的调查。产品的调查主要有了解市场上新产品开发的情况、设计的情况、消费者使用的情况、消费者的评价、产品生命周期阶段、产品的组合情况等。产品的价格调查主要包括了解消费者对价格的接受情况、对价格策略的反应等。渠道调查主要包括了解渠道的结构、中间商的情况、消费者对中间商的满意情况等。促销活动调查主要包括各种促销活动的效果，如广告实施的效果、人员推销的效果、营业推广的效果和对外宣传的市场反应等。

（五）市场竞争情况调查

市场竞争情况调查主要包括对竞争企业的调查和分析，了解同类企业的产品、价格等方面的情况，他们采取了什么竞争手段和策略，做到知己知彼，通过调查帮助企业确定竞争策略。

七、市场调查报告的结构和写法

一般而言，市场调查报告的结构包括标题、引言、主体、结尾和落款五部分。

（一）标题

标题是市场调查报告的题目，一般有三种构成形式：

1. 公文式标题

即由调查对象和内容、文种名称组成，如《关于××市居民住宅消费需求的调查报告》。值得注意的是，实际写作时常将市场调查报告简化为“调查”，如《关于全省城镇居民潜在购买力动向的调查》。公文式标题中可以不出现“关于”字样，如《××大学毕业生就业情况调查》。

2. 文章式标题

即用概括的语言形式直接交代调查的内容或主题，如《全省城镇居民潜在购买力动向》；也可以是提问式的，如《为什么大学毕业生择业倾向北上广地区?》。

3. 新闻式标题

这类市场调查报告的标题多采用双标题（正副题）的结构形式，更引人注目，也更有吸引力，如《为了造福子孙后代——××县封山育林调查报告》。

（二）引言

引言又称导语，是市场调查报告正文的前置部分，一般应交代调查的目的、时间、地点、对象与范围、方法等与调查者自身相关的情况，也可概括市场调查报告的基本观点或结论，以便使读者对全文内容、意义等获得初步了解，然后用一个过渡句承上启下，引出主体部分。

引言有以下三种写法：(1) 写明调查的起因或目的、时间和地点、对象或范围、经过与方法，以及人员组成等调查本身的情况，从而引出中心问题或基本结论；(2) 写明调查对象的历史背景、大致发展经过、现实状况、主要成绩、突出问题等基本情况，进而提出中心问题或主要观点；(3) 开门见山，直接概括调查的结果，如肯定做法、指出问题、提示影响、说明中心内容等。

引言起到画龙点睛的作用，要精练概括，直切主题。

(三) 主体

这部分是市场调查报告的核心，也是写作的重点和难点所在。它要完整、准确、具体地说明调查的基本情况，进行科学合理的分析预测，在此基础上提出有针对性的对策和建议。具体包括以下三方面内容：

1. 情况介绍

即对调查所获得的基本情况进行介绍，这是全文的基础和主要内容，要用叙述和说明相结合的手法，将调查对象的历史和现实情况（包括市场占有情况，生产与消费的关系，产品、产量及价格情况等）表述清楚。在具体写法上，既可按问题的性质将其归结为几类，采用设立小标题或者撮要显旨的形式；也可以时间为序，或者列示数字、图表或图片等加以说明。无论如何，都要力求做到准确和具体，富有条理性，以便为下文的分析和建议提供坚实充分的依据。

关于数据分析的部分，通常采用图表来表示。图表是最行之有效的表现手法，它能非常直观地将研究成果表示出来。在将调研的分析结果变成令人信服的图表之前，要谨记它只是一种传递和表达信息的工具，使用它的重要原则是“简单、直接、清晰、明了”。每个图表只包含一个信息，图表越复杂，传递信息的效果就越差。在实际操作中，各种表格、组织图表、流动图表、矩阵等都被大量运用到报告中，但总体来说，最常用的图表形式有柱状图表、条形图表、饼形图表、线形图表。

2. 分析预测

即在对调查所获基本情况进行分析的基础上对市场发展趋势做出预测，它直接影响有关部门和企业领导的决策行为，因而必须着力写好。要采用议论的手法，对调查所获得的资料分条列项，进行科学的研究和推断，并据以形成符合事物发展变化规律的结论性意见。用语要富于论断性和针对性，做到析理入微，言简意明，切忌脱离调查所获资料随意发挥。

3. 营销建议

这层内容是市场调查报告写作目的和宗旨的体现，要在上文调查情况和分析预测的基础上，提出具体的建议和措施，供决策者参考。要注意建议的针对性和可行性，要能够帮助有关人员切实解决问题。

(四) 结尾

结尾是市场调查报告的重要组成部分，要写得简明扼要、短小有力。一般是对全文内容进行总括，以突出观点。

有的市场调查报告还有附录。附录的内容一般是有关调查的统计图表、有关材料出处、参考文献等。

（五）落款

市场调查报告的最后要写明调查者单位名称或个人姓名，以及完稿时间。如果标题下面已经注明调查者，则落款可以省略。

八、市场调查报告的写作要求

（一）调查报告力求客观真实、实事求是

调查报告必须符合客观实际，引用的材料、数据必须真实可靠。要反对弄虚作假，或迎合上级的意图，挑他们喜欢的材料撰写。总之，要用事实来说话。

（二）调查报告要做到调查资料和观点相统一

市场调查报告是以调查资料为依据的，即调查报告中所有观点、结论都有大量的调查资料为根据。在撰写过程中，要善于用资料说明观点，用观点概括资料，二者相互统一。切忌调查资料与观点相分离。

（三）调查报告要突出市场调查的目的

撰写市场调查报告，必须目的明确，有的放矢，任何市场调查都是为了解决某一问题，或者为了说明某一问题。市场调查报告必须围绕市场调查的目的来进行论述。

（四）调查报告的语言要简明、准确、易懂

调查报告是给人看的，人们大多不喜欢冗长、乏味、呆板的语言，也不一定精通调查的专业术语。因此，撰写调查报告时，语言要力求简明、准确、易懂。

例文

2019年中国茶叶消费市场调查报告

2018—2019年，我国茶叶消费对茶产业的拉动作用进一步增强，消费端升级继续发挥促进行业变革、推动产业高质量发展的重要作用。茶叶消费市场主体业态结构不断优化，融合发展日益加深，一大批新业态、新模式不断涌现，更为贴合消费者实际需求，国内茶叶消费市场继续保持体量扩张与质量提升。

一、2018—2019年茶叶消费市场概况

（一）市场体量平稳增长，格局保持稳定

经历过前两年的震荡，2018—2019年国内茶叶消费市场整体运行态势趋于平稳。2018年，国内茶叶市场整体规模延续了平稳增长的态势，同比增长5.15%，增速有所回落，增速较上年同期回落1.07个百分点（如图4-1所示）。

据迄今茶叶销售情况，2019年国销售虽维持增长，但增速继续回落。

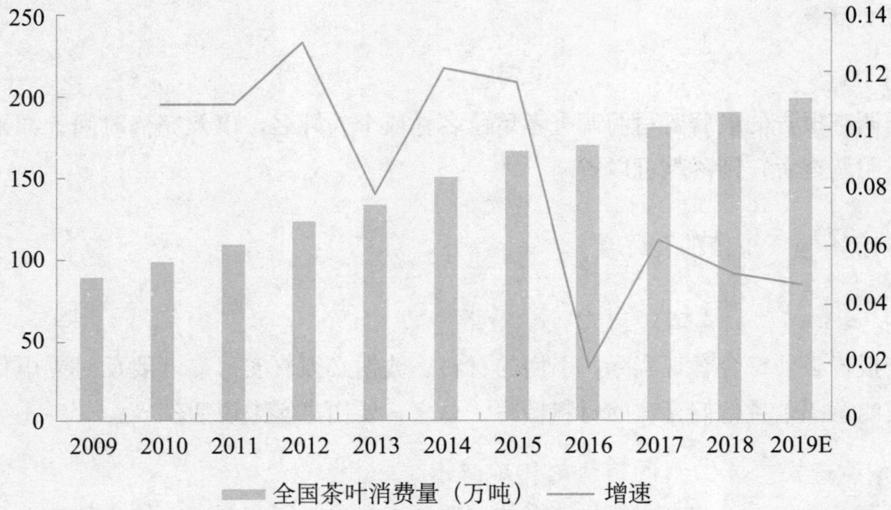

图 4-1　2009—2019 年我国茶叶消费量（不含进口）

（数据来源：中国茶叶流通协会）

2018 年，茶叶市场内销额达到 2 661 亿元（如图 4-2 所示），均价 139.28 元/千克，同比增长 7.93%。预计 2019 年，市场销售额将突破 2 800 亿元，销售均价继续微增。

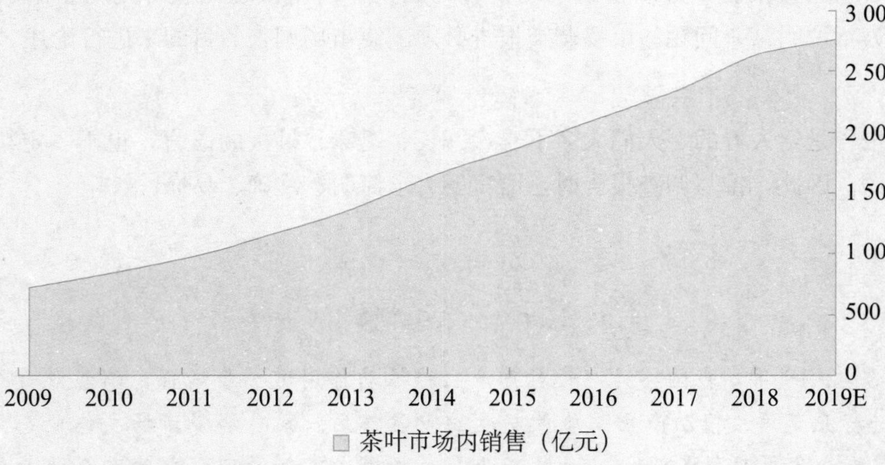

图 4-2　2009—2019 年国内茶叶销售量及销售额

（数据来源：中国茶叶流通协会）

售价上观测，大众市场以 600～1 000 元/千克的中低档茶为主，高端礼品茶售量不大。但在一线城市，消费者对早春茶的价格敏感度明显偏低，选择时更加倾向于对品牌与质量的关注，尤其是传统名优茶，不囿于价格，更多体现出卖方市场特征。

在茶类格局方面，2018 年延续了之前绿茶主导，黑茶、白茶快速增长，红茶热度继续维持，乌龙茶平稳发展的态势。其中，绿茶年销售量 120.55 万吨，占比 63.1%，名优绿茶的稳定销量和围绕春茶季的专题促销活动继续助推市场发展；黑茶年销售量 26.75 万吨，占比 14.0%；白茶 2.87 万吨，占比上升至 1.5%，两类茶在内部生产与外部销售区域上多点发力，继续引领增长，但需谨慎市场存量；乌龙茶年销售量21.21万吨，占比11.1%，内部格局继续调整，铁观音在多个传统销售区域降温。红茶年销售量18.91万吨，占比增至9.9%，生产工艺更为成熟，品质特征凸显，市场相对稳定；黄茶年销售量0.76万吨，占比0.4%（如图4-3所示）。

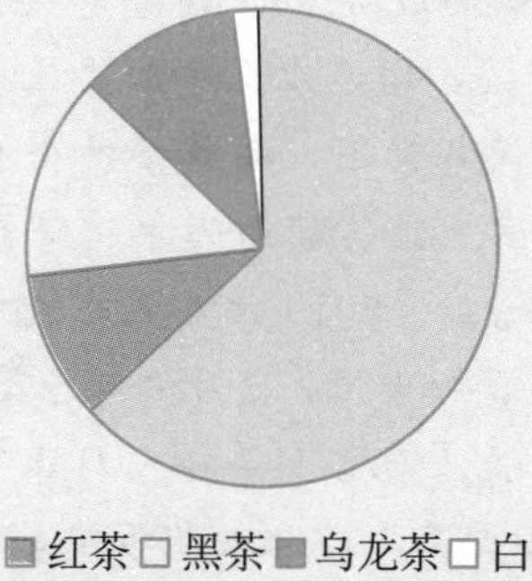

图4-3　2018年我国茶叶市场份额组成

（数据来源：中国茶叶流通协会）

（二）消费群体平稳增加，偏好加速演变

2018年，我国茶叶消费群体已经达到4.9亿人，消费人群的中老龄化和产区化特征依然存在。近两年，行业将拓展重点聚焦到新中产和青年消费群体上，倾注了大量的宣传资源，也收获了一定成果。但相较于近几年爆发式增长的新式茶饮，原叶茶消费群体总数的攀升速度仍十分缓慢。内销市场年人均饮茶量已达到1.36千克/人，尽管维持在稳定增长的过程中，但涨速偏慢。现有消费群体的消费能力已近饱和，如何通过饮茶场景与方式的多元化吸引更多消费者是未来市场拓展的重点。电子商务平台日趋成熟，逐步形成了茶产业拓展年轻一代茶客的最前沿阵地（如图4-4所示）。

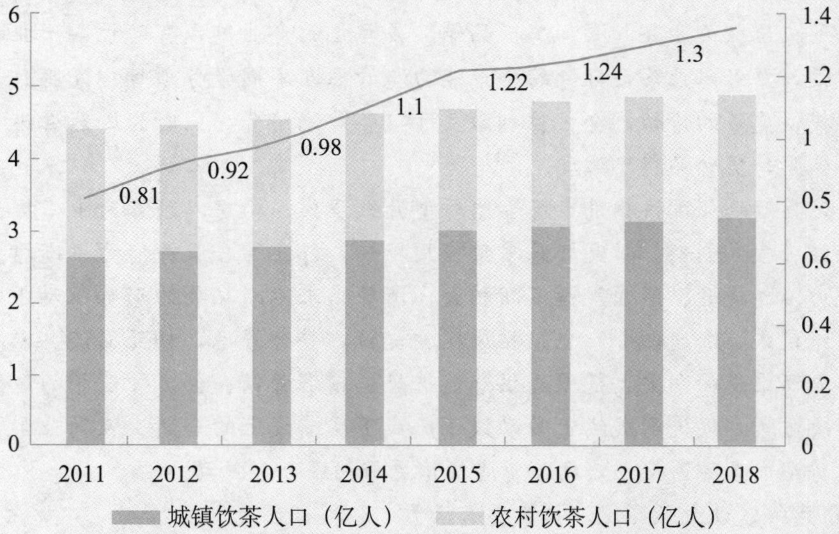

图4-4　2011—2018年我国茶叶消费群体人口构成（亿人）

（数据来源：中国茶叶流通协会）

市场渠道中，茶叶企业在批发市场、专柜、商超卖场三个渠道的销售收入占比有所下降，专营门店渠道相对稳定，电子商务渠道有所提高。国家统计局数据显示，2018年我国网络零售市场规模持续扩大，其中实物商品网上零售额7万亿元，同比增长25.4%，占社会消费品零售总额的比重为18.4%，我国网络零售额已经超过9万亿元，占社会消费品零售总额的比例超过23%。商务部数据显示，典型零售企业通过电子商务实现销售额同比增长32.1%，增速比上年加快5.6个百分点。

在电商渗透率持续增加的时代背景下，品牌茶叶企业的渠道建设更加贴近社会消费升级的大趋势特征，目前茶叶网上销售额约为年销售额的10%，电商贡献销售额大幅增长的背后是电商渠道投入的增加。2019年4月，淘宝发布的《春茶消费数据》显示：2019年的淘宝春茶季比往年更加火爆，3月份的春茶成交同比去年再涨两成，“淘宝茶客”的战斗力一年更比一年强。淘宝上年轻人对春茶的热情更是高涨，过半春茶消费者都是“85后”“90后”。各大茶企也越来越重视春茶季期间在各大电商平台上的“博弈”，各类促销活动花样繁多，直播买茶成为一大新亮点。

（三）产品服务协同提升，主体加快升级

茶叶消费的本质之一是给消费者创造价值——解决每一个人的饮茶诉求这一最根本的问题。在这一点上，茶叶消费市场建设内容除了聚焦在优质安全的产品和性价比之上之外，更拓展至良好体验的服务和消费者的多元诉求上，产品与服务协同发展的趋势更为明显。

数据显示，茶叶企业走向全产业链发展的趋势越来越清晰，茶企的经营服务范围不断扩张，这是整个行业建设方向的一个剪影。2018年，品牌企业样本（样本数据均来自2019年中国茶叶行业调查，下同）中只经营茶叶而不涉及其他服务项目的企业有17家，2019年调查结果显示减少到10家；茶叶企业经营服务项目中涉及最多的是茶具和茶园观光旅游，两项附加服务的热度超过样本企业的一半；拓展的方向还包括茶馆茶楼、茶文化相关业务、深加工产品等。多元化的产业链，有助于茶产业增强自身软实力建设，更可以让茶企自身的生产能力与资源在不同服务项目中发挥作用，借此为消费者提供更多的价值，全方位刺激关于“茶”的消费，同时为顾客营造舒适、愉悦的服务体验，提升品牌忠诚度。

同时，茶叶企业加快推进市场主体转型升级步伐，构建以顾客为中心提升运营体验，加强经营模式创新，扩大智慧零售应用场景，行业综合服务能力不断增强。茶企在消费能力不断提升、消费规模不断扩大、消费需求不断拓展的形势驱动下，线上线下破除思维定式，加速融合，积极拓展探索尝试，整合资源，相互引流。以品牌为连接媒介，电商渠道面向更大范围提供智能选址、精准营销、会员管理等的智慧化运营数据与解决方案，促进形成线上带动线下，线下反哺线上的全新交互商业形态，串联起各自优势形成无障碍交易，向消费者提供更好的服务和互动。

（四）品牌建设成果显现，拓展更有活力

品牌化是近几年茶叶消费市场的主要发展趋势和升级方向，自2013年我国茶叶消费市场品牌茶销售额超过非品牌茶以来，品牌茶的市场份额始终保持稳步增长。在高质量消费的驱动下，茶叶品牌消费意识持续巩固，品牌茶叶的市场占有率保持稳定，2017 年品牌茶叶市场销售额首次突破 2 000 亿元后，2018 年的品牌茶叶市场销售额达到 2 400 亿元，接近茶叶市场销售额的 90%；而非品牌茶叶的市场份额压缩至不到 270 亿元，进一步被挤压，如图 4－5 所示。

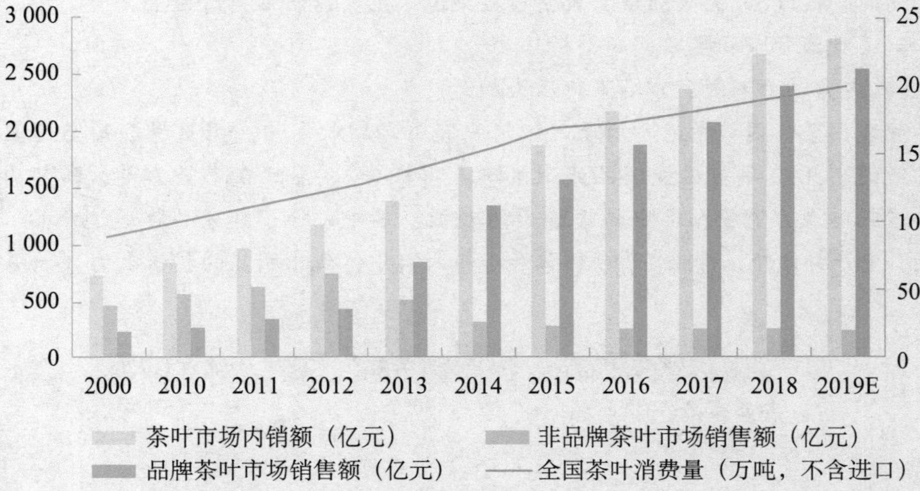

图 4－5　2000—2019 年国内茶叶销售量及销售额

（数据来源：中国茶叶流通协会）

除了生产中扩增、企业涉足经营范围增加、质量安全方面严格把控外，致使品牌销售看涨的另一重要原因是品牌企业注重与消费者的互动，更加贴近市场。根据品牌企业样本数据，97.7%的企业在 2018 年开展了不同程度的调研工作，其中，96%涉及消费市场调研，71.7%涉及生产市场调研，78.2%涉及产品调研。以上调研的持续开展与不断丰富，拉近了生产企业与市场、消费者间的距离，品牌敏感度持续增强。

移动互联网的发展彻底改变了人与产品、人与信息、人与人之间的连接方式。茶产业加快健全媒体宣传渠道，带动品牌沟通宣传更加多样化，紧贴潮流，提升了活跃度、曝光度，通过共享流量不断扩大关注。调查显示，企业主要以品鉴茶会、电视、网络、新媒体以及各大全国性展会为主要宣传渠道。2018 年，品牌企业拓展步伐加快，多家企业联手影视产业，推出特色产品；同时品牌与高铁经济圈的合作如火如荼，步入一个小高潮。以品牌企业样本为例，平均在广告及活动上的投入可达 1 137.1 万元，总投入达 15.23 亿元。2019 年，宣传上到新平台，更多优质品牌选择与行业网红、大 V 合作，取得瞩目的成绩。竹叶青选择与吴晓波、蔡澜等名人合作，在 1—4 月间全国销售同比增长 36%，明星单品增长 78%。在 2019 北京国际茶业展上，泾渭茯茶携手《樊登讲茶》，活动方式新颖独特，现场气氛活跃。卢正浩通过李佳琦推荐卖茶，5 分钟就实现 2 500 份的销售量……这些事例说明，品牌企业更加主动地跨出原有宣传领域，将宣传植入更多娱乐化、移动化、碎片化的“非传统”茶叶消费场景为品牌带来更为广泛的关注。

除了跨界输出外，茶叶品牌更加注重交流互动，践行社交化的沟通方式。调研显示，在反馈渠道方面，97%的企业建设有自身的消费者反馈渠道，其中电话售后是企业最常使用的方式，72.93%的企业有使用；随着移动互联网的普及，微信公众号也成为企业收集客户反馈的重要渠道；根据茶叶产品的特性，门店在此方面的作用也不容小觑。同时，70.68%的企业设有舆情监控渠道，主要以网络舆情为主。

二、茶叶消费市场主要问题剖析

（一）内需动力不足致市场下行压力加大

尽管我国茶叶内销量连年增长，但消费客群却增长乏力。据贝恩公司与阿里巴巴联合发布的《2019 年中国快消品线上策略人群报告》，茶叶在中坚力量、新势力、蓝海人群这三类潜力消费人群中的渗透率均较低。其中，除了部分品牌通过产品“新精致”吸引中产群体外，行业在青年群体和小镇人群中体现出明显的扩张乏力（如图 4-6 所示）。

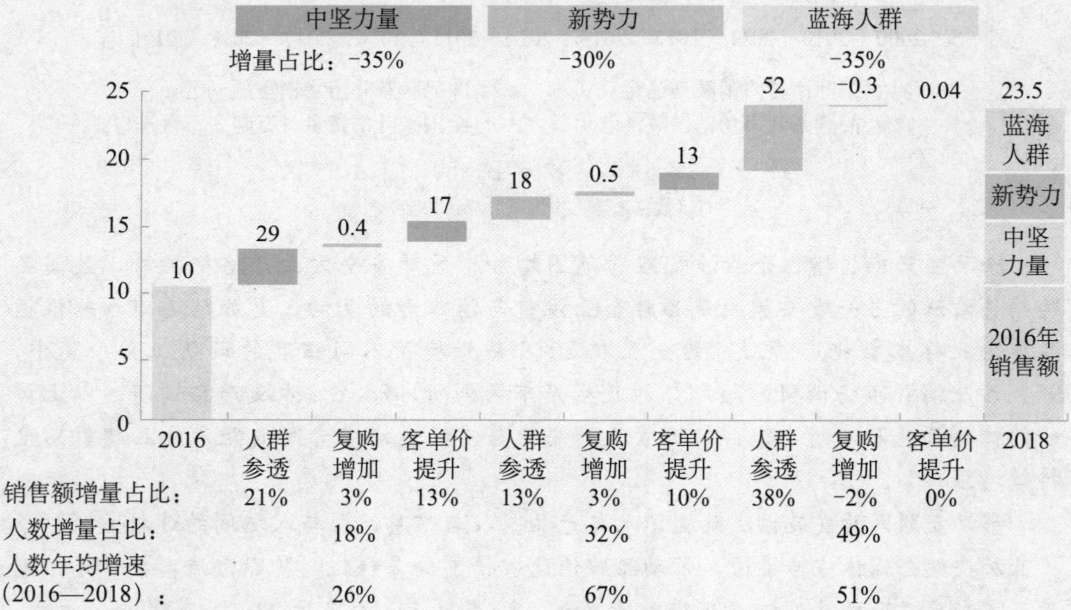

图 4-6 茶叶销售额增量分人群驱动因素拆分（2016—2018，经指数化处理，2016 年指数化为 10）

（数据来源：贝恩公司、阿里巴巴）

小镇市场的丢失更多归因于品牌的主动选择。样本显示，82%的茶叶企业将主销区定在了北上广等一线城市，紧跟其后的是各大省会城市，仅有 44.8%的企业销售区域覆盖到了县级及以下城市。

品牌认为县级及以下城市的消费水平及观念不及一线城市和省会城市，但这个情况正在发生快速的变化。智能手机和农村电商的普及电商平台对用户的精准匹配、物流体系的逐步完善给三、四线城市带来明显的消费升级趋势待挖掘潜力巨大。拼多多选择了其平台上 70 个三线城市、90 个四线城市，盘点了 2019 年 1 月 1 日—7 月 20 日的消费数据后发现，相比一、二线城市，三、四线城市消费者显示出更旺盛的购买需求，呈现订单量、客单价双增长的趋势。尽管业内对于拼多多上茶叶销售的产品、渠道、宣传等存在诸多争议，但不可否认的是，销售额背后是消费者实际的饮茶诉求。

“80后”“90后”所代表的青年群体亦是目前新兴起的最具消费实力的群体，是消费升级背景下零售行业新业态、新模式的主要参与者和推动者，但茶叶消费在其中的扩张步伐却举步维艰。这类消费者对个性、品质、时尚消费需求的表达越来越多，正在裂变成个性型、品质型、理性型、方便型等多种形态，消费习惯由此发生改变。年轻消费群体更加注重生活品质、精神消费、个人兴趣与健康，追求精简和平衡未来，他们的消费行为与生活方式将重塑消费市场格局。对茶叶品牌而言，定位、产品、宣传、策略、服务都亟须相应调整。

这其中，品牌宣传与交流的错位可能是影响这部分群体的主要问题之一。立足消费者视角的产品品质评价、品牌价值传递表述方式一直难以建立，影响了年轻消费者对传统茶文化的接纳。同时，宣传渠道错位也十分明显。2019年中国茶叶集群品牌联盟（秋季）红茶超级单品推荐活动数据显示，多家企业将新推出单品的广告宣传重点锁定在店面招牌和电视广播，相对忽略了新媒体的建设。这种情况导致带有新价值点、具有新消费者吸引力的新品反而远离了年轻消费者更加习惯、倾注时间更多的信息渠道。

（二）产业实体经营困难仍然较多

品牌溢价能力尚显不足，尽管茶叶品牌在宣传上动作频频，但实际销售情况并不尽理想。以样本为例，2018年内销量40.2万吨，内销额465.48亿元，均价115.8元/千克；与此相对应的是2018年我国茶叶消费市场产品综合均价为139.3元/千克，对比之下，品牌茶叶的均价反而更低，品牌溢价能力未能体现。

一个原因是品牌的营销行为虽然为自身带来了广泛的关注度和更为频繁的热度，但是在最终转化为购买行为的环节上出现了偏差。KOL和“带货”行为的普遍化已经影响到了茶叶行业，有行业内各类代表人物的打造和商业应用，也有跨界合作。部分品牌在此类营销上倾注了大量资源，并获得了一定的“流量”，但是在面对将“流量”转化为“用户/消费者”的过程中仍有一定的困难，这需要通过过硬的品质和细致的服务来实现。

宣传投入大但实际销售不佳，品牌企业利润也因此受到影响。同时成本仍在上涨，据监测，一线城市商铺平均租金上涨幅度超过40%。2016—2018年，品牌企业样本资产利润率主要集中在20%以下，仅有极少数企业利润率为负。2018年样本中49家企业资产利润率出现下滑，这导致2017年和2018年这两年，样本资产周转率分别为0.11次/年和0.10次/年，呈现下降的走势，且与其他行业相比长期居于较低水平（如图4-7所示）。据《2018年中国企业信用发展报告》，2017年我国企业的平均资产周转率为0.66次/年，较上年的微幅提高了0.02次/年；其中，特大型企业的资产周转率为0.95次/年，大型企业的资产周转率为0.88次/年，中型企业的资产周转率为0.54次/年，小型企业的资产周转率为0.36次/年，均高于样本均值。

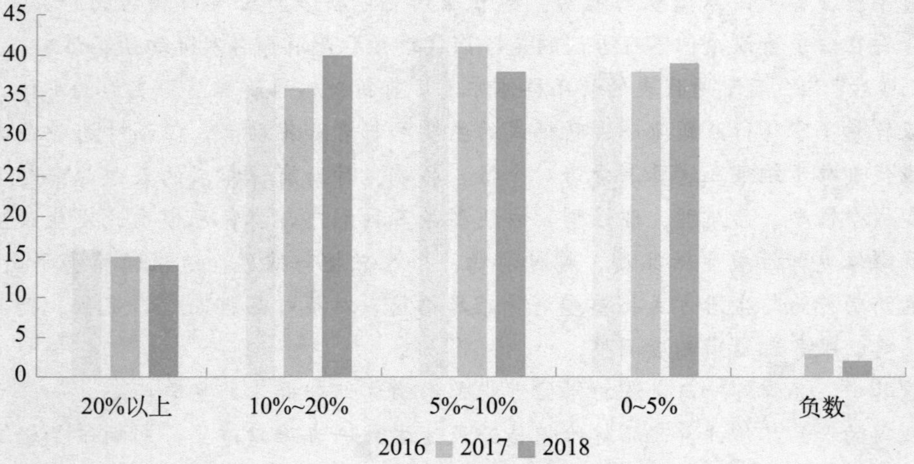

图 4-7 样本企业 2016—2018 年末资产利润率分布情况
（数据来源：中国茶叶流通协会）

另一个影响品牌收益的现象是部分偏高端市场的去品牌化趋势，多家机构调研显示，原先引领消费的一线城市出于平均收入、生活成本等多方面原因，消费态度开始趋于保守，所对应的直观变化是日常消费开支的缩减。在这个过程中，品质成为首先需要保障的，部分消费者选择牺牲品牌等因素，选择价格更接近实际品质的商品。互联网让产品能够接触更多消费者的同时，也帮助消费者判断它的绝对价值。这也是近几年限制高端礼品茶市场增长的重要原因。

但整个茶叶行业依然普遍面临经营成本持续上升的客观现状，尤其是在市场建设领域。茶产业转型升级所需进行的硬件改造与技术应用带来新的成本上升，一些茶叶门店基础配套及商业设施老化陈旧，存在较高的改造成本和技术难度。同时，智慧化运行所需的客流采集、数据分析、营销引流等前沿技术更迭快速，企业面临创新研发和技术投入成本压力。这其中，行业明显受到整体经济环境的影响。2019 年上半年，我国规模以上企业利润下降 2.4%，制造业采购经济指数在 5 月、6 月均低于荣枯线。行业中的部分“脱实向虚”加剧了实体经济的下行压力，这种压力沿需求、生产、价格途径，逐步影响整个产业链。

（三）关键核心环节抗冲击能力不足

在行业共同努力之下，2018 年全国茶叶质量安全态势总体平稳，但风险防控的实际成效与广大人民群众的期盼尚存差距。农药残留和重金属超标、食品添加剂被检出、标签标识不规范等问题虽得到进一步控制，但依然存在。国家市场监督管理总局公布的食品安全抽检数据显示，2018 年全国各级市场监管部门针对各类茶叶及相关制品共组织开展了 42 895 批次监管抽检，抽检合格率为 99.37%。2019 年 8 月，国家卫生健康委员会、农业农村部和国家市场监督管理总局发布《食品安全国家标准 食品中农药最大残留限量》（GB 2763－2019）。标准中涉茶指标调整增加为 65 项，增加 15 项；增加项中部分农药品种残留限量仅为 0.05 毫克/千克，对行业提出更为严格的要求。

整个社会对食品质量安全的态度始终保持“高关注、零容忍”，同时信息的传导却在发生变化，消费者被认为几乎是“长”在了网上，可以随时捕捉并放大碎片化、泛滥化的信息，尤其是坏消息。

在这种态势下，消费者往往对很多新闻和知识具有高度敏感性，并通过关注科普类和相关信息发布类新媒体，更为迅速甚至先于行业了解到很多繁杂且真假难辨的资讯。偏好被曲解利用，社会舆论中始终存在个别自媒体针对茶叶质量安全的失实歪曲传播的现象，给市场带来困扰。客观地说，部分隐患源自行业的不严谨，国家市场监督管理总局监测结果显示，2017 年下半年开始，在我国食品行业领域发生的消费维权和职业打假案例事件中，标签标识类问题呈现明显上升趋势，职业打假人的关注点已由以往的食品内质转向外部包装和标签标识标注内容。在食品安全这一核心环节，茶叶企业同时面对外部更为严格的要求、消费者的零容忍和极高的曝光度，以及内部生产流程长、管理头绪多的双重挑战。

（四）重点领域风险隐患犹存

茶叶库存问题仍然是存在消费市场中最大的风险，尽管近几年行业减慢了扩张步伐，但茶叶产量仍然以超过 10 万吨/年的速度增加。2018 年，全国干毛茶产量为 261.6 万吨，比上年增加 12.0 万吨，增幅 4.8%。2019 年春季，全国各茶区没有出现大范围“暗霜”和“倒春寒”等恶劣天气，生产态势良好，预计全国茶叶总产量将达到 270 万吨。

此外，农业部门粗估，2018 年未开采茶园达 900 多万亩，未来 2～3 年将集中进入丰产期，这占到我国茶园面积的 1/5 以上。茶叶产量的高速增长将压力传导至了销售领域，严重产能过剩令市场销售面临巨大压力。保守估计，2017 年我国茶叶库存已达到 30 万吨，加上宏观经济环境影响，消费提振乏力，部分企业库存增大，整体库存量在近两年仍有增加。

更加严峻的形势是，除了茶叶生产企业和专业库房，销售渠道中经销商亦囤积有大量的茶叶。

与此同时，绿色贸易壁垒严重阻碍茶叶出口的发展。

近年来，我国茶企在出口贸易中遭遇的最突出问题就是各种技术性贸易壁垒，每年受其影响的经济损失高达 200 亿美元左右，使我国茶叶出口规模明显减少，出口成本增加。其中，销售单价不高、出口以原料为主一直是制约茶叶出口价格和影响企业动力的重要原因。出口企业不了解国际市场、设计的产品与需求脱节是突破的难点。与国内相比，国际消费者在餐饮场所饮茶呈现明显的增长，视散装茶为高档茶等特点均与国内市场有巨大差异，亟待研究适应。

行业中无效、低效产能问题在整体生产过剩的情况下日益凸显。原有的“高档消费”如果未能被赋予更高的价值和功能点，便会逐渐丧失热度，这种趋势随着消费市场的结构调整将更为明显。同时，行业内产品同质化的现象依旧严重，未能满足多元发展的消费诉求。白茶在今年步入高速增长期，成为闽东农业的支柱，但相应问题也随之而来。福鼎赤溪村就反应近年当地山区几乎无乡不种茶，但是产品同质化十分严重，加之高端礼品茶降温，市场竞争加剧。

三、茶叶消费市场发展趋势预测

（一）政策环境支持，挖掘深度增长潜力

尽管面对各种问题，但我国消费市场仍具有潜力大、韧性强、成长性好的基本特点，这是茶叶消费板块在自我变革中健康协调发展的重要基础和有利环境。党中央、国务院密集出台一系列稳增长、促消费政策举措，加快破解制约居民消费最直接、最突出、最迫切的体制机制障碍，进一步激发居民消费潜力。2019 年上半年，我国社会消费品零售总额增长 8.4%，对经济的拉动引擎作用更加明显（如图 4-8 所示）。据中国海关数据，2019 年 1—8 月，我国茶叶出口量累计为 24.54 万吨，比去年同期增加 1.14 万吨，同比增 4.85%；出口额累计为 11.26 亿美元，比去年同期增加 1.9 亿美元，同比增长 16.65%；出口均价为 5.35 美元/千克，比去年同期上涨 0.54 美元/千克，涨幅 11.26%。

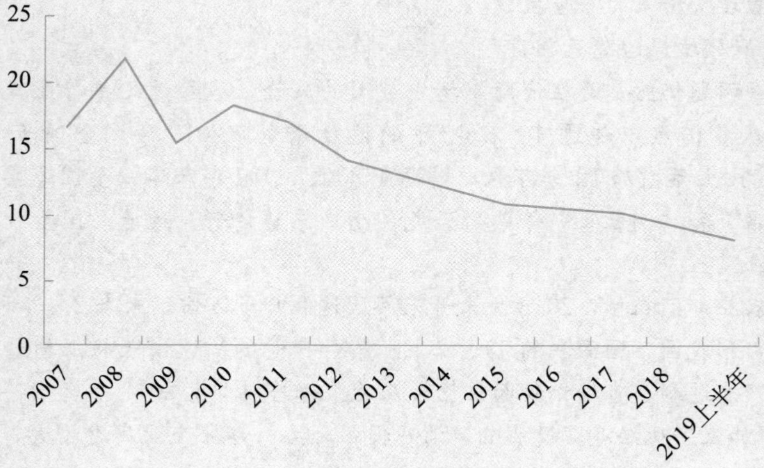

图 4-8 2007—2019 年社会消费品零售总额实际增长率

（数据来源：国家统计局）

安全的消费环境是茶行业发展的基础，茶叶行业在规范自身、督促诚信经营的同时，加强对消费者的引导，营造良好消费环境，引导形成合理消费预期。内部而言，通过制定一系列细致的政策和规则，加强社会信用体系建设，规范市场秩序、改善市场环境，为推动行业高质量发展、激发消费潜力提供有力支撑。

（二）有效市场逐步启动，需求结构持续改善

环境更透明、消费者更趋理性，茶叶的市民采购将逐步提升份额，对质量安全、品牌、品质、性价比等综合要求将成为首选因素。在消费升级的大背景下，茶叶消费者除了希望购买到质优价廉的茶叶商品之外，还希望获取服务的过程尽可能便捷。现代流通方式进一步由一、二线城市向三、四线城市，由城镇向农村延伸和下沉，构建便捷生活服务圈。以数字化、智能化为媒介，电商、快递、门店将持续协同深化，取长补短，加速提升末端配送响应效率。

茶水分离杯等配套产品的研发将有助于消费向新人群拓展，原先饮茶场景的热水、位置等固定条件限制了年轻人饮茶，借助茶具创新推动茶叶饮用方式的多元化，把茶叶植入居民生活过程中，可以为消费者创造出更多饮茶的“理由”。

（三）产业链水平提升，先进制造与优质服务深度融合

借助大数据技术，茶叶企业可以优化线上线下零售数据平台，并通过支付、探针等方式收集大量用户的精准数据，构建饮茶人群的用户画像，最终将消费者个人特征、产品与服务、饮茶购茶环境、营销策略、线上线下渠道等数字化，打造完整立体的数据库系统。茶叶企业需要更准确地理解消费者需求，精准地识别和知晓特征不同的茶叶消费者的千变万化的产品需求和饮茶购茶习惯，并在此基础上研发设计最优的品类组合、最适合的呈现形态及产品组合、最具吸引力的价格区间，为茶叶产品制造全新的功能价值点。在深入洞察各级消费群体需求的基础上，企业将不断调整和优化商品品类，增强商品品质与增值服务，降低生产流通成本，以合理的价格为消费者提供质优价廉的商品。

2019年上半年，服务消费占居民最终消费支出的49.4%，这表明随着高品质、多样化消费需求增加，老百姓对消费环境、消费体验的要求越来越高，先进制造与优质服务将互相促进。茶业实体店将承担起更多的功能，包括新零售业态的多种使命，用数字的或智能的方式去赋能，推动企业和行业的发展；以顾客为中心，实时精准的关注消费者诉求，满足需求；提供更好的茶叶消费体验，实现销售目标，促进全渠道融合发展。

（四）品牌向心力不断增长，客户黏度提升

企业品牌溢价能力关系到茶叶消费市场的结构升级。茶叶品牌未来将布局宣传与转化，借助灵活多变的跨界营销表达，丰富有趣的场景互动拓展市场，通过线上线下无缝融合的体验服务，稳定的品牌内涵吸引价值认同客群并转化为实际购买；同时锚定忠诚消费者为品牌带来持续利润。依靠全面的茶叶消费资料，调整营销战略，从消费者需求出发建立全链路、全周期沟通机制，可以更好地调动企业文化资源，设计个性化的体验活动，为消费者进行有针对性的推送，增加用户购买倾向。

根据各个消费群体的消费特性，提供最适合的服务和消费体验，针对不同群体，通过精细化的差异化价值创新供给对应的商品、服务和空间，多个层面提升品质和工艺，获得品牌溢价，向价值链上游进军。对于立足于专属群体的小品牌而言，多元化需求与亚文化偏好，助推品牌蓬勃生长。把握消费者多样化诉求，为不同客群提供价值，将为品牌创造差异化价值点，同时增加客户黏度。更加注重实效性的关系网络也被搭建起来，电子会员的普及，帮助茶叶企业通过信息反馈、活动开展、沟通联络、习性了解等多方面手段，促进买卖关系的不断紧密。

（五）创新功能不断聚集，整合资源相互引流

行业经营更加开放，未来不同经营模式和跨界业态将实现优势互补、信息互联互通、消费客户资源共享，资源整合能力和消费集聚水平将明显提高。

融合发展之下，品牌需要主动跨界寻求合作，分享客户资源，从而在新的领域锁

定拓展方向。已有茶叶企业主动向茶饮领域拓展，实现了发展空间与溢价能力的双提升。第十五届中国茶业经济年会期间，展会现场有红茶企业将夏秋茶制作成奶茶茶饮销售，售价超过当地奶茶平均价1.5倍（售价20元/杯，当地奶茶均价8元/杯），仍实现较好的销量。通过这种方式，企业在夏秋茶产品上实现了春茶的销售利润。

同时，饮茶是极具个人偏好性的行为，年龄、区域等信息分散庞杂，信息接收方式也十分多元。面对青年消费群体，茶叶品牌需要建立全新的表达方式，将原有的茶文化知识解构加工后，选择适宜的渠道讲述，增强宣传的生动性，与青年人形成共鸣。

后记

茶叶是天然且最具广泛共识的“国货”。近年来，国家信心的整体提升，重燃了消费者对本土品牌的热忱，“国潮兴起”和“国货新生”不断被提及。这其中既伴随着民族自信心的驱动力量，也记载了市场化以来茶叶行业不断探索的转型历程，尤其是对品牌和市场营销体系的学习。茶叶行业从感慨“万家中国茶企比不上一个英国立顿”，到孕育了一批具有影响力的、活跃在市场中的区域品牌和企业品牌。现今社会正经历一场中国价值的全面回归，为茶叶这一传统产品和品牌滋养了商业发展的绝佳土壤，更让茶文化以新的姿态找到了助推产业发展的新出口。但国内客户及民众的同情支持带来的影响是短暂的，茶叶消费市场的未来最终还是要落到产品与服务的升级上，并通过茶叶行业制造升级、供应链优化、品牌日渐成熟来实现。

调查人：××××××

2020年××月××日

【例文简析】

这是一篇关于中国茶叶市场的调查报告。该文紧密联系茶叶市场的实际，运用大量翔实的数据，对茶叶市场进行分析。通篇以数据进行说明，结合图表，真实可信，说服力强。

报告的开头对相关情况做了一个简单的概述，语言简练；第一部分对茶叶市场2018—2019年的概况先做了介绍，让人获得基本的印象；第二部分对目前存在的主要问题做了剖析，分析深刻；第三部分对未来发展趋势做了预测，有理有据；后记则对茶叶市场的发展提出了有效的建议。整篇调查报告结构完整，表述清晰、简明、准确。

报告数据翔实，分析准确，体现了实事求是的精神；报告中对经济领域很多新名词信手拈来，运用准确，体现了作者善于学习、与时俱进的精神。茶文化是中国传统文化的有机组成部分，作者希望茶叶市场健康有序发展，也体现了热爱中华传统文化的精神。

写作提示

1. 做好市场调查研究前期工作。写作前，要根据确定的调查目的，进行深入细致的市场调查，掌握充分的材料和数据，并运用科学的方法，进行分析、研究、判断，为写作市场调查报告打下良好的基础。

2. 要实事求是，尊重客观事实。写作市场调查报告一定要从实际出发，实事求是地反映市场的真实情况，一是一，二是二，不夸大，不缩小，要用真实、可靠、典型的材料反映市场的本来面貌。

3. 要中心突出，条理清楚。运用多种方式进行市场调查，得到的材料往往是大量而庞杂的，要善于根据主旨的需要对材料进行严格的鉴别和筛选，给材料归类，并分清材料的主次轻重，按照一定的条理，将有价值的材料组织到文章中去。

写作训练

假设你是苏小语，请依据问卷调查的结果撰写一份市场调查报告。

任务3　可行性研究报告

情境导入

苏小语的同乡学长经过几年努力，积攒了一笔创业基金。这几年，他们的家乡践行“绿水青山就是金山银山”的理念，大力推行生态文明建设，着力打造美丽乡村，吸引了越来越多的游客。学长打算回乡创办一所高品质的“农家乐”，既支援家乡建设，也可以圆自己的创业梦。该项目需要写作可行性研究报告给有关部门审批。刚好苏小语需要完成假期社会实践项目，学长便邀请请苏小语一起来完成。

明确：学习可行性研究报告的写作。

知识聚焦

一、可行性研究报告的概念

［微课］可行性研究报告

可行性研究报告是从事一种经济活动（投资）之前，从经济、技术、生产、供销直到社会各种环境、法律等各种角度进行具体调查、研究、分析，确定有利和不利的因素、项目是否可行，估计成功的可能性、经济效益和社会效果程度，供决策者和主管机关审批的上报文件。

可行性研究报告是通过对项目的主要内容和配套条件，如市场需求、资源供应、建设规模、工艺路线、设备选型、环境影响、资金筹措、盈利能力等，从技术、经济、工程等方面进行调查研究和分析比较，并对项目建成以后可能取得的经济效益及社会影响进行预测，从而提出该项目是否值得投资和如何进行建设的咨询意见，为项目决策提供依据。

二、可行性研究报告的分类

（一）用于企业融资、对外招商合作的可行性研究报告

此类研究报告通常要求市场分析准确、投资方案合理，并提供竞争分析、营销计划、

管理方案、技术研发等实际运作方案。

（二）用于国家发展改革委立项的可行性研究报告

此类研究报告根据《中华人民共和国行政许可法》和《国务院对确需保留的行政审批项目设定行政许可的决定》编写，是大型基础设施项目立项的基础文件，发展改革委根据可行性研究报告进行核准、备案或批复，决定某个项目是否实施。另外医药企业在申请相关证书时也需要编写可行性研究报告。

（三）用于银行贷款的可行性研究报告

商业银行在进行风险评估时，需要项目方出具详细的可行性研究报告，对于国家开发银行等国内银行，该报告由甲级资格单位出具，通常不需要再组织专家评审，部分银行的贷款可行性研究报告不需要资格，但要求融资方案合理、分析正确、信息全面。另外在申请国家的相关政策支持资金、工商注册时往往也需要编写可行性研究报告，该文件类似用于银行贷款的可行性研究报告。

（四）用于申请进口设备免税的可行性研究报告

主要用于进口设备免税用的可行性研究报告，申请办理中外合资企业、内资企业项目确认书的项目需要提供项目可行性研究报告。

（五）用于境外投资项目核准的可行性研究报告

企业在实施走出去战略对国外矿产资源和其他产业投资时，需要编写可行性研究报告报给国家发展改革委或省发展改革委；需要申请中国进出口银行境外投资重点项目信贷支持时，也需要可行性研究报告。

三、可行性研究报告的作用

（1）为科研、开发与建设项目的实施提供决策依据。

（2）是上级单位和主管部门审批的基础。

（3）是上级单位和主管部门检查、监督的依据。

（4）是相关部门进行合作的前提。

四、可行性研究报告的结构和写法

项目可行性研究报告的基本格式包括首页、标题、前言、正文、结论、落款、附件等。

（一）首页

可行性研究报告一般篇幅较长，所以一般有单独的首页。首页主要注明项目名称，项目主办单位及负责人，可行性研究单位名称，可行性研究的技术负责人、经济负责人、参加研究人员名单及报告完成日期等。

（二）标题

一般直接注明可行性研究项目的名称和主要内容，如《××集团申报××项目可行性报告》。

具体有两种写法：

（1）完整式。一般由拟建项目单位名称、项目名称、文种种类组成，如《××省新型建筑材料厂关于引进水磨石生产线的可行性研究报告》。

（2）省略式。即省略完整式中的拟建项目单位名称，如《建设××大型水泥厂的可行性研究报告》。

不管哪种写法，标题应写得准确、简明。

（三）前言

一般简要介绍项目研究的背景，项目实施的相关因素和主要目的、意义，可行性研究的主要依据和主要范围等内容。有些可行性报告还需要列出研究报告的相关摘要。

前言部分的文字要求简洁明了，篇幅不宜过长。

（四）正文

该部分是报告的主体，要求列举事实，运用系统分析方法，综合考虑各方面因素，对项目实施的可行性做出客观、全面而准确的预测。不同类型的可行性报告在该部分通常具有不同的侧重点，但一般应包括以下内容：

（1）投资必要性。主要根据市场调查及预测的结果，以及有关的产业政策等因素，论证项目投资建设的必要性。

（2）技术可行性。主要从项目实施的技术角度，合理设计技术方案，并进行比选和评价。

（3）财务可行性。主要从项目及投资者的角度，设计合理的财务方案，从企业理财的角度进行资本预算，评价项目的财务盈利能力，进行投资决策，并从融资主体（企业）的角度评价股东投资收益、现金流量计划及债务清偿能力。

（4）组织可行性。这部分主要是制定合理的项目实施进度计划、设计合理的组织机构、选择经验丰富的管理人员、建立良好的协作关系、制定合适的培训计划等，以保证项目顺利执行。

（5）经济可行性。主要是从资源配置的角度衡量项目的价值，评价项目在实现区域经济发展目标、有效配置经济资源、增加供应、创造就业、改善环境、提高人民生活等方面的效益。

（6）社会可行性。主要分析项目对社会的影响，包括政治体制、方针政策、经济结构、法律道德、宗教民族、妇女儿童及社会稳定性等。

（7）风险因素及对策。主要是对项目的市场风险、技术风险、财务风险、组织风险、法律风险、经济及社会风险等因素进行评价，制定规避风险的对策，为项目全过程的风险管理提供依据。

（五）结论

在对项目进行可行性分析和预测的基础上，从整体角度做出科学评价，并与相关方案进行优劣比较，最终获得明确的行动主张，有时还就原方案提出一些更新、更全面的建议。

评价结论有三种情况：非可行性结论、可行性结论、弥补性结论。结论切忌模棱两可，含糊其词。

（六）落款

注明完成可行性报告的报告者、报告日期。如在首页已注明，则在这里可以省略。

（七）附件

附件是为了结论的需要，在可行性报告正文结束后补充的相关材料，主要包括实验数据、调查数据、计算图表、参考文献等。

五、可行性研究报告的写作要求

（一）内容真实

可行性研究报告涉及的内容以及反映情况的数据，必须绝对真实可靠，不允许有任何偏差及失误。其中所运用的资料、数据，都要经过反复核实，以确保内容的真实性。

（二）预测准确

可行性研究是投资决策前的活动，它是在事件没有发生之前的研究，是对事件未来发展的情况、可能遇到的问题和结果的估计，具有预测性。因此，必须进行深入的调查研究，充分分析资料，运用切合实际的预测方法，科学预测未来前景。

（三）论证严密

论证性是可行性研究报告的一个显著特点。要使其有论证性，就必须做到运用系统的分析方法，围绕影响项目的各种因素进行全面、系统的分析，既要做宏观的分析，又要做微观的分析。

例文

农家乐项目可行性研究报告

一、项目背景分析

（一）宏观分析

近年来，我县围绕“实现快速崛起”这一目标，紧扣“富民、强县”两大主题，实施“工业主导、农业强基、城镇推进”三大战略，做强能源化工、优质果品、畜牧生产、商贸服务四大产业，实现新农村建设、项目带动、园区建设、民营经济、人才兴长五大突破，真抓实干，奋力赶超，全县经济社会步入科学发展、加快发展、和谐发展的新时期。

与此同步的是，工业方面我县在“十三五”时期先后引进了中国大唐集团、山东淄矿集团、河南平煤集团等一大批知名企业投资，并吸引了各领域各专业高层次人才。农业方面，苹果面积发展到 24 万亩，总产量达到 24 万吨，优果率达到 76%；设施蔬菜发展到 1 023 亩；农民人均纯收入达到 9 050 元，年均增长 15%。社会事业方面，新建休闲广场 4 个，建成了首个集文化娱乐、休闲健身、体育竞技为一体的文体活动中心；实施宜禄佳苑等商品房建设项目 21 个，建成住宅 2 780 套。

这些成绩的取得，在客观上构成一个明显趋势，即公众消费理念的快速转变和消费水平的大幅提高。一是经济社会的发展，对公众饮食消费产生了巨大影响，深刻促进了现代化饮食需求的构成；二是一大批来我县工作的外来人才，固有的生活习惯不可改变，个性饮食是对精神与物质双重需求；三是原有的主流消费群体，即当地工薪阶层的薪资水平日益提升，从而使得他们有经济潜力享受更高质量的城市生活；四是在城镇化推进过程中，按照农民宜居城镇政策入驻县城群体数量的阶段性大幅增加，也构成了必需的潜在消费力。

（二）微观分析

农家乐是新兴的旅游休闲形式，一种回归自然从而获得身心放松、愉悦精神的休闲旅游方式。主要途径是把农业用地通过绿化美化成为园林式建筑，以功能齐全的配套设施和客栈式的管理，使之成为一种休闲娱乐场所。农家乐以农为根，以家为形，以乐为魂。农家乐发展起来后，带来的不仅仅是消费收入，还有产品信息、项目信息和市场信息，为当地经济的发展带来了契机。城市郊区的农家乐，通常是业主利用当地的农产品进行加工，满足客人的需要，成本较低，因此消费不水平高。

我县现有的十里铺农家乐、田园农庄以及距离县城较远的××、××，还有毗邻××镇的××等，存在多种发展弊端，既影响自身壮大，又制约行业发展。

问题主要表现在：

1. 定位不准

现有的农家乐盈利欲望太强，往往抱着投入一点就先赚钱的想法，没有抓住农家乐这种新兴休闲方式的精髓，那就是一切盈利务必建立在以人为本理念的基础之上。如果不改变，便毫无发展前景可言，只能是昙花一现。同时，这些农家乐从形式上来说根本不能称为农家乐（只提供简单的餐食），导致无法归类、生命周期短，引导更无从谈起。

2. 理念落后

既未能有效依靠政府，也没有吸收社会资金投入，更没有鼓励和引导农民参与。客观上讲，农家乐在我县总体上还是一个尚未规范、管理滞后的市场。县城附近的现有农家乐，最多只有《营业执照》和《食品卫生经营许可证》；较远农村的，有些是把自家空置的房屋简单粉刷，购置两三张桌子就开张营业。

3. 水平较低

卫生状况令人担忧，食品安全毫无保障，临时聘用的从业人员服务潜力有待提高，降温、取暖设施配备不完善，消防器材不到位，驻车潜力严重不足，周边绿化达不到标准。同时受时令等影响，导致客户量不稳定，从而使经营者不能及时对仓储区物品进行添置或更换等。

二、项目介绍

（一）项目名称

拟为锦和或悦和。

（二）项目理念

健康消费、生态消费、低碳消费。

（三）项目投资及建设规模

项目预算投资100万元人民币。拟选址在××，占地××亩。

（四）项目建设资料

（1）餐饮休闲区：拟采用砖混结构建设，仿古式装饰装修风格。

（2）蔬菜种植区：建设大棚等设施，种植各种时令蔬菜用作菜品原料。

（3）菜品所用鱼类短期养殖区。

（4）驻车区：拟建设车位30个，水泥硬化表面。

（5）员工休息区。

（6）仓储区。

（五）项目优势

（1）菜品所用蔬菜、鸡蛋等均为自产。食为天，民为本。当前，应对日益严峻的食品安全问题，越来越多的消费者在饮食消费时，变以往关注价格为关注菜品是否绿色无公害，烹调用料是否内含添加剂等。我们所采用的模式，无疑打消了消费者这一心理障碍，这是一个突破、一次革新，这是县境内其他宾馆或酒店做不到的。我们还将在项目实施初期着手与周边的猪、鸡、兔等养殖大户建立长期供给关系，探索采用定点养殖、定点屠宰、定点使用的模式，为消费者带来切实的利益保障。

（2）地理位置优越，交通便利。位于高速出口附近，消费者往返方便。

（3）风格独特。在切实提高文化自觉、增强文化自信的新时期，仿古式的装饰装修风格正是对这一要求的生动实践。越来越多的消费者在选取消费场所时，十分关心消费环境的优劣。对于当今社会的消费者来说，不但吃得放心很重要，吃得有品位也很关键。

（4）全年营业。项目不受季节制约，每个季节均有不同特色菜品，且充分思考老中青少各类人群的营养需求，遵循科学膳食原则。营业时间从中午11时至夜间凌晨，营业时间较长，并会根据食客需要相应调整。

（5）兼有批零销售。在项目经营稳步推进一个时期后，将计划通过政府带动作用，吸引社会资金，联合有经济实力和市场经营潜力的企业，改善基础设施建设和环境，指导、组织建设自主生态观光园，聘请专业技术研发人员，将自产产品加工包装，并进行批零销售。

三、项目前景分析

按照我县全力加快新型工业化、农业现代化和城乡一体化进程，努力打造绿色农产品生产基地，加快建设经济繁荣、人民富裕、社会和谐、生态良好的新长武的目标，预计“十三五”末全县粮食总产量持续在5万吨以上；苹果面积稳定在25万亩，优果率到达85%，总产量到达30万吨；标准化畜牧养殖小区到达62个，养殖大户到达9 000户，实现畜牧业产值3.4亿元；核桃面积到达15万亩，建成全省优质核桃生产基地。

据此分析，未来一个时期，我县外来人口还会进一步增加，当地消费群体的精神及物质文化需求还会进一步多元化，扩大经营规模的辅助要素——个性使所需的农副产品将进一步得到有效补充。由此可见，项目实施的可行度十分高，前景较好。

四、项目意见及推荐

（1）项目实施方面的有关人员，要精心规划、强化监管，要注重项目短期发展和中长期壮大的整体性和连续性，充分思考地方特色产业，一切以为发展现代化农业、促进农民增收、带动农村富余劳动力就业做贡献为出发点和落脚点。

（2）各岗位的从业人员要严格按照岗位要求进行有区别的专项筛选，并认真做好岗前培训和教育，注重服务素质和水平，强化服务品牌和形象。

（3）项目的经营与扩大经营，需要强大的团队精神带来前进动力。涉及的相关人员，要用发展的眼光看待问题，不能有急于求成的心理，或因眼前利益而影响项目实施。

（4）努力突出特色和自身优势。如菜品、服务、装饰装修等特色。同时，还要着重思考突出绿色、环保、休闲、娱乐等优势。

五、结论

项目具有较大的市场前景，只要策划科学且经营合理，就能够带来可观的综合效益。

报告人：××××××

20××年××月××日

【例文简析】

本文是一篇论证农家乐项目的可行性研究报告。文章的论证部分，通过充分的材料数据和合理的分析论证，彰显了该项目的优势；最后得出本项目可行的结论，属于水到渠成，是一个对本项目诸多方面都经过认真评价论证而得出的结论。

该项目充分考虑地方特色，秉承绿色发展思维，具有长远眼光，完全符合新发展理念。这样的项目对振兴乡村经济具有很大的推动作用。

写作提示

大中型投资项目通常需要报请地区或者国家发展改革委立项备案。受投资项目所在细分行业、资金规模、建设地区、投资方式等不同影响，项目可行性研究报告均有不同侧重。

为了保证项目顺利通过国家发展改革委批准完成立项备案，重大项目可行性研究报告的编制应当请有经验的专业咨询机构协助完成，或者委托有资质的设计单位完成。

写作训练

假设你是苏小语，请根据情境获取相关资料数据，撰写一份可行性研究报告。

任务4　经济活动分析报告

情境导入

苏小语在假期实践期间，看到共青团××县委招募在校大学生参加共青团县委和县工商局共同开展的关于本县电子商务发展情况的调查，便积极报名参加。在调查中，苏小语的表现得到负责人的认可。调查完成后，苏小语被邀请参加经济活动分析报告撰写的有关工作。

明确：学习经济活动分析报告的写作。

知识聚焦

一、经济活动分析报告的概念

[微课] 经济活动分析报告

经济活动分析是实现现代化管理的重要环节。经济活动分析以经济政策和经济理论为指导，以各种经济核算资料和调查研究情况为基础，运用科学的方法，对经济活动进行分析研究，从中探讨经济规律，评价成败得失，总结经验教训，寻找改进方法。反映经济活动分析结果的书面材料，就叫作经济活动分析报告。

经济活动分析报告与市场调查报告、市场预测报告的区别在于：市场调查报告是对市场当下情况的分析和判断；市场预测报告是对市场未来情况的推测和把握；而经济活动分析报告是对已经发生过的经济过程进行剖析，从而总结经验和规律。

经济活动分析报告与经济工作总结既有近似之处，也有诸多不同。它们都是以有关方针政策为依据，以丰富的实践经验和调查材料为基础，通过分析研究，探讨事物规律，用以指导下一步工作。但总结更看重把实践上升为理论，较多采用概括和抽象的方法，忌讳就事论事。而经济活动分析报告则以指标、数据为核心展开思考，评价成败得失。它主要以数量的增减为依据，较多采用具体变化具体分析的方法，忌讳抽象笼统。可以说，工作总结侧重于定性分析，经济活动分析则侧重于定量分析。

二、经济活动分析报告的分类

经济活动分析报告的种类很多。从不同角度，可以划分成不同的种类。

（一）按分析的内容，分为专题分析报告和综合分析报告

1. 专题分析报告

这是对某一重要问题或某一关键经济指标专门分析以后形成的书面报告。它通常在这样两种状况下使用：一是由于中心工作的需要、经济指标的调整、某项重要经济措施的实

施、生产中出现薄弱环节需要透过专门分析后采取新的措施等，如商业部门在某种商品调价后，对其利润的专题分析；某企业发生亏损，对其亏损原因的专门分析等。二是企业内部各职能部门对自身经济活动所做的分析，如生产分析、销售分析、成本分析、设备分析等。

2. 综合分析报告

这是对某地区、某部门在一段时间的生产增减、成本升降、利润多少、资金收支等经济指标进行整体的全面分析后形成的书面报告。其目的在于检查各项计划指标的完成状况，找出其相互影响的关系，从总体上认识经营活动的成绩、问题及原因，对经济活动做出评价，对重点问题进行分析研究，提出改善工作的措施。

（二）按分析的时间分类，分为定期分析报告和不定期分析报告

（1）定期分析报告。指按月份、季度、年度分析各项指标的完成状况而形成的书面报告。

（2）不定期分析报告。指根据日常经济管理工作或突发性状况需要进行专门分析以后形成的书面报告。

（三）按分析的形式，分为文字分析报告和表格分析报告

（1）文字分析报告。这类报告透过文字和数字结合表达分析过程的结果。大型的综合性经济活动分析报告和重要专题经济活动分析报告，以及向上级汇报经济活动状况的报告，大都采用这种形式。

（2）表格分析报告。这类报告透过表格显示分析结果，一般为定期上报的各种报表所采用。

三、经济活动分析报告的特点

（一）分析性

经济活动分析报告不仅要将各种数据进行定量、定性、定时的分析，以找出相互间的关系，而且要从不同的侧面、角度对宏观和微观的、全面和局部的、有利和不利的因素进行深入分析和比较说明，这样才能综合地反映出一段时间以来的经济形势，以及经营活动情况。因此，分析性是经济活动分析报告的主要特点。

（二）说明性

报告中必须对所涉及的经济现象、特征、指标、数据等进行详细的说明，以此揭示经济活动的变化规律，为管理者提供依据。

（三）目的性

写分析报告的目的非常明确，即通过分析报告准确地指出经济活动存在的得失，从中寻找提高经济效益的最佳途径，使经济活动沿着正确的方向发展。

四、经济活动分析报告的作用

（一）评价过去的经营业绩

为了进行正确的投资决策，提高企业的盈利能力，无论是投资者、债权人还是管理当

局，都必须了解企业过去的经营情况，如利润总额多少、投资报酬率的高低、资金的营运等。经济活动分析报告有助于企业的利害关系人和管理当局正确评价企业过去的经营业绩，并与同业比较，检验其成败得失。

（二）衡量目前的经营状况

经济活动分析报告通过对各种数据的剖析，让人们充分理解数字的含义，从而对企业的经营状况是否良好做出有事实根据的判断。只有运用数据分析，揭示各项数据的经济含义，观测企业的营运绩效、获利能力，才能为管理当局、投资者和债权人正确衡量企业的经营现状提供依据。

（三）预测未来的发展趋势

在市场经济环境里，企业在现代经营决策中必须拟订多项可供选择的未来发展方案，然后针对目前的情况，权衡未来发展的可能趋势，从中做出最佳选择并加以实施。因此，在决策之前，必须做好经济活动分析。只有这样，才能把经营中可能出现的各种因素及其作用弄清楚，明确重点、要点，促进有关因素的最佳组合，帮助有关决策者做出正确的经营决策。

五、经济活动分析的方法

（一）对比分析法

把两个以上具有相同条件的可比因素进行对比分析，以此说明和反映两个事物之间的联系和差别，并分析原因，提出改进措施。一般用绝对数（倍数）和相对数（百分数、千分数）来表示事物之间量的差异程度。运用对比分析法可以从以下几个方面进行：

1. 比计划

以本期实际完成指标与计划指标相比，从而说明计划的执行情况，确定分析的主要问题：计划是可行还是待修订，计划完成与否的原因，实际与计划的差距及造成差距的因素，通过比计划，可以更好地为完成计划创造条件，为计划的修订提供依据。

2. 纵向比较

以本期实际完成指标与上期或上年同期完成数相比较，与本单位的历史最高水平比，用以反映企业经济活动的发展变化趋势。

3. 横向比较

以本期实际完成指标与同行业（或外国）的先进水平相比，从而进一步找到差距，发现问题，制定措施。

（二）因素分析法

若要通过对各种数字资料进行比较分析，以找到差距，揭露矛盾，就需要进一步运用因素分析法研究形成差异和产生矛盾的原因。形成差异和产生矛盾的原因有多种，在错综复杂的因素中找出最本质、最关键的东西来说明本期经济活动特点的方法，就是因素分析法。例如：$A=B\times C$，即分别分析 B、C 的变化对 A 的影响。

（三）动态分析法

用发展的眼光研究现象的变化及其趋势，从而把握经济活动的过程及其规律。如通过历年费用的最高水平、最低水平和平均水平来分析研究，就能找到影响费用水平的各种因素和主客观原因。

六、经济活动分析报告的结构和写法

一般而言，经济活动分析报告由标题、导语、主体、结尾、落款五个部分构成。

（一）标题

（1）综合性经济活动分析报告，其标题通常由单位名称、时间、内容和“分析报告”字样组成，如《××化工集团2020年上半年经济活动分析报告》。

（2）专题性经济活动分析报告，其标题有三种写法：一是与前者相同，如《××国际商厦第二季度商品购销情况分析报告》；二是由内容与“分析报告”字样组成，如《产品盈亏平衡分析报告》；三是由单位、内容与“分析”二字组成，在“分析”的后面省略“报告”字样，如《××市农贸市场经营情况分析》。

（二）导语

分析报告的导语要用十分概括的语言，简单明确地介绍所分析对象的基本情况以及报告的主题（如中心思想，分析的目的、意义等），做到“篇前提要”，使主题明白显露，利于读者在未看全文之前先获得一个总的印象，并起到引出下文的作用。如《××商场夏令商品销售分析报告》的开头语：

7月是酷暑季节，持续10多天的高温，热浪灼人，顾客流量明显减少，下旬气温突降，温差相隔10摄氏度以上，夏令商品旺销时间缩短，市场清淡，消费间歇，销售量呈现今年以来的低谷。

这份分析报告的导语写了70多个字，不仅点明了主题，而且文字简短、语言干练、节奏明快。

（三）主体

主体是分析报告的核心部分。

在综合性分析报告中，多是先介绍分析对象的基本情况，包括各种指标、百分比、数据等，再按照分析的目的、要求及有关材料，分别表述相关问题，从逻辑上看表现为“纵式”。

在专题性分析报告中，有的结构与前者是相同的，也有的是把整个分析对象的内容归纳成几个问题，每个问题之间是并列关系，各自保持相对的独立性，在每个问题之中，既有情况的叙述，又有对事物的论证分析，从逻辑上看表现为“横式”。

分析报告的主体的写法主要有以下三种：

1. “三大块”式

这是综合性分析报告的通常写作方法。“三大块”即由基本情况、主要做法、问题与建议三部分内容组成。如《××造船厂2019年经济活动分析报告》，全文由以下三个部分组成：一是主要生产指标完成情况；二是取得良好经济效益的原因；三是存在问题及建议。

有的专题分析报告，特别是找矛盾、摆问题、查原因的专题分析报告，也多用“三大块”的形式。这种总结过去、看到现在、把握未来的写法，体现了分析报告的本质。

2. “两段”式

这是专题性分析报告常见的写作形式。所谓“两段”，可以是“成果”与“做法”，也可以是“问题”与“原因”，还可以是“情况”与“问题和建议”。如《新产品麦芽糖醇质量分析报告》，共分为两大部分，第一部分是“麦芽糖醇中间产品的质量分析”，第二部分是“麦芽糖醇质量存在的问题和改进意见”。

3. “对比”式

把生产经营中的有利与不利的方面，如盈与亏、得与失、良与莠、优与劣、利与弊等糅在一起，归纳成几个专门问题，逐一进行表述。如《××商场夏令商品销售分析》的主体内容是：一是服装生意难做，纺织面料价格回升；二是电扇销售势头不减，冰箱销售持续疲软；三是个人购买力猛增，集团购买力下滑。

（四）结尾

在多数情况下，分析报告没有专门的结尾，即使写有结尾，通常也很简短，多属表态性质。

（五）落款

经济活动分析报告的最后要写明报告单位名称或个人姓名，以及完稿时间。如果标题下面已经注明报告者，则落款可以省略。

七、经济活动分析报告的写作要求

（一）目的要明确

无论是定期、全面、综合性的经济活动分析报告，还是不定期、专门、专题性的经济活动分析报告，其撰写的目的都应当是极其明确的。例如：综合性经济活动分析报告是企业的生产经营活动进行一个阶段后，对企业的整个生产经营情况进行全面分析总结，无外乎肯定成果、总结经验、找出教训、析因探源、寻求良策、以利再干；专题性经济活动分析报告则定期或不定期地对企业生产经营的某一方面进行专门分析，目的在于及时提供给有关领导或上级组织，以扩大发展良好局面，或及时发现矛盾、解决问题，趋利避害。总之，只有以实际应用为导向，目的明确，有的放矢，才能真正对企业的生产经营起到相应的作用。

（二）数据要准确

撰写分析报告的前提是汇总相关数据和资料，因此，数据是否齐全、准确，资料是否翔实、可靠，就成为撰写好分析报告的基础和前提。如果数据“缺胳膊少腿”，资料“丢三落四”，甚至有的数据、资料缺乏严格的核证，属于道听途说、捕风捉影，那么，再好的“笔杆子”也写不出有价值的报告，即使写出来了，也不过是一份毫无价值、自欺欺人的报告。上级领导按照这种报告反馈的信息去调整或改变原有的决策，势必使正确的变成错误的，使错误的更加错误。

（三）分析要深刻

无论哪种类型的分析报告，撰写的关键都在于分析，要依据党和国家的政策及经济运行的规律，对有关数据进行运算推导和分析研究。在分析过程中，要充分采用对比分析法、因素分析法、动态分析法，把定性分析和定量分析结合起来。因为只有通过对各种数量的分析计算，才能使分析论证由一般的推断走向精确化，使报告具有科学的、令人信服的力量。

例文

2020年××县网络经济发展情况分析报告（节选）

网络经济这一新的经济形态正以极快的速度影响着社会经济与人们的生活。随着互联网应用的普及，面对庞大的市场空间，越来越多的企业纷纷选择“触网”。中国电子商务研究中心数据显示，2020年中国电子商务市场交易额已逾37.21万亿元。为加强扶持引导和帮助，促进××县网络经济快速健康发展，进一步发挥网络经济在促进企业转型升级中的加速器作用，××共青团县委和××县工商局一同对全县300多家规模以上企业、300多家网店和机床工具、灯管等部分行业协会的网络经济发展情况进行了调查与分析。

一、全县当前网络经济发展基本情况

近年来，××县依托优势产业和便利的立地条件，通过政府引导，借力三大服务中心和三种成功经营模式，帮助农村青年快速迈上电商品牌路，今年已累计完成农村电子商务销售额2.3亿元，已有各类电子商务（企业）网店850家，网店年销售额在千万元以上的6家，并形成具有典型意义的农村电子商务集聚村——××村。通过网络经济发展，解决了一大批农民和失业人员的就业，促进了企业经营方式的转变和企业信息化水平的提高，有力地推动了经济增长方式转变，促进了产业结构升级转型，优化了社会劳动就业结构。特别是××村的电子商务发展被社科院信息化研究中心称为“××模式”，并得到了包括中央电视台在内的15家媒体和近百家网站报道转载。

1. 企业涉网意识不断增强（具体略）

2. 网商得到迅猛发展（具体略）

3. 网络交易平台实现零突破（具体略）

4. 行业网站发展开始起步（具体略）

二、××县网络经济发展存在的问题

1. 企业对网络经济的重视度仍显不够（具体略）

2. 企业电子商务应用层次较低（具体略）

3. 缺乏网络经济相关的专业人才和资金（具体略）

4. 网络交易安全因素制约（具体略）

5. 行业网站建设相对滞后（具体略）

6. 物流配套体系不够完善（具体略）

7. 缺乏政府政策的强有力扶持（具体略）

8. 税收政策不明确限制了网商的大胆发展（具体略）

9. 网络信用体系建设不完善（具体略）

（以上两部分的内容都要用数据说话，结合图表，直观而具有信服力。）

三、加快××县网络经济发展的意见和建议

大力发展网络经济，是促进经济发展方式转变、提高经济运行质量和效率的重要途径，也为传统产业的提升和改造开辟了新的途径，在繁荣市场、扩大居民消费、降低物流成本、提高流通效率、促进再就业和推动当地企业加快电子商务和信息化建设步伐等方面发挥着非常重要的作用。

（一）优化××县网络经济发展环境

要加快我县的网络经济发展，最重要的是通过制定××县网络经济发展规划，积极创新发展方式，努力创建和优化××县的网络经济发展环境，建立积极有效的政府政策助推平台，以此来推动××县的网络经济实现大发展、大跳跃。

1. 加快制定××县网络经济发展规划（具体略）

2. 研究制定促进网络经济发展政策和办法（具体略）

3. 积极发展网络经济技术支撑服务（具体略）

4. 加强网络经济创新人才培养（具体略）

5. 加强电子商务金融基础设施建设（具体略）

6. 完善电子商务物流配送体系建设（具体略）

（二）积极实施网络经济培育扶持工程

1. 建立网络经济的政府政策助推工程（具体略）

2. 搭建网络经济和网商孵化平台（具体略）

3. 实施电子商务“龙头企业”培育工程（具体略）

4. 开展企业网络信息化建设工程（具体略）

鼓励企业通过专设信息机构、信息主管，配备适应现代企业管理运营要求的自动化、智能化、高技术硬件、软件、设备、设施，建立包括网络、数据库和各类信息管理系统在内的工作平台，资助企业建立和使用自己的电子商务平台，进行信息化升级改造等，并根据企业实际投资额按百分比给予补助，提高企业经营管理效率。引导鼓励企业大力开展电子商务，帮助企业通过电子商务拓展国内和海外市场，为中小企业应用电子商务第三方平台服务提供入门资金补贴，降低应用电子商务门槛；由政府对开展网络营销推广的企业进行专项补助、或委托专业性网络推广公司或知名商务网站对企业进行整体打包推广。

报告人：××××××

20××年××月××日

【例文简析】

这是一篇××县网络经济发展情况的分析报告。该文在调查当地网络经济发展情况的基础上，运用大量翔实的数据，对相关情况进行分析。在分析的基础上，对××

县网络经济的发展提出了具体的建议。

报告数据翔实，体现了实事求是的精神；报告对××县网络经济分析准确，能够让有关人员掌握相关情况；最后用较大的篇幅对未来网络经济的发展提出意见和建议，充分体现了分析报告应有的作用。

电子商务在大中型城市已经进入成熟阶段，在经济相对落后的农村还有较大的发展空间，大学生可以在这方面施展自己的能力，为地方经济发展做出自己的贡献。

写作提示

经济活动分析报告也可以说是调查报告的一种特殊形式，两者有不少相同之处，但经济活动分析报告又具有以下特点：

一是经济活动分析报告的资料主要从具体的指标、数据入手，注重从其相互的关联中进行分析和比较，从而得出结论。

二是经济活动分析报告的表述多以数据说明问题，同时用文字说明数据不便表达的资料，是一种采用数据和文字结合表述的文体。

三是经济活动分析报告既能够是对年度、季度、月份定期的经济活动分析，也能够是对某一特定经济活动的分析，比较灵活。

写作训练

和苏小语一起完成情境中的经济活动分析报告。

任务 5　财务分析报告

情境导入

苏小语学习的是会计专业，她对自己所学专业比较感兴趣，希望毕业以后当一名会计。为了以后能胜任工作，她利用假期学习了财务分析报告的写作。

明确：学习财务分析报告的写作。

知识聚焦

一、财务分析报告的概念

财务分析报告是企业财务部门以实际的财务资料为依据，系统地研究分析企业财务运作的应用文书。

［微课］财务分析报告

随着商品流转的不断进行，企业的资金不断循环周转，构成了资金的筹集、运用、耗费和分配等方面的运动，这就是企业的财务活动。企业财务活动的结果，反映在资金来源、资金占用、流通费用、税金、利润等财务指标上。企业的财务分析报告就是对这些指标在一定时期内的完成情况用一定的方法进行综合性计算和分析，并用书面文字加以阐述。

二、财务分析报告的分类

财务分析报告可分为综合财务分析报告、简易财务分析报告、专题财务分析报告、典型财务分析报告、财务预测报告五种。

（一）综合财务分析报告

分为年度和半年度两种，它全面反映企业的财务活动状况及其成果，并利用资金、费用、利润等数据，对主要经济指标的完成状况进行综合分析，从而总结经验教训，对今后工作提出建议。

（二）简易财务分析报告

即在一个较短的时期内（通常是季度或月度），对企业财务活动及经营成果做简要分析，以发现经营活动和财务资金方面可能存在的问题。

（三）专题财务分析报告

这是企业在经营管理实践中发现某一财务状况对业务经营的开展有很大影响而做出的专门分析，如商品库存结构分析、资金分析、财经纪律状况分析等。

（四）典型财务分析报告

这是为分析与财务活动有关的、重大突出的、有普遍意义的典型事例所写的报告，多数是由上级单位或同级财税、金融、工商管理部门编写，常用第三人称。

（五）财务预测报告

财务预测报告也称财务可行性预测，是企业在某一特定时期或对某一经营业务的财务成果进行预测时所写的报告，供领导决策之用。

三、财务分析报告的特点

财务分析报告具有真实性、同比性、议论性等特点。

（一）真实性

财务分析报告的主要作用是供领导正确决策之用，因而材料的真实性至关重要。任何虚假的材料都会导致判断的失真，进而导致决策的失误、工作的失败。

（二）同比性

财务状况的优劣，一定与某特定时期的背景分不开，一定与企业发展的阶段性分不开，所以，比较法是最为常见的分析方法，尤其是与历史上同一时期的比较很有必要，这有助于帮助企业找到发展的坐标。

（三）议论性

财务分析报告的表现手法，侧重在议论，其他的记叙、说明都是为议论服务的，最后的结论也是建立在议论分析基础上的，所以应该夹叙夹议。

四、财务分析报告的作用

财务分析报告的作用主要有：通过检查企业在一定时期内的财务计划执行情况和对企业各项财务指标实绩的分析，总结企业在经营管理中的经验及教训，并提出具体的工作建议，提出对资金运用、费用开支、利润完成状况的总评价，作为检查、考核企业财务管理优劣的重要依据。它是帮助领导决策、指导企业业务的重要手段。

五、财务分析报告的主要分析指标

（一）经营分析指标

主要说明企业基本情况、本期企业生产经营业务的主要经济指标完成情况等，如产量、营业量、销售量等实际完成额及同比增减值。

计算反映企业发展能力状况的财力评价指标有：销售增长率、资本积累率、总资产增长率、三年资本平均增长率、三年销售平均增长率。财务分析报告应将这些指标与标准指标及上年同期值相比计算增减值，并从以下几方面分析生产经营中取得的业绩、存在的问题及原因：一是经营环境变化的影响，主要分析企业生产经营内、外部条件变化的影响；二是营业范围调整及影响；三是需披露的其他业务情况和事项的影响等。一定要从中找出主要影响因素，并说明企业取得成绩的主要原因是什么，说明企业经营中出现问题与困难的原因是什么，使企业明确今后的发展方向。

（二）盈亏分析指标

（1）对利润表所反映的本期实际利润数与计划数及上年同期实际数进行对比，分析利润实现情况及增减值。本期实现利润（亏损）总额是多少，比计划及上年同期数增减额及增减率是多少；分析本期实际利润总额构成情况，其中：主营业务利润、其他业务利润、营业外收支等情况与计划数及上年同期数的增减额及增减率是多少。

（2）计算净资产收益率、总资产报酬率、主营业利润率、成本费用利润率等盈利能力分析指标，并用标准值与上年同期值相比计算增减值。

（3）根据计算结果，分析评价企业盈利能力的强弱，并从主营业务收入同比增减额的影响、成本费用同比增减额的影响、其他业务利润、营业收支净额等因素分析其对本期利润的影响程度，查找导致盈利能力增强（减弱）的原因。

（三）资金分析指标

（1）通过资金结构比例分析，计算本期资产负债表、利润表等报表中各项目的构成比例，以行业比例和上年同期项目比例相比较，将增长分析与结构分析结合起来，判断各项目构成比例的合理性、科学性。

（2）对企业资产的营运能力进行分析，评价企业资产管理效率情况。其评价的指标主要包括：总资产周转率、流动资产周转率、固定资产周转率、存货周转率、应收账款周转率。通过对应收账款周转率的分析，可以得出企业应收账款变现速度的快慢及管理效率的高低。如果周转率高则表明收账速度快、账龄较短、资产流动性强、短期偿债能力强，可以减少收账费用及坏账损失。同时借助应收账款周转期与企业信用期限的比较，还可以评价委托加工单位的信用程度，调整原定的信用条件，制定相应的收账政策。通过对固定资产周转情况的分析，可以知道固定资产的利用率是否合理，固定资产结构是否恰当。

（3）计算企业的偿债能力情况，其主要指标有：速动比率、流动比率、资产负债率、产权比率等。

（4）指标变动差异分析，将本期各项指标计算结果与标准值及上年同期值比较，找出变动较大或不正常的指标作为重点分析对象，揭示运行中存在的问题及原因。

（四）国有资产保值增值分析指标

（1）衡量国有资产保值增值情况的指标是国有资本增值率，通过对该指标进行分析，能充分体现对国有资产的保护，能及时、有效发现侵蚀国有资产的现象，反映国家投入资本的保全性和增长性。

（2）一般认为，资本的保值增值率越高，企业的资本保全越好。当保值增值率达到100%时为保值，超过100%时为增值，若小于100%则表明国有资产减值，说明国有资产受到了侵蚀、流失、损失等，没有实现资本保全。

（3）根据国有资产保值增值实现的程度，分析其原因，特别是对没有实现资产保值的要高度重视，查找漏洞，研究对策。

六、财务分析报告的结构和写法

一般而言，财务分析报告包括标题、正文、结尾、落款四部分。

（一）标题

标题是对财务分析报告的最精练的概括，它不仅要确切地体现分析报告的主题思想，而且要用语简洁、醒目。

由于财务分析报告的内容不同，其标题也就没有统一标准和固定模式，应根据具体的分析内容而定。如《××月简要会计报表分析报告》《××××年综合财务分析报告》《资产使用效率分析报告》等都是较合适的标题。财务分析报告一旦拟订了标题，就应围绕它搜集有关资料，并在对这些资料进行分析的基础上撰写报告。

（二）正文

财务分析报告的正文没有统一的格式，但一般都运用“五段式”来写：

1. 提要段

这部分概括公司综合情况，让财务报告接受者对财务分析说明有一个总括的认识。

2. 说明段

这是对公司运营及财务现状的介绍。该部分要求文字表述恰当、数据引用准确。对经济指标进行说明时可适当运用绝对数、比较数及复合指标数。要特别关注公司当前运作的重心，对重要事项单独反映。公司在不同阶段、不同月份的工作重点有所不同，财务分析重点也不同。如公司正进行新产品的投产、市场开发，则公司各阶层一定需要对新产品的成本、回款、利润数据进行财务分析。

3. 分析段

这是对公司的经营情况进行分析研究。在说明问题的同时还要分析问题，寻找问题的原因和症结，以达到解决问题的目的。财务分析一定要有理有据，要细化分解各项指标，因为有些报表的数据是比较含糊和笼统的，要善于运用表格、图示，突出表达分析的内容。分析问题一定要善于抓住当前要点，多反映公司经营焦点和易于忽视的问题。

4. 评价段

做出财务说明和分析后，对目前的经营情况、财务状况、盈利业绩，应该从财务角度给予公正、客观的评价和预测。财务评价不能运用似是而非、可进可退、左右摇摆等不负责任的语言，评价要从正面和负面两方面进行，评价既可以单独分段进行，也可以将评价内容穿插在说明部分和分析部分。

5. 建议段

即财务人员在对经营运作、投资决策进行分析后形成的意见和看法，特别是对运作过程中存在的问题提出的改进建议。值得注意的是，财务分析报告中提出的建议不能太抽象，而要具体化，最好有一套切实可行的方案。

（三）结尾

财务分析报告的结尾一般填写审计结论，例如：“××公司××××年度财务分析报表审计报告由____会计师事务所出具，审计结论为__________________。”

（四）落款

财务分析报告的最后要写明写作单位名称或个人姓名以及完稿时间。如果标题下面已经注明作者，则落款可以省略。

七、财务分析报告的写作要求

（一）数据真实

财务分析报告（表）中的各项数据必须真实可靠，如实地反映企业的财务状况、经营成果和现金流量，这是对会计信息质量的基本要求。

（二）内容完整

财务分析报告（表）应当反映企业经济活动的全貌，全面反映企业的财务状况和经营成果，这样才能满足各方面对会计信息的需要。

凡是国家要求提供的财务分析报告（表），各企业必须全部编制并报送，不得漏编和漏报。凡是国家统一要求披露的信息，都必须披露。

（三）计算准确

日常的会计核算以及财务分析报告（表）的编制，涉及大量的数字计算，只有准确的计算，才能保证数字的真实可靠。因此，编制财务报表必须以核对无误后的账簿记录和其他有关资料为依据，不能使用估计或推算的数据，更不能以任何方式弄虚作假，玩数字游戏或隐瞒谎报。

（四）报送及时

及时性是信息的重要特征，财务分析报告（表）信息只有及时地传递给信息使用者，才能为使用者的决策提供依据。否则，对报告使用者来说，即使是真实可靠和内容完整的财务分析报告，由于编制和报送不及时，也会大大降低会计信息的使用价值。

（五）手续完备

企业对外提供的财务分析报告（表）应加具封面、装订成册、加盖公章。

财务分析报告（表）一般都设有封面，封面上应当注明企业名称、企业统一社会代码、组织形式、地址、报表所属年度或者月份、报出日期，并由企业负责人和主管会计工作的负责人、会计机构负责人（会计主管人员）签名并盖章；设置总会计师的企业，还应当由总会计师签名并盖章。由于编制财务分析报告（表）的直接依据是会计账簿，所有报表的数据都来自会计账簿，因此为保证财务分析报告数据的真实准确，编制报告之前必须做好对账和结账工作，做到账证相符、账账相符、账实相符。

例文

××公司20××年度财务分析报告（节选）

1. 主要会计数据摘要（略）

（单位：万元）

注：扣除去年同期净××××收益374万元后。

2. 基本财务情况分析

2.1　资产状况

截至20××年3月31日，公司总资产20.82亿元。

2.1.1　资产构成

公司总资产的构成为：流动资产10.63亿元，长期投资3.57亿元，固定资产净值5.16亿元，无形资产及其他资产1.46亿元。主要构成内容如下：

（1）流动资产：……

（2）长期投资：……

（3）固定资产净值：×××净值4.8亿元，×××等房屋净值2 932万元。

（4）无形资产：×××摊余净值8 134万元，×××摊余净值5 062万元。

（5）长期待摊费用：×××摊余净值635万元，×××摊余净值837万元。

2.1.2　资产质量

（1）货币性资产：由货币资金、其他货币资金、短期投资、应收票据构成，共计9.48亿元，具备良好的付现能力和偿还债务能力。

（2）长期性经营资产：由××××构成，共计5.61亿元，能提供长期的、稳定的现金流。

（3）短期性经营资产：由工程施工构成，共计6 617万元，能在短期内转化为货币性资产并获得一定利润。

(4) 保值增值性好的长期投资：由××××的股权投资构成，共计 3.08 亿元，不仅有较好的投资回报，而且××××股权对公司的发展具有重要作用。

以上四类资产总计 18.83 亿元，占总资产的 90%，说明公司现有的资产具有良好的质量。

2.2　负债状况

截至 20××年 3 月 31 日，公司负债总额 10.36 亿元，主要构成为：短期借款（含本年到期的长期借款）9.6 亿元，长期借款 5 500 万元，应付账款 707 万元，应交税费 51 万元。

目前贷款规模为 10.15 亿元，短期借款占负债总额的 93%，说明短期内公司有较大的偿债压力。结合公司现有 7.62 亿元的货币资金量来看，财务风险不大。

目前公司资产负债率为 49.8%，自有资金与举债资金基本平衡。

2.3　经营状况及变动原因

扣除××××影响后，20××年 1 月至 3 月（以下简称本期）公司净利润 605 万元，与 20××年同期比较（以下简称同比）减少了 1 050 万元，下降幅度为 63%。变动原因按利润构成的主要项目分析如下：

2.3.1　主营业务收入

本期主营业务收入 3 938 万元，同比减少 922 万元，下降幅度为 19%。其主要原因为：

……

通过上述分析可见，本期收入同比减少的主要原因是工程收入减少。如果考虑按××××项目本期投入量 2 262 万元做调整比较，则：(1) 本期工程收入同比增加 1 193 万元，增长幅度为 98%；(2) 本期收入调整为 6 200 万元，同比增加 1 340 万元，增长幅度为 28%。

2.3.2　主营业务成本

本期主营业务成本 1 161 万元，同比减少 932 万元，下降幅度为 45%。按营业成本构成，分析如下：

……

通过上述分析可见，本期营业成本减少的主要原因是工程成本的减少。

2.3.3　其他业务利润

本期其他业务利润 41 万元，同比增加 15 万元，增长幅度为 58%。其主要原因是：……

2.3.4　管理费用

本期管理费用 883 万元，同比增加 425 万元，增加幅度为 93%。主要原因是：……

本期暂未收到的××××收入为 2 242 万元，原因是：……

经与××××公司协商，该公司于 4 月 15 日前将全数结清所欠款项。

2.3.5　财务费用

本期财务费用 1 204 万元，同比增加 680 万元，增加幅度为 130%。原因是：……

2.3.6　投资收益

扣除××××影响后，本期投资收益 217 万元，同比减少 111 万元，下降幅度为 34%。按构成内容分析如下：

(1) 国债收益。本期国债方面取得的收益为 56 万元，同比减少 213 万元，下降幅度 79%。主要原因是：……

(2) 股票收益。本期股票方面取得的收益为 575 万元，同比增加 551 万元。原因是：本期公司组织资金 5.78 亿元，申购到 158 万股 TCL 新股，获利 575 万元。

(3) 跌价准备。按 20××年 3 月 31 日的收盘价计算，公司所持国债的市价为 1.64 亿元，本期计提了跌价准备 414 万元，而去年同期是转回已计提的跌价准备 38 万元，因此跌价准备对投资收益的负影响同比增加 452 万元。

2.3.7　营业外支出净额

本期营业外支出净额 18 万元，同比增加了 24 万元，主要原因是：……

2.3.8　经营状况综述

本期净利润同比下降幅度较大主要是管理费用和财务费用的大幅增加、投资收益减少所致。从具体的分析来看：造成费用增加的因素在控制范围内；投资收益的减少是受国债市场价格下跌影响。

(1) 在管理费用增加的因素中，最主要的是考核奖的时间性差异。在形成原因上是……。此因素已考虑在 20××年预算中，对 20××年经营目标不会产生影响，只是费用的期间性的表现。

(2) 扩大后的贷款规模，仍控制在董事会的授权范围内。随着下半年可转债的发行，公司对贷款规模的调整，财务费用会相应减少。

(3) 国债市场价格下跌，属不可控因素。若国债价格不恢复，对实现 20××年经营目标有较大影响。

3. 预算完成情况及分析

3.1　收入收益类

本期收入、收益共计 4 195 万元，完成收入总预算 3%，扣除×××因素和××××项目的影响，完成收入总预算 6%。按预算项目分析如下：

……

3.2　成本费用类

本期成本、费用共计 3 484 万元，占支出总预算 3%，扣除××××项目和可转债发行费用的影响后，占支出总预算 6%。按预算项目分析如下：

(1) 略。

(2) 略。

(3) 略。

(4) 财务费用（利息净支出）1 204 万元，占预算的 33%，主要原因是资金计划中的上半年贷款规模大于下半年，使此项费用发生不均衡。具体分析详见“4. 重要问题综述及建议”。

(5) 营业外支出净额18万元，占预算的5%，主要原因是列入预算事项尚未进行处理。

3.3　预算分析综述

本期净利润605万元，完成全年预算7%，如果对××××收益按预算平均季度收益250万元进行预计，本期净利润调整为855万元，完成预算9.6%。从以上预算项目的分析来看，未完成预算的主要原因在于：本期利润构成中工程利润和投资收益与预算存在重大差距，将在“4. 重要问题综述及建议”里进行详细分析。

4. 重要问题综述及建议

4.1　××××收入增长分析

××××同比增长了14%，总收入同比只增长2%，原因是在××××结构上发生了较大变化……

建议：公司相关部门对××××和××××下降的情况进行分析，找出下降原因。

4.2　国债跌价幅度较大

国债价格主要受资本市场供求关系和资本流向的影响，但是国债的到期价值是确定的，计提的跌价准备能在兑息和兑本时得到补偿。所以，计提的跌价准备在卖出国债前本质上是一种浮亏。所获投资收益与资金成本的差额，才是衡量投资损益的标准。

……

建议：公司根据目前市场行情进行专题研究，制定应对措施。

4.3　工程项目完成量不足

鉴于工程项目收入与成本的相关性，应按××年经营目标，着重从完成工程利润预算情况来分析。现按以下已经落实的工程项目（不含××××项目），对工程收入和工程利润进行分析调整：

……

分析调整后，可实现的项目工程收入为21 050万元，可实现的工程利润为1 200万元。

建议：积极寻求新的工程项目，在重点考虑大型项目的同时，也应适当关注一些利润率较高的中小型项目。

4.4　管理费用和财务费用的期间性影响较大

从同期比较来看：(1) 管理费用增加425万元，占利润总额减少额的35%；(2) 财务费用增加680万元，占利润总额减少额的56%。

从预算分析来看：(1) 本期管理费用883万元，占全年预算的43%，超过平均时间进度18%；(2) 本期财务费用1 204万元，占全年预算（利息净支出）的33%，超过平均时间进度8%。

4.4.1　管理费用

……

建议：对一些金额较大而可控度和预见度又较高的期间性费用项目，采取预提方式来平衡对当期利润的影响程度。

4.4.2 财务费用

本期财务费用同比增加幅度较大的主要原因是，本期贷款规模同比增加了117%。扩大贷款规模的主要原因是：××××项目和××××项目为BT方式，为满足建设资金的需要，公司靠增加贷款来进行资金储备。

受特定因素的影响，原计划于年初开工的××××项目预计延至第三季度开工，按原计划所储备的资金暂时尚未投入。

从公司目前的贷款结构来看，短期借款（含本年到期的长期借款）的比重为95%，其中4月到期借款为2.1亿元，短期偿债的压力比较大。

自去年9月央行提高存款准备金率以来，各家银行已出现不同程度的惜贷现象。今年3月，央行再度出台了“实行差别存款准备金率”和“实行再贷款浮息”两项政策，具有紧缩银根意图。适度收缩货币供应的宏观金融政策，使取得贷款的难度增大。目前各家银行的贷前审查更为严格，公司从申请贷款到取得贷款的期间有所延长。

本报告将由报____会计师事务所进行审计，审计报告由____会计师事务所出具，审计结论为____________________。

××公司财务部

20××年××月××日

【例文简析】

这是一篇关于公司年度财务分析的报告。该文依托公司运营的实际情况，运用大量翔实的数据，并对数据进行客观分析，在此基础上提出合理的建议。

报告结构完整，表述清晰、简明、准确。报告数据翔实，体现了实事求是的精神；报告分析准确，提出的建议针对性强，体现了财会人员的责任意识。

写作提示

撰写财务分析报告应做好以下几项工作：

1. 积累素材，为撰写报告做好准备。

第一，建立台账和数据库。公司在日常工作中通过会计核算已经形成了会计凭证、会计账簿和会计报表。但是编写财务分析报告仅靠这些凭证、账簿、报表的数据往往是不够的。例如：在分析经营费用与营业收入的比率增长原因时，往往需要分析不同区域、不同商品、不同责任人实现的收入与费用的关系，但这些数据不能从账簿中直接得到。这就要求分析人员平时就进行大量的数据统计工作，对分析的项目按性质、用途、类别、区域、责任人，按月度、季度、年度进行统计，建立台账，以便在编写财务分析报告时有据可查。

第二，关注重要事项。财务人员对经营运行、财务状况中的重大变动事项要勤于做笔录，记载事项发生的时间、计划、预算、责任人及发生变化的各影响因素。必要时马上做出分析判断，并将各类各部门的文件归类归档。

第三，关注经营运行。财务人员应尽可能争取多参加相关会议，了解生产、质量、市场、行政、投资、融资等各类情况。参加会议，听取各方面意见，有利于财务分析和评价。

第四，定期收集报表。财务人员除收集会计核算方面的数据之外，还应要求公司各相关部门（如生产、采购、市场等）及时提交可利用的其他报表，要认真审阅这些报表，及时发现问题、总结问题，养成多思考、多研究的习惯。

第五，岗位分析。大多数企业财务分析工作往往由财务经理完成，但报告素材要靠每个岗位的财务人员提供。因此，应要求所有财务人员养成分析的习惯，这样既可以提升个人素质，也有利于各岗位之间相互借鉴经验。只有每一岗位都发现问题、分析问题，才能编写出内容全面的、有深度的财务分析报告。

2. 建立财务分析报告指引。

财务分析报告尽管没有固定格式，表现手法也不一致，但并非无规律可循。如果建立分析工作指引，将常规分析项目文字化、规范化、制度化，建立如现金流量、销售回款、生产成本、采购成本变动等一系列的分析说明指引，就可以达到事半功倍的效果。

写作训练

假设你是苏小语，请根据情境，在自学的基础上，编制公司年度财务分析报告的目录。

项目五

财经活动文书

学习引导

财经活动文书是在财经活动中运用会计学、经济学有关原理，根据个人及社会组织的发展状况，在不违背市场客观规律的前提下，卖方与买方之间形成的具有特定内容与形式的一种书面材料，如招标公告、商务合作意向书、商务信函、协议书等。财经活动文书是一定时期经济往来活动的反映，是在各级各类社会组织尤其是在企业经常中遇到的应用写作，也是个体在社会活动中必须面对的现实问题。

学习目标

知识目标：

- 掌握招标公告、商务合作意向书、商务信函、协议书的概念、种类、特点等相关知识和写作要求
- 掌握招标公告、商务合作意向书、商务信函、协议书的结构与写作思路及注意事项

能力目标：

- 根据不同的情况和需求，写作格式规范、内容具体的财经活动文书
- 根据不同的情况选择正确的财经活动文书解决实际问题

素质目标：

- 进一步明确诚信、友善、平等、公正的社会主义核心价值观，弘扬法治精神
- 逐步形成严谨、细致的职业素养和良好的信息素养

任务1　招标公告

情境导入

新学期，苏小语所在的学校增加了四千多名新生。学校为了加强管理和解决新生实际生活的需要，面向社会公开招标，选定一家有资质的服装公司为新生定制校服。

明确： 学习招标公告的写法。

知识聚焦

一、招标的概念与程序

［微课］招标公告

招标是指招标人（买方）发出招标通知，说明采购的商品名称、规格、数量及其他条件，邀请投标人（卖方）在规定的时间、地点按照一定的程序进行投标的行为。有招标必有投标，招投标必须遵循一定的程序，即招标者刊登广告或有选择地邀请有关厂商，并发给招标文件，或附上图纸和样品，投标者按要求递交投标文件，然后在公证人的主持下当众开标、评标，以全面符合条件者为中标人，最后双方签订承包或交易合同。

二、招标公告的概念

招标公告是指招标单位或招标人在进行科学研究、技术攻关、工程建设、合作经营或大宗商品交易时，公布标准和条件，提出价格和要求等项目内容，以期从中选择承包单位或承包人的一种文书。

在市场经济条件下，招标有利于促进竞争，加强横向经济联系，提高经济效益。对于招标者来说，通过招标公告择优而从，可以节约成本或投资，降低造价，缩短工期或交货期，确保工程或商品项目质量，促进经济效益的提高。

三、招标公告的特点

（一）公开性

这是由招标的性质决定的。因为招标本身就是横向联系的经济活动，凡是招标者需要知道的内容，如招标时间、招标要求、注意事项等，都应在招标公告中予以公开说明。

（二）竞争性

招标是一项实质性的经济竞争活动，在撰写招标公告之前，一定要充分做好市场调查研究工作，了解和掌握市场信息，对招标项目的市场状况做到心中有数，深入分析市场的基本形势和发展趋势，这样才能使各项数据的测算和评估科学、合理。

（三）可行性

招标是经济改革的一项重大举措，整个招标过程都应在国家有关公证、监督机关和业务主管部门的指导下进行。要认真贯彻执行党和国家的有关方针、政策、法律，遵守招标工作的有关规定和具体办法，一切从实际出发，结合招标的实际情况，提出切实可行的招标方案。

（四）明确性

招标公告对招标项目的主要目的、达到的质量标限、人员的素质和时间要求等，要有明确、详细的表述，以便投标人能有的放矢。对于技术规格和质量标准，一定要明确是国际标准、国家标准、部颁标准，还是企业标准。如果没有通用的标准，则应注明是按图纸加工，还是按样品加工。如表达不准确，发生技术规格不符合要求或质量事故时，按规定，招标人要承担赔偿责任，这就会造成不必要的经济损失。

四、招标公告的种类

招标公告种类很多，按照不同的分类方法可以分成不同的种类：

（1）按照招标内容，可以分为建筑工程招标公告、劳务招标公告、大宗商品交易公告、设计招标公告、企业承包招标公告、企业租赁招标公告等。

（2）按照招标范围，可以分为国际招标公告、国内招标公告、系统内部招标公告、单位内部招标公告等。

（3）按照合同期限，可以分为长期招标公告和短期招标公告两类。

（4）按照招标环节，可以分为招标公告、招标通知书、招标章程等。

五、招标的结构和写法

招标公告一般由标题、招标号、正文、结尾四个部分组成。

（一）标题

招标公告的标题是其中心内容的概括和提炼，形式上可分为单标题和双标题。

1. 单标题

单标题有三种写法：一是完整式标题，由招标单位名称、招标项目和文种组成，如《××学院新校区工程招标公告》；二是省略式标题，可省略招标单位名称或招标项目，或者二者均略去，只留下文种名称，如《××大桥工程施工招标公告》《××公司招标公告》《招标公告》等；三是广告性标题，以生动的、吸引人的语言激发人们投标的欲望，如《给您一个大展身手的机会：请君租赁××营业厅》等。

2. 双标题

正标题标明招标单位和文种的名称，副题点明招标项目，如《××进出口公司国际招标公告——××配套工程》。

（二）招标号

凡是由招标公司制作的招标公告，都须在标题下一行的右侧标明公告文书的编号，以便归档备查。招标号一般由招标单位名称的英文编写、年度和招标公告的顺序号组成，如WHHZ-2021756-H21756（武汉理工大学资环学院空调与家具采购项目）。

（三）正文

招标公告的正文应当写明招标单位名称、地址，招标项目的性质、数量、实施地点和时间，以及获取招标文件的办法等各项内容，其写作结构一般由开头和主体两部分组成。

1. 开头

开头也叫前言或引言。简要写明招标的缘由、目的或依据，招标项目或商品的名称、规模和批号、招标范围以及资金来源等内容，如："本公司负责组织建设的××住宅小区工程，经××市城乡建设委员会批准，实行公开招标，择优选定承包单位，现将招标有关事项通告如下……"

2. 主体

主体是招标公告的核心部分，通常采用条文式或分段式结构，要写明以下内容：

（1）招标项目的情况。具体写明招标项目的名称以及项目的主要情况，如工程名称或要采购的商品的名称，工程概况、规模、质量要求，或大宗商品的型号、数额、规格等。这部分内容较多时，可以采用表格式写法。

（2）招标范围。写明投标人应具备的条件，使潜在的投标人明确自己能否成为投标人。这部分要明确报名时需提交的文件，如："凡持有一二级建筑安装企业营业执照的单位皆可报名参加投标。报名时应提交下列文件：1）投标单位概况表；2）技术等级证书（复印件）；3）工商营业执照（复印件）；4）外地建筑企业在本市参加投标许可证。"

（3）招标步骤。写明招标的起止日期，投标人购买招标文件的时间、价格和方式，开标的时间和地点，有的还写明签约的时间和期限、项目开工的时间或时限等。招标程序一般为：1）报名及资格审查；2）领取或购买招标文件；3）招标交底会（交代要求及有关说明）；4）接受标书；5）开标。

（4）招投标双方的权利和义务、双方签订合同的原则、组织领导以及其他事项等。

（四）结尾

在招标公告正文的末尾写明招标单位的名称、招标公告发布的日期，同时，要写明招标单位的地址、电话、电报挂号、传真、邮政编码及联系人等，以便投标人与招标人联系。

有的招标公告还带有附件，将一些繁杂的内容，如项目数量、工期、设计勘察资料等作为附件列于文后或作为另发的招标文件。

六、招标公告编制的原则

（一）遵守法律法规

招标文件是一份具有法律效力的文件，接到采购项目委托以后，首先要考虑该项目是否有可行性论证报告、是否通过国家相关管理部门的批准、资金来源是否已落实等。

招标文件的内容应符合国内法律法规、国际惯例、行业规范等，这就要求采购人员不仅具有精湛的专业知识、良好的职业素养，还有一定的法律法规知识，如合同条款不得和《中华人民共和国民法典》相抵触。如有的招标文件中要求有本省的某行业领域资格证书，限制外地供应商竞争的规定，就与我国法律相背离。

（二）反映采购人需求

采购单位对自己的项目了解程度差异非常大，再加上采购项目门类繁多，招标代理机构编制招标文件前就要对采购单位状况、项目复杂情况、具体要求等所有需求有一个真实全面的了解。

在编制招标文件时应该考虑的都要考虑到，即使当时不能确定具体要求，也应把考虑到的要求提出来。想到了但不能确定的，也应该把想到了的提出来，让投标者根据自己的经验来建议。有时一个细微疏漏，就可能造成被动局面，如只注意设备的技术性能而忽略其整体规格尺寸，最后设备可能进不了厂房的门，进了门可能又没有适合的区域来安装调试；考虑报价要求时可能对设备报价都提出了要求，偏偏把分项报价忽略了，这都会给实际工作带来困难。

（三）公正合理

公正是指公正、平等对待所有单位和供应商。招标文件是具有法律效力的文件，双方都要遵守、承担义务。

合理是指采购人提出技术要求、商务条件必须依据充分并切合实际。技术要求根据可行性报告、技术经济分析确立，不能盲目提高标准、提高设备精度等，否则会多花不必要的钱。合理的特殊要求，可在招标文件中列出，但这些条款不应过于苛刻，更不允许将风险全部转嫁给中标方。由于项目的特殊要求需要提供合同条款，如支付方式、售后服务、质量保证、保险费及投标企业资格文件等，这部分要求的提出也要合理。验收方式和标准应采用我国通用的标准，或我国承认的国外标准等。

（四）公平竞争

公平竞争是指招标文件不能存有歧视性条款。只有公平才能吸引真正感兴趣、有竞争力的厂商投标。政府采购监管部门对招标工作的监管最重要的任务之一就是审查招标文件中是否存有歧视性条款。当然，技术规格要求制定得过低，看似扩大了竞争面，实则给评标带来了很大困难，评标的正确性很难体现，最后选择的结果可能还是带有倾向性。

（五）科学规范

以规范的文字，把采购的目的、要求、进度、服务等描述得简洁有序、准确明了，使有兴趣的投标人都能清楚地知道需要提供什么样的货物、服务才能满足采购需求。不允许使用“大概”“大约”等无法确定的语句，不要委婉描述，不要字句堆砌，表达上的含混不清会造成理解上的差异。在某一部分说清楚了的事，不要又在另外的章节中复述，这样可能产生矛盾，让投标人无所适从。

（六）维护政府、企业利益

招标文件编制要注意维护采购单位的秘密，如给公安系统招标网络设备就要考虑安全问题。不得损害国家利益和社会公众利益，如噪声污染必须达标。总之，考虑得越细致、越全面，执行起来就越顺利。招标项目门类繁多，只有多积累、多调查、多思索，才能深入浅出，编制出一份合乎规范的招标文件。

例文1

武汉理工大学资环学院空调与家具采购项目公开招标公告

WHHZ-2021756-H21756

项目概况：武汉理工大学资环学院空调与家具采购项目，招标项目的潜在投标人应在武汉市东湖新技术开发区关南园一路当代光谷梦工场2号楼1002室获取招标文件，并于2021年9月1日14时30分（北京时间）前递交投标文件。

一、项目基本情况

项目编号：WHHZ-2021756-H21756

项目名称：武汉理工大学资环学院空调与家具采购项目

预算金额：119.000 000万元（人民币）

最高限价：119.000 000万元（人民币）

采购需求：

1. 本次公开招标共分2个项目包，具体需求如下表所示。

武汉理工大学资环学院空调与家具采购项目具体需求

包号	序号	采购内容	型号	数量（台/套）	是否接受进口	采购预算/最高限价（万元）
A	1	柜式空调1	大2匹（制冷量5 000W）	9	否	100
	2	柜式空调2	大3匹（制冷量7 200W）	206		
B	1	礼堂椅	580×760×1 030	198		19
	2	主席台条桌	1 400×600×760	4		
	3	会议椅	640×720×1 000	8		
	4	条桌1	1 200×400×760	6		
	5	条桌2	1 800×400×760	2		
	6	讲台	800×600×1 150	1		

2. 供应商参加投标的报价超过该包采购预算金额或最高限价（如有）的，其该包投标无效。

3. 采购项目需要落实的政府采购政策：本项目需落实的节能环保、中小微型企业扶持（含支持监狱企业发展、促进残疾人就业）等相关政府采购政策详见招标文件。

4. 合同履行期限：合同签订后30天内安装验收完毕。

5. 本项目（不接受）联合体投标。

二、申请人的资格要求

1. 满足《中华人民共和国政府采购法》第二十二条之规定。

2. 落实政府采购政策需满足的资格要求：无。

3. 本项目的特定资格要求：

（1）本项目A包采购产品属于政府强制采购节能产品范围（强制采购节能产品品目详见《关于印发节能产品政府采购品目清单的通知》财库〔2019〕19号），须提供所投该产品的有效节能产品认证证书或提供所投产品型号在中国政府采购网节能产品认证查询结果截图（查询链接：http://www.ccgp.gov.cn/search/jnqdchaxun.htm）；

(2) 供应商参加政府采购活动前三年内未被列入"信用中国"网站（http://www.creditchina.gov.cn）失信被执行人、重大税收违法案件当事人、政府采购严重违法失信行为记录名单和"中国政府采购"网站（http://www.ccgp.gov.cn）政府采购严重违法失信行为记录名单（以投标截止当日查询结果为准）；

(3) 如国家法律法规对市场准入有要求的还应符合相关规定。

三、获取招标文件

时间：2021年8月12日至2021年8月18日，每天上午9:00至11:30，下午14:00至17:00（北京时间，法定节假日除外）。

地点：武汉市东湖新技术开发区关南园一路当代光谷梦工场2号楼1002室。

方式：符合资格的供应商应当在获取时间内，携带以下材料领取招标文件，招标文件每包售价400元，售后不退：供应商法定代表人凭法定代表人身份证明书（原件）或委托代理人凭法定代表人授权书（原件）、营业执照（加盖公章的复印件）、本人身份证（原件）以及加盖公章报名表（格式附后）。

售价：¥400.00元，本公告包含的招标文件售价总和。

四、提交投标文件截止时间、开标时间和地点

提交投标文件截止时间：2021年9月1日14:30（北京时间）。

开标时间：2021年9月1日14:30（北京时间）。

地点：武汉市东湖新技术开发区关南园一路当代光谷梦工场2号楼1003室。

五、公告期限

自本公告发布之日起5个工作日。

六、其他补充事宜

（略）

附件：项目报名表

项目报名表

项目名称	
项目编号	
供应商名称（公章）	（填写完整的单位全称，必须与投标文件上的投标供应商一致）
办公地址	
报名包号 （项目分包时填写）	（填写报名包号，变更或放弃包号请来函告知，放弃投标请来函告知）
授权代表	（填写联系人姓名）请填写一个固定联系人，变更请来函告知
授权代表手机	（填写联系人手机） 有关信息我们会短信发送至手机，请关注并收到后回复
授权代表座机	
授权代表电子邮箱/QQ	（填写联系人邮箱） 有关文件我们会邮件发至您邮箱，请收到后注意回执

七、对本次招标提出询问的联系方式

1. 采购人信息

名称：武汉理工大学

地址：湖北省武汉市洪山区珞狮路122号

联系方式：张老师　13476135886

2. 采购代理机构信息

名称：武汉汇哲招标代理有限公司

地址：武汉市东湖新技术开发区关南园一路当代光谷梦工场2号楼1002室

联系方式：应杉、谌俊豪、李慧　027-87002343

3. 项目联系方式

项目联系人：应杉、谌俊豪、李慧

电话：027-87002343

【例文简析】

这是一则空调与家具采购项目的公开招标公告，体现了招标公告公开性、竞争性、可行性和明确性的特点。这则招标公告需求清晰，要素齐全，语言简洁，切实可行，是一份合乎规范的招标文件。

例文 2

××职业学院学生本簿招标公告

××职业学院对学生本簿进行公开招标，现邀请符合条件的投标人参加投标。

一、项目名称及编号

项目名称：学生本簿

项目编号：JSEIZB2021-034

二、招标项目简要说明

××职业学院学生用练习本和英语本进行采购，其中练习本20万册、英语本2万册。

服务期：一年。

项目预算为人民币壹拾肆万元整。

最高限价为人民币壹拾叁万元整。

三、投标人应当具备下列资质要求

1. 符合《中华人民共和国政府采购法》第二十二条规定的条件。

2. 落实政府采购政策需满足的资格要求：

本项目为专门面向中小企业采购的项目，供应商必须为中小微企业，不接受非中小型企业参与本项目投标。

注：监狱企业、残疾人福利性单位视同小微企业。

3. 本项目的特定资格要求：

参加投标的授权委托人必须是本单位的正式员工，资格审查时提供投标前六个月以来本单位为其缴纳任意一个月的社保证明（法定代表人无须提供）。

说明：本次招标采用资质后审方式，在整个采购过程中，由采购人对投标人的资质进行审查，若发现投标人的资质条件不符合招标文件要求，可取消其投标或中标资格，投标保证金不退。

四、招标文件发布信息

1. 报名方式：因疫情防控要求，采用网上报名的方式。请将供应商参与投标确认函（见附件一）、资料费汇款凭证制作成电子档，在报名时间发送至JSEIZB@126.com。

注：如果供应商未如实填写供应商参与投标确认函，或采购部门因没有收到确认函及所留联系方式有误而无法通知到供应商，或因材料不齐初审不合格的，其责任由供应商自行承担。

2. 报名联系人：曹老师，电话：×××××××××。

3. 报名时间：2021年×月×日17:00前。

五、投标文件接收信息

投标文件接收截止时间：2021年×月×日10:30。

投标文件接收地点：××职业学院办公楼B1-107。

投标文件接收人：罗老师，电话：×××××××××。

六、开评标有关信息

开标时间：2021年×月×日11:00。

开标地点：××职业学院办公楼B1-107。

评标地点：××职业学院办公楼B1-107。

注：根据疫情期间出入校园人员的相关要求，请在×月×日前联系周老师（报名联系人），将进校人员姓名、身份证号、联系电话、进出车辆车牌号发送至邮箱JSEIZB@126.com，由学校统一办理进出手续，因个人身体情况、健康码问题无法进校的，由报名单位承担责任。进入校园人员在投标时一并递交“校外人员进入校园健康安全责任书”（见附件二），并做好个人防疫事项，自觉服从学校防疫管理。

七、本次招标联系事项

1. 招标文件询问联系人：罗老师，电话：×××××××××。

2. 技术咨询联系人：朱老师，电话：×××××××××。

八、其他事项

1. 投标保证金：本项目不收取投标保证金。

2. 履约保证金：开标结束，中标单位交纳中标金额5%的履约保证金并到财务处（B1-211）领取收款凭证，服务期满，无质量问题，一次性无息归还履约保证金。

3. 资料费200元，交后不退。汇款抬头为投标单位名称（全称），事由注明项目编号：SEIZB2021-034。

单位名称：××职业学院

银行账号：×××××××××

开户行：工商银行××支行

我校统一社会信用代码（税号）：××××××××××××××××××

4. 招标结果将在 http://www.jsei.edu.cn/sbyzcglc/index.htm 公告通知栏公布。

5. 中标单位如需中标通知书可以在公示期结束后与采购部门联系。

××职业学院

2021年××月××日

附件一：供应商参与投标确认函

供应商参与投标确认函

××职业学院：

我单位将参与学生本簿项目（项目编号：JSEIZB2021-034）的投标，特发函确认。

供应商名称：

联系人：×××

联系电话：××××××××

电子邮箱：××××××××

移动电话：××××××××

法定代表人（签字）：×××

（单位公章）

2021年××月××日

附件二：××职业学院校外人员进入校园健康安全责任书

××职业学院校外人员进入校园健康安全责任书

人员姓名		联系方式	
身份证号		工作单位	

本人郑重承诺：

1. 没有被诊断为新冠肺炎确诊病例或疑似病例。
2. 没有与新冠肺炎确诊病例或疑似病例密切接触。
3. 过去14天没有与来自疫情高风险地区或有病例报告社区旅居史的人员或境外返乡人员密切接触。
4. 过去14天没有去过疫情高风险地区或有病例报告社区。
5. 没有被留验站集中隔离观察或留观后已解除医学观察。
6. 目前没有发热、咳嗽、发力、胸闷等症状。

对以上提供的健康相关信息的真实性负责，如因信息不实引起疫情传播和扩散，本人愿承担由此带来的全部法律责任。

承诺人签字：　　　　　　　　　　　　　　　　　年　　月　　日

【例文简析】

这是一则学生本簿采购项目的招标公告，对招标项目的数量、质量、招标要求、招标办法、投标资格审查、投标时间、投标办法和投标要求等做了比较详细的说明，附有必要的附件，体现了严谨的作风；全文语言简洁，符合一般招标公告的写作思路与要求，能够让投标者清楚、明白地做出应对，体现了实用的文风。在实际应用中，招标类文书应该学习这样的写法。

写作提示

招标公告写作是一项严肃的工作，应注意以下要求：

1. 周密严谨。招标公告不但是一种“广告”，而且是签订合同的依据，因而是一种具有法律效力的文件。周密严谨，一是指内容，二是指措辞。

2. 简洁清晰。招标公告没有必要长篇大论，只要简要介绍所要讲的内容，突出重点即可，切忌没完没了地胡乱罗列、堆砌。

3. 注意礼貌。此时涉及的是交易贸易活动，要遵守平等、诚恳的原则，切忌盛气凌人，更不能低声下气。

写作训练

苏小语所在的学校预计 2022 年招收新生 4 100 名，其中男生 2 100 名，女生 2 000 名。请据此为该校起草一份关于新生校服的招标公告。

任务 2　商务合作意向书

情境导入

经过一番激烈的角逐，××服装制衣有限公司以过硬的资质、优惠的价格在众多竞争者中脱颖而出，成功中标。为了保证合作的顺利进行和双方的共同利益，学校先和××服装制衣有限公司签订了一份合作意向书，在样品送检达标后双方再签订正式的合同。苏小语的老师是这项工作的负责人，看到老师工作繁忙，她想起自己学习过合作意向书的写作，就自告奋勇帮助老师起草合作意向书。

明确：学习商务合作意向书的写法。

知识聚焦

一、商务合作意向书的概念

[微课] 商务合作意向书

商务合作意向书是商务活动中贸易的双方或多方在进行贸易或合作之前，通过初步谈判，就合作事宜表明基本态度、提出初步设想的协约性文书，一般称作“意向书”。它主要用于洽谈重要的合作项目和涉外经营项目，如合资经营企业、合作经营贸易、承包国际工程等，可以在企业与企业之间、地区和地区之间、国家和国家之间等使用。

商务合作意向书主要是表达贸易或合作各方共同的目的和责任，是签订协议、合同前的意向性、原则性一致意见的达成。它是实现实质性合作的基础。商务合作意向书制作既可以使磋商合作的步伐走得稳健而有节奏，避免草率从事，盲目签约，也可以及时抓住意向、开拓发展，避免失去商机。

二、商务合作意向书的特点

（一）意向性与一致性

商务合作意向书的内容是各方原则性的意向，并非具体的目标和实施方法。这与协议及合同是有很大区别的。协议与合同的内容必须是非常具体的、可操作的。它的具体内容应是经过协商双方一致同意的，能表达双方的共同意愿。

（二）协商性与临时性

商务合作意向书是共同协商的产物，也是今后协商的基础。在双方签署之后，仍然允许协商修改。商务合作意向书只是表达谈判的初步成果，为今后谈判作铺垫；一旦谈判深入，最终确定了合作双方的权利和义务，其使命即告结束。

（三）信誉性而非法律性

商务合作意向书是建立在商业信誉之上的，虽然对各方有一定的约束力，但并不具有法律效力。这与协议及合同的执行具有法律强制性是不同的。

三、商务合作意向书的种类

（1）从文体格式上分，商务合作意向书可分条款式商务合作意向书和书信式商务合作意向书两类。条款式商务合作意向书类似合同，采用分条列项式写法；书信式商务合作意向书即用信函文体写作的意向书。

（2）从内容上分，商务合作意向书可分为科学文化交流合作意向书、经济技术协作合作意向书、技术设备引进合作意向书、新产品开发合作意向书、工程基建合作意向书、产品购销合作意向书和企业联合合作意向书等。

（3）从签署形式上分，商务合作意向书可分为单签式、双签式和换文式。单签式即由出具商务合作意向书的一方签署，文件一式两份，再由合作的一方在其副本上签章认可，交还对方，就算签署完成；双签式即联合签署式，在合作意向书上出具双方代表人的姓名，双方同时签署，然后各执一份为凭，这种形式比较郑重，重要的商务合作意向书签字一般还要举行仪式，但是效力与其他形式无异；换文式是双方以交换信件的方式来表达合作意向，形式与外交上的“换文”相同，而内容是合作事务，仍属商务合作合作意向书的一种。

四、商务合作意向书的结构和写法

商务合作意向书一般由标题、正文和尾部三部分构成。

（一）标题

常见的商务合作意向书的标题形式有三种：一是直接写文种，即《商务合作意向书》；

二是用事由＋文种构成，如《关于××摩托车生产集团的商务合作意向书》《××技术共同组建协作意向书》；三是用签订意向书双方的单位名称＋事由＋文种构成，类似公文标题，如《A公司与B公司联合发展化工产品合作意向书》等。

（二）正文

商务合作意向书的正文由引言和主体两部分组成。

1. 引言

引言写明签订意向书的依据、缘由、目的。与合同相比，商务合作意向书的表述相对灵活些。有时引言部分要说明双方谈判磋商的大致情况，如谈判磋商的时间、地点、议题，甚至考察经过等。意向书一般不在标题下单独列出立约当事人名称，所以在引言部分均要交代清楚签订意向书各方的名称，并在名称后加括号注明“简称甲方”“简称乙方”等，以使行文简洁方便。例如：

浙江省杭州华生包装印刷厂（以下简称甲方）与香港万利贸易公司（以下简称乙方）本着平等互利的原则，先后于2021年3月2日、2021年4月5日两次就合资兴办绿色环保一次性餐具加工厂事宜进行了协商，达成如下合作意向：……

2. 主体

主体以条文的形式表述合作各方达成的具体意向。如果是中外合资经营企业，需要就合资项目整体规划、合营期限、货币结算名称、投资金额及规模、双方责任分担、利润分配及亏损分担等问题，表明各方达成的意向。一般而言，主体部分还应写明未尽事宜的解决方式，即还有哪些问题需要进一步洽谈，洽谈日程的大致安排，预计达成最终协议的时间等。在主体部分最后应写明意向书的文本数量及保存者；如系中外合资项目，还应交代清楚意向书所使用的文字。例如：

一、双方按《中华人民共和国外商投资法》及其他有关规定合资兴办一家绿色环保一次性餐具加工厂。合资企业名称暂定为“华利快餐餐具有限公司”。

二、甲方以现厂区东部的四个车间、一幢办公楼、二十亩厂区空地和其他生产生活资料作价入股。作价入股股份的计算以双方认可的资产评估机构、土地评估机构评估结果为准。乙方一次性投入约人民币伍佰伍拾万元。其中包括提供全套绿色环保一次性餐具生产机器四套，辅助设备，生产和工作用车五辆，现有企业改造、配套资金和企业生产周转金。具体投入数额视甲方资产、土地作价情况而定。甲乙双方的投资比例确定为甲方占55％，乙方占45％。

三、合资企业的主导产品是环保纸饭盒、纸碟、纸碗、纸杯等各式纸质餐具，预计年产量为1.2亿只。其中60％由乙方负责出口销售。

四、甲方负责合资企业的申报立项、登记注册、场地设施改造、财产保险等工作，乙方负责提供和安装设备、培训技术人员，提供国际市场信息。

……

九、未尽事宜，双方在今后协商补充。甲乙双方在完成合资办厂的准备工作后，约定时间进行磋商，签订正式协议。

十、本意向书用中文书写，一式六份，双方各执三份。

意向书主体表述的内容不像协议书或合同那样详细具体，比较原则化；但和会谈纪要相比，协约的色彩又相对重一些。

（三）尾部

尾部书写商务合作意向书签订各方单位的名称、签订时间、联系地址、电子邮箱、电话号码等。

例文

商务合作意向书

××年×月×日至×日在×地，××公司（以下简称甲方）副总经理×××先生，与×××公司（以下简称乙方）总经理助理×××先生，根据《中华人民共和国外商投资法》和其他法规的规定，本着平等互利的原则，就建立合资企业事宜进行了友好协商，达成意向如下：

一、甲、乙两方愿以合资或合作的形式建立合资企业，暂定名为××有限公司。建设期为×年，即从×年—×年全部建成。双方意向书签订后，即向各方有关上级申请批准，批准的时限为×个月，即×年×月×日—×年×月×日完成。然后由××公司办理合资企业开业申请。

二、总投资×万元人民币，折×万美元。××部分投资×万元人民币（折×万美元）；××部分投资×万元人民币（折×万美元）。甲方投资×万元人民币（以工厂现有厂房、水电设施现有设备等折款投入）；乙方投资×万元（以折美元投入，购买设备）。

三、利润分配：各方按投资比例或协商比例分配。

四、合资企业自营出口或委托有关进出口公司代理出口，价格由合资企业定。

五、合资年限为×年，即×年×月至×年×月。

六、合资企业其他事宜按《中华人民共和国外商投资法》有关规定执行。

七、双方将在各方上级批准后，再行具体协商有关合资事宜。

本意向书一式两份。作为备忘录，各执一份备查。

××公司（甲方）　　　　×××公司（乙方）
代表：　　　　代表：
××××年××月××日　　　　××××年××月××日

【例文简析】

这是一份就建立合资企业事宜进行协商的意向书。导言写签订意向书的单位，承上启下导出意向书的主体；主体写合作的范围、双方义务、合作程序、合作方式等意向性意见；文尾写意向书份数，双方代表的签字及联络信息。全文目标具有导向性，各条款内容只确定原则意向，而不涉及具体细则，可为日后签订实质性、具体性的项目合同奠定基础。

该意向书严谨细致，处处以法律为依据，知法守法，值得学习。

写作提示

1. 要忠实地表达各方协商的事项。

2. 思考要周密，用词要准确，尤其是关系到双方权益的问题，务必慎用肯定性词句，以便留有余地。要多采用商量的语气，多使用富有弹性的词语，语言平和、灵活，如用“尽可能”“适当”“可”等，不要随便使用“必须”“应当”“否则”之类的用语。

3. 要严格区分合作意向书与合同的区别。合作意向书只是一个初步的设想，是签订合同的先导，签订合同是合作意向书发展的结果。不宜把适合于合同的内容也写进去，以免把合作意向书当作合同执行。

4. 合作意向书各条款的内容表述要合情、合理、合法。

写作训练

请你根据情境导入中的相关信息，帮助合作双方拟写一份商务合作意向书。

任务3　商务信函

情境导入

苏小语的父母经营着一家小超市，想在网上订购一批日用商品，于是给对方（网站客服人员）写了一封电子邮件询问商品的具体功能、款式及价位等问题。

明确： 学习商务信函的写作。

知识聚焦

一、商务信函的概念

［微课］商务信函

商务信函又称商函，是企业之间在商务活动中用于交流商务信息、联系业务、商洽交易事项等往来的函件。

函，可以分为公务信函和商务信函两种，即公函和商函。公文函件采用一般公文函件格式，多就行政管理方面的问题与相应的党、政、群机构以及企业联系商讨，常带有行政政令，所以更严谨。商务信函专用于正在发生商业行为的业务单位之间，侧重于经济往来，就贸易交往事宜进行专项联系商讨，它采用商函的专用格式，并具有法律凭证作用。

二、商务信函的种类

依据适用范围或商务内容，可对商务信函作不同的划分。

（一）交易磋商信函

指商务当事方就某一具体交易对象及交易条件，如商品的品质、规格、数量、价格、包装、交货、支付方式等进行书面协商、达成协议，在这一过程中使用的往来信函，包括商洽事宜函、通知事宜函、催办事宜函、邀请函、请示答复事宜函、转办函、报送材料函等。

（二）索赔理赔信函

在商务合同的履行过程中，当事方发生争议，或因一方不能履行或不能完全履行合同义务形成违约，争议和违约引起的索赔和理赔事宜，商务当事方在这个过程中使用的往来信函称作索赔理赔信函。

三、商务信函的结构和写法

中文商务信函的格式是约定俗成的，结构一般包括信头、标题、称谓、正文、附件、落款六个部分。

（一）信头

大多企业都使用特制的商务信函信笺，信笺上方都有印好的信头，信头内容有：本企业名称、地址、邮编、电话号码、电报挂号，有的还有商函编号。信头下用一反线与行文分隔开。

（二）标题

标题一般由“事由＋文种”构成，要简要、准确地点明商函的内容，如《关于商请报价的函》《错装货物理赔函》。

（三）称谓

即发函的对象，可以是公司、企业、商号等组织，如“××公司”“××商行”，也可以是经理、董事长或×××先生/女士等个人。如发函的对象是个人，要弄清其职位、性别，以便正确称谓。称谓在标题下方第一行顶格书写。

（四）正文

商函的正文由开头、主体、结尾三部分组成。

1. 开头

说明写作缘由。若是主动去函，可开门见山写明发函意图或者简述事实，而如果是初次去函，则还要先做自我介绍，再说明发函意图；若是复函，要先点明对方××月××日来函“收悉”，并简要复述来函的主要内容。

2. 主体

写明商函事项。这是商务信函的主要内容，无论是商洽工作、询问和答复问题，还是向有关主管部门请求批准事项等，都要用简洁得体的语言把需要告诉对方的问题、意见讲述清楚。如果内容较多，可分条列项说明。如果属于复函，还要注意答复事项的针对性和明确性。

3. 结尾

商务信函常用惯用语结尾。若是去函且希望回复，常用“即请函复”“候复”“敬请函复”等，如果不需回复，则可用“特此函达”等；若是复函，常用“专此函复”“此复”等。有些商函还可以写上一些表示祝愿或敬意的祝愿词，如“顺致商安”“顺祝商祺”等。

（五）附件

附件是补充说明正文的材料。商业信函常见的附件有商品目录、报价单、产品介绍或说明书、有关样照、订购合同、发货通知单、产品质量检验书等，用以证实信文所写的各种论点，或作为业务往来的确认手续。不是每份商函都有附件，但一旦正文内容需要附件来补充说明，附件就是商函的重要组成部分，具有同正文同等的法律效力。附件要完整，要写上“附件”两字并注明名称和件数。

（六）落款

包括发函组织名称和发函日期两部分。以个人名义发的商函，要写明自己所在的企业名称及个人职务，如“上海文教用品贸易公司经理张××”，署名下一行写上发函日期，落款处要以印章作为商函生效标志。

例文1

关于××产品的询问函

尊敬的王××：

您好！

我公司长期从事食品进口。从××展销会得知贵公司专业生产××。本公司拥有广阔的市场和稳定的消费群体，希望与贵公司开展合作。只要贵公司有合作诚意，××定价合理，本次合作将为贵公司带来新的利润增长点。

烦请贵公司向我方提供产品信息（尺寸、重量、配料颜色及价格等）、产品目录及样品，并告知付款方式及优惠信息（我方定期购买数量将大于25万吨）。价格请报产品价连运费及保险费。

请给予办理为盼。

××进口公司　××

20××年××月××日

【例文简析】

这是商务活动中的询问函，发函方先介绍了公司从事的主要业务背景，阐述了询价的原因及希望合作的意愿，继而细致询问了产品的具体价格等信息，最后用“请给予办理为盼”表明期待回复。行文内容翔实，语言礼貌得体。

例文2

关于订购××产品的复函

×××：

贵公司××××年××月××日的报价单已获悉，谢谢。我方可接受贵方报价，现订购如下：

货物：

AIR-2654 印刷机 20 台，台单价 500 元，合计 10 000 元

CLP-5240 印刷机 30 台，台单价 600 元，合计 18 000 元

EPSON MP-200 印刷机 50 台，台单价 800 元，合计 40 000 元

交货日期：××××年××月××日前

交货地点：×市×仓库

结算方式：商业汇票

烦请贵公司准时将货物运达。我方接到贵方装运函后将立即开具商业汇票。

预祝合作愉快。

××公司

20××年××月××日

【例文简析】

这是一篇答复函，正文先表明来函已悉，接着直截了当地表明自己的态度“可接受贵方报价”，阐明订购的具体内容。订购货物的具体价格、数量、交货的具体信息齐备。最后，说明希望和要求，表示对合作的祝愿。行文简练流畅，语言恰当。

例文 3

运输损失索赔函

××货运有限责任公司：

202×年×月×日，我公司委托贵公司将回流焊设备一台，通过公路运输至深圳，交付给收货人刘×（以下简称收货人）。在深圳，收货人验收时发现设备已经破损而拒绝接收。设备于 202×年×月×日退回我公司，经贵公司和我公司双方查验，由于贵公司运输、装卸不当，造成设备和包装破损，设备受损情况见附件 1。

此次事件，不但使我公司设备损坏，遭受二次紧急调运设备的运费损失，而且使我公司对客户逾期交货，信誉受损并要承担逾期交货的违约责任。我公司向贵公司郑重要求立即赔偿设备修理费用和运费损失共计 6 100 元，具体情况详见附件 2。

以上是我公司的最低要求，请贵公司于 7 日内支付上述赔偿金额，或者贵公司自己将设备送去经我公司认可、有相应技术能力和修理设施、设备完善的修理厂修理，贵公司承担全部修理费用。7 日后如果贵公司不支付赔偿金，又不将损坏设备送去修理、恢复设备完好，我公司将自己委托修理厂修理，并通过法律途径追偿全部损失，不再通知。

特此函告。

附件：1. 设备和包装破损情况认定表
　　　2. 设备修理费用和运输费损失一览表

×××有限责任公司（印章）
202×年××月××日

【例文简析】

本文条分缕析地交代了索赔的具体事实和理由（如“运输、装卸不当，造成设备和包装破损”“运费损失”“信誉受损并要承担逾期交货的违约责任”等），在此基础上，明确提出索赔的两种方案，既表明态度又彰显诚信，不卑不亢，有利于问题的解决。

写作提示

商务函电的写作需要注意以下几点：

1. 内容要明确、完整，不能有遗漏、模糊或造成歧义。商务信函表述的内容必须明白清晰，完整严谨。每一份商函都有明确单一的商业目的，即“一文一事”，商函意思表述要完整周密，不能有遗漏、残缺。要杜绝语义模糊和可能引起歧义的表述，使用概念明确的专业术语，让意思表述一目了然。

商函写得是否完整，可用五个“W”来检验，即 Who、What、Where、When 及 Why，有时还要检验 1 个“H”，即 How，如在订货的商函中，必须明确说明需要什么商品、何时需要、货物发到何地何人收、如何付款。在对对方的要求做出否定的答复（如不能报盘、不能理赔等）时，应说明理由。

2. 要针对具体业务使用相应的商函文种。商务信函的种类很多，要根据具体商务情况使用相应的商函文种。如推销商品函、询价函、质量不符索赔函等，要有针对性地拟写具体内容，并以此选用习惯性开头、专用术语及结尾用语。

3. 用语要礼貌、得体。商务信函的目的在于寻求商业机会、进行商务合作、赢取经济利益。商函往来应体现双方平等互利、协商交流的关系，用语要礼貌；索赔函要表现出据理力争、不卑不亢，语气要得体。

4. 商函写作应把握商机，注意时效。商场如战场，商机稍纵即逝。商函服务于商务活动，必然具有鲜明的时效性。因此，要及时、有效地写作和投送商函，为商务活动的成功提供支持。

写作训练

假设你是苏小语，请根据情境导入撰写一篇商务信函询问相关情况。

任务 4　协议书

情境导入

为了获得更多的工作经验，为就业打下良好的基础，苏小语在大学二年级暑假进入一家公司进行暑期顶岗实习，需要签订一份协议书。苏小语发现公司的协议书版本较为陈旧，就查阅大量资料，自学了《中华人民共和国民法典》的相关内容，同时根据以往所学知识，自己起草了一份协议书，受到了公司领导的认可。

明确： 学习协议书的写作。

知识聚焦

一、协议书的概念

[微课] 协议书

协议书有广义和狭义之分。广义的协议书指社会集团或个人处理各种社会关系、事务时常用的契约类文书，包括合同、议定书、条约、公约、联合宣言、联合声明、条据等。狭义的协议书指国家、政党、企业、团体或个人就某个问题经过谈判或共同协商，取得一致意见后，订立的一种具有经济或其他关系的契约性文书。协议书是应用写作的重要组成部分，也是构建人类和谐社会的基础环节之一。

二、协议书的功能

协议书是契约文书的一种，是当事人双方（或多方）为了解决或预防纠纷，或确立某种法律关系，实现一定的共同利益、愿望，经过协商而达成一致后签署的具有法律效力的记录性应用文。

订立协议书的目的是更好地从制度上乃至法律上，把双方协议所承担的责任固定下来。作为一种能够明确彼此权利与义务、具有约束力的凭证性文书，协议书对当事人双方（或多方）都具有制约性，它能监督双方信守诺言、约束轻率反悔行为，它的作用与合同基本相同。

需要注意的是，口头协议一律无效。书面协议即合同中的条款、独立的协议书及信函、电报、传真、电子邮件等其他书面形式。

三、协议书的结构和写法

协议书一般由标题、立约单位、正文、落款四部分组成。

(一) 标题

一般由双方单位名称、事由、“协议书”字样三部分组成。

(二) 立约单位

写清当事双方的名称或姓名及地址。

(三) 正文

一般由两部分构成，即缘由和主体。

1. 缘由

缘由主要交代签订协议书的目的、原则、依据等，与合同的“引言”类似。

2. 主体

主体分条逐项写出协议的具体事项，一般包括：

(1) 协商目的。

(2) 协商双方的责任。

(3) 协议的时间和期限。

(4) 协商目的的条款和酬金（应价格明确，数额大写，同时必须明确货币种类）。

(5) 履行条款期限。

(6) 违反条款的责任处理。

(四) 落款

写在正文下方，即写清当事人双方单位全称和法定代表人姓名并加盖公章，再在下方写明协议书签订的日期。

例文 1

合作协议书

××建筑工程公司（甲方）

××装修设计公司（乙方）

为发挥双方的优势，共谋发展，并为今后逐步向组成集团公司过渡，双方经过充分友好的协商，特订立本协议。

一、建立密切的技术合作关系，今后凡甲方承接的工程，装修设计任务均交给乙方承担。

二、乙方保证在接到任务后，将立即组织以高级工程师牵头的精干设计队伍，在10日内提出设计方案，并在方案认可后一个月内完成全部设计图纸。

三、为保证设计的质量，甲方将毫无保留地向乙方提供所需的一切建筑技术资料。

四、装修施工队伍由甲方组织，装修工程的施工由甲方组织实施。施工期间，乙方派出高级工程师监督施工，以保证工程的质量。

五、甲方按装修工程总费用的千分之×向乙方支付设计费。

六、本协议自签订之日起生效。

七、本协议书一式两份，双方各执一份，具有同等法律效力。

附件：××建筑装修工程集团公司合作意向书

甲方：××建筑工程公司（盖章）　　乙方：××装修设计公司（盖章）
法人代表：××（签字）　　法人代表：××（签字）
××××年××月××日　　××××年××月××日

【例文简析】

协议书的种类与内容非常丰富且广泛。本篇例文是建筑公司与装修公司合作的协议书，格式规范，条款齐备。该协议符合法律要求，本着公平公正的原则，双方共谋发展，合作共赢，这正是当今社会经济发展的必然趋势。

例文 2

投资合作协议书

投资人　姓名：　　性别：　年龄：　住所：
身份证号码：　　　　　　（以下简称甲方）
投资人　姓名：　　性别：　年龄：　住所：
身份证号码：　　　　　　（以下简称乙方）

以上双方共同投资人（以下简称“共同投资人”）经友好协商，根据中华人民共和国法律、法规的规定，双方本着互惠互利的原则，就甲乙双方合作投资项目事宜达成如下协议，以共同遵守。

第一条　共同投资人的投资额和投资方式

甲、乙双方同意，共同投资项目，项目注册形式为：

各方出资分别：甲方占出资总额的____%；乙方占出资总额的____%。

第二条　利润分享和亏损分担

共同投资人按其出资额占出资总额的比例分享共同投资的利润，分担共同投资的亏损。

共同投资人的出资形成的股份及其孳生物为共同投资人的共有财产，由共同投资人按其出资比例共有。

投资项目债务先以共有财产偿还，共有财产不足偿还时，以出资额度为依据，按比例承担。

第三条　事务执行

1. 共同投资人委托甲方代表全体共同投资人执行共同投资的日常事务，包括但不限于：

（1）在项目注册形式发起设立阶段，行使及履行其作为项目注册形式发起人的权利和义务。

(2) 在项目注册形式成立后，行使其作为项目股东的权利，履行相应义务。

(3) 收集共同投资所产生的孳息，并按照本协议有关规定处置。

2. 其他投资人有权检查日常事务的执行情况，甲方有义务向其他投资人报告共同投资的经营状况和财务状况。

3. 甲方执行共同投资事务所产生的收益归全体共同投资人，所产生的亏损或者民事责任，由共同投资人承担。

4. 甲方在执行事务时如因其过失或不遵守本协议而造成其他共同投资人损失时，应承担赔偿责任。

5. 共同投资人可以对甲方执行共同投资事务提出异议。提出异议时，应暂停该项事务的执行。如果发生争议，由全体共同投资人共同决定。

6. 共同投资事务除下列事项需全体共同投资人同意外，其他重要事务由二分之一共同投资人同意即为有效：

(1) 投资人转让共同投资项目股份。

(2) 以上述股份对外出质。

(3) 更换事务执行人。

第四条　投资的转让

1. 共同投资人向共同投资人以外的人转让其在共同投资中的全部或部分出资额时，须经全部共同投资人同意。

2. 共同投资人之间转让在共同投资中的全部或部分投资额时，应当通知其他共同出资人。

3. 共同投资人依法转让其出资额的，在同等条件下，其他共同投资人有优先受让的权利。

第五条　其他权利和义务

1. 甲方及其他共同投资人不得私自转让或者处分共同投资的股份。

2. 共同投资人在注册形式登记之日起三年内，不得转让其持有的股份及出资额。

3. 约定注册形式成立后，任一共同投资人不得从共同投资中抽回出资额。

4. 约定注册形式不能成立时，对设立行为所产生的债务和费用按各共同投资人的出资比例分担。

第六条　违约责任

1. 投资人未按期缴纳或缴足出资的，应当赔偿由此给其他投资人造成的损失；如果逾期十天仍未缴足出资，按退出投资项目处理。

2. 投资人私自以其在约定共同财产份额出质的，其行为无效，或者作为退出投资项目处理；由此给其他投资人造成损失的，承担赔偿责任。

3. 合营人严重违反本协议或因重大过失导致合作项目无法继续经营的，应对其他合营人承担赔偿责任。

第七条　其他

1. 本协议未尽事宜由共同投资人协商一致后，另行签订补充协议。

2. 本协议经全体共同投资人签字盖章后即生效。本协议一式____份，共同投资人各执____份。

甲方（签字）：　　　　　　　　乙方（签字）：

签订地点：　　　　　　　　　　签订地点：

年　月　日　　　　　　　　　　年　月　日

【例文简析】

共同（合作）投资是现代经济发展的产物，也是现代社会经济发展的模式，毕竟一个企业、一个人的力量有限。合作共赢是签订协议书的主要目的，也是对双方信任的前提。本例文是经济活动往来中常见的合作协议书模板之一，符合一般协议书的写作要求，格式规范，内容（主要条款）得体，要素齐备。

写作提示

在经济活动中，要弄清楚合同与协议的区别与联系，并学会正确使用。

1. 经济合同与协议的共同点。协议是指有关国家、政党、企业、事业单位、社会团体或者个人，在平等协商的基础上订立的一种具有政治、经济或其他关系的契约。协议，在其所表示的意义、作用、格式、形式等方面与合同大体相同。合同和协议，都可以称为契约，两者都是确立当事人双方法律关系的法律文书。

一般而言，生效的合同和协议法律效力是相同的。

2. 经济合同与协议的区别。经济合同与协议虽然有共同之处，但两者也有明显区别。经济合同的特点是明确、详细、具体，并规定违约责任；而协议的特点是没有具体标的、简单、概括，不涉及违约责任。从其区别角度来说，协议是签订合同的基础，合同是协议的具体化。

可见，经济合同与协议是两个既有共同点又有区别的概念，不能只从名称上来区分，而应该根据其实质内容来确定。如果协议的内容写得比较明确、具体、详细、齐全，并涉及违约责任，即使其名称写的是协议，也是合同；如果合同的内容写得比较概括、原则、不具体，也不涉及违约责任，即使其名称写的是合同，也不能称其为合同，而是协议。

写作训练

苏小语准备利用暑假进行为期两个月（60天）的专业岗位实习，为保障自己的合法权益不受损害，也为了更好地提升自己的技能，需要签订一份协议书。假如你是苏小语，请拟写这份关于专业实习的协议书。

项 目 六

求职文书

学习引导

求职简历是求职者应聘求职的自荐性材料，是求职成功的“敲门砖”。在求职过程中，简历筛选的淘汰率很高。求职简历一般包括求职信、个人简历、毕业生推荐表、成绩单以及各类证书复印件。其中毕业生推荐表、成绩单以及各类证书复印件属于整理类材料，不需要花费很多时间准备，而求职信、个人简历属于总结类材料，需要花费一定的时间和精力进行概括、凝练，才能准备得更好。

学习目标

知识目标：

- 了解求职信和个人简历的概念、特点和作用
- 掌握求职信的写法以及个人简历的编制方法与技巧

能力目标：

- 分析、评鉴不同求职文书的优劣
- 结合自身情况，针对应聘岗位要求，撰写一份优秀的求职文书

素质目标：

- 自觉把国家富强、民族复兴、人民幸福的目标与个人择业理想结合起来
- 养成爱岗敬业、诚信为先的职业态度和良好的信息素养
- 正确认识自我，合理定位求职目标
- 逐渐养成正确的劳动态度、良好的职业道德、健全的人格和正确的价值取向

任务 1　求职信

情境导入

习近平总书记在二十大报告中提出："青年强，则国家强。当代中国青年生逢其时，施展才干的舞台无比广阔，实现梦想的前景无比光明。"苏小语希望在毕业后学以致用，去××会计师事务所施展自己的才干，实现自己的梦想。于是，苏小语决定先投递求职简历。

求职简历一般由个人简历、求职信、毕业生推荐表、成绩单以及各类证书复印件组成。苏小语除了要准备毕业生推荐表、成绩单以及各类证书的复印件外，还需要撰写求职信、编制个人简历。

明确：学习求职信的写作。

知识聚焦

一、求职信的概念

求职信是求职者向用人单位介绍自己的情况，展示自己的才能与实力，获取面试和任用资格的一种专用书信。

［微课］求职信

二、求职信的特点

（一）自荐性

求职信就是用文字推荐自己，就和推销一样，目的都是引起"顾客"兴趣，达到成功推销自己的效果。为了获得招聘者的关注，求职者要在求职信中恰如其分地表现自己，用成绩、特长、优势，甚至是个性，吸引招聘者，力争获得面试机会或任用资格。

（二）针对性

求职信是为了求取某个职业岗位而撰写的，因而要针对求职目标，结合用人单位的性质、特点和需求，突出自己某方面的优势、特点和潜力，与求职岗位能力素养要求无关的内容不要写。针对性还启示我们，应聘不同的单位、不同的岗位，应该撰写内容侧重点不同的求职信。

（三）竞争性

求职就是竞争。在求职过程中，简历筛选的淘汰率很高，为了在这一环节不被淘汰，求职者必须高度重视，认真撰写求职信，突出自身的竞争优势，引起招聘者的关注，只有这样才可能在求职竞争中占据上风。

三、求职信的结构和写法

求职信一般由标题、称谓、正文和落款四部分构成。

（一）标题

在第一行正中间写上“求职信”，字体比正文要大一些，最好用黑体。

（二）称谓

根据应聘单位的不同写上相应的称谓。对国有企事业单位的称谓为单位名称或单位的人事处（组织人事部）处长。对民营或合资、独资企业的称谓为公司负责人或人力资源部经理。

（三）正文

这是求职信的核心内容。它是求职者个人情况的精要概括和能力展示。

1. 开头

先写问候、寒暄之语。求职信常用的开头有以下三种形式：

（1）介绍式，从自我介绍开始。例如：“我叫×××，是××大学××专业的学生，即将毕业，一直仰慕贵公司，希望在贵公司谋求××岗位工作。”

（2）信息式，从报刊、电视、招聘广告等上获得信息写起。例如：“我从《××报》上获悉（得知）贵公司（贵厂、贵校、贵单位）招聘××人员。贵公司的产品远销国内外，在业界享有良好的声誉，如有幸能成为贵公司中的一员，将是我的荣幸。”

（3）感谢式，这是一种比较谦虚的开头。例如：“感谢您在百忙之中阅读我的求职信。”

2. 主体

求职信的主体部分应围绕用人单位招聘信息的要求，有针对性地介绍自身的优势。要针对不同职位的不同要求，重点介绍自己的专业技能、特长、获奖情况和社会实践情况等。主体要求条理分明，段落清楚，不必面面俱到。

3. 结尾

提出自己的愿望和要求，如希望能获得一次面试机会。最后写上祝颂语。例如：“谨祝工作顺利，事业兴旺！”“此致　敬礼”等。

4. 附件

求职信一般都有附件，附件包括学历学位证书、职业技能等级证书、英语等级证书、计算机等级证书、普通话等级证书、成绩单、各类获奖证书等的复印件，它能证明你的学历和专业技能，显示你的竞争实力。求职信中提到的获奖证书、技能证书应在附件目录中一一标明。

（四）落款

落款包括署名和日期两部分。在正文下空一行靠右书写求职者姓名，在署名的下一行书写求职信成文的日期。

例文

求职信

尊敬的××经理：

我是湖北××学院××届会计专业应届毕业生。非常诚挚地递上我的自荐信，希望能在贵公司的会计岗位实现我的人生价值。

宝剑锋从磨砺出，梅花香自苦寒来。经过三年的专业学习和大学生活的磨炼，进校时天真、幼稚的我现已变得沉着和冷静。为了立足社会，为了实现人生理想，三年间我始终刻苦学习，砥砺前行，先后考取会计专业技术资格证书（初级）、计算机二级证书、英语四级证书、证券从业人员资格证书。同时，我还充分利用课余时间自学注册会计师相关课程，并报名参加了校级和省级的会计技能比赛，均取得了较好的成绩。

大数据时代，“互联网＋”会计已经成为会计行业的趋势，计算机和网络已经成为必备的职业工具，为此我在学好专业的前提下，阅读了计算机和网络方面的书籍，并通过大量的实践操作，熟练掌握了用友、金蝶等财务软件的操作流程和操作技巧，可以灵活地运用上述软件进行业务处理。

学习固然重要，但能力培养也必不可少。为提高自己的实践能力，从大二开始，我积极参加实习实践活动。为进一步积累实践经验，2021 年暑假，我到××会计师事务所进行了长达两个月的实习。在实习期间，我积极向有经验的同事请教，注意学习他们的工作方法，努力提高自身的业务水平，实习工作得到了实习单位领导和同事的一直好评。

十多年的寒窗苦读，现在的我已豪情满怀、信心十足。事业上的成功需要知识、毅力、汗水、机会的完美结合。我恳请贵公司给我一个机会，让我成为你们的一员，我将怀揣满腔的热情，勤奋踏实地耕耘前行。

期盼得到您的回音！

此致

敬礼

附件：1. 单项奖学金证书
　　　2. 会计专业技术资格证书（初级）
　　　3. ××××××

求职人：××

202×年××月××日

【例文简析】

这封求职信结构完整，格式规范，主体部分围绕求职岗位介绍自己的知识、技能以及实践经历，凸显了自己的竞争优势，针对性强。全文言辞恳切，求职目标定位合理，态度不卑不亢，是一封不错的求职信。

写作提示

1. 内容要绝对真实，切忌弄虚作假，否则面试时会因不诚实而被淘汰。

2. 要按照应聘岗位的要求，有针对性地展示自我。如应聘汽车维修岗位，可以写“通过主干课程的学习和一年多的实践，我具备了汽车测试、故障诊断、维修方面的技能”，这样的表述突出了自己拥有的职业技能。而“平时我的课余活动广泛，乒乓球、羽毛球、游泳都是我的强项，我还有意识地培养自己的艺术才能”，这样的兴趣爱好的介绍就显得多余。

3. 自我评价要合理中肯。“家乡纯朴的风土人情造就了真诚细致的我，努力进取是我的信念，爱好广泛、勇于挑战、活跃、健康、开朗、乐观、诚恳、细心、乐于钻研、有毅力、爱交际是我的特点，良好的专业知识、扎实的专业技能和强烈的团队意识是我人生的第一笔财富。”这样几乎完美的自我评价给人的感觉往往是不可信的。

4. 用具体事实来说明自己具备某项能力。如写自己“成绩优异”，不如写“专业排名年级第二，连续三年获得一等奖学金”；写自己“拥有顽强的意志力、持之以恒的品质”，不如写“坚持晨读621天，风雨无误”；写自己“拥有较强的组织协调能力”，不如写自己曾经组织策划的某项活动及其成效。

5. 合理把握谦虚与自信的度，既不能妄自菲薄，也不能狂妄自大。如“我相信您手中的这份求职信能给您带来惊喜！我也相信我的努力能让贵公司的事业更上一层楼”。对于初出茅庐的大学生来说，此类表述都显得浮夸自大。“我渴望在更广阔的天地里展露自己的才能，期望在实践中得到锻炼和提高，加入贵单位我会踏踏实实做好自己的工作，竭尽全力在工作中取得好的成绩，为公司发展做出应有的贡献。”在这一表述中，应聘者对自己在未来职业岗位可能发挥的作用就表达得合理适度。

任务2　个人简历

情境导入

在写好求职信后，苏小语决定制作个人简历，但她之前没有写过个人简历，于是便向已经毕业的学长请教。学长告诉她，个人简历的制作非常重要，是个人经历的精华浓缩，应该在真实的基础上兼具针对性和价值性。

明确：学习个人简历的写作。

知识聚焦

一、个人简历的概念

［微课］个人简历

个人简历有广义和狭义之分，广义的个人简历即求职简历，包括个人简历、求职信、毕业生推荐表、成绩单以及各类证书复印件等一整套资料。狭义的个人简历是求职者说明个人基本情况、教育背景、工作经历、所获荣誉等的书面材料。个人简历是对过去生活经历的精要总结，在一定程度上是一个人过去经历的浓缩。

二、个人简历制作的基本原则

（一）真实性

简历是给应聘企业的第一张“名片”，不可以撒谎，更不可以掺假，但可以进行优化处理，即可以选择把优势进行突出，将弱势进行淡化甚至忽略。例如：一个应届毕业大学生，可以重点突出在校时的学生会工作和实习、志愿者、支教等工作经历。需要注意的是，陈述经历本身固然重要，但更重要的是提炼出自己从中得到了什么有价值的经验，而这些收获能在今后持续发挥效用。如此一来，招聘条件中的“有经验者优先录用”就不会成为你的“绊脚石”了。

（二）针对性

做简历时应该结合职业规划确定自己的求职目标，做出有针对性的版本。分析不同企业的招聘信息，运用专业的语言撰写有针对性的简历，往往更容易得到认可，否则千篇一律的海投简历会让人觉得索然无味。

（三）价值性

把最有价值的内容放在简历中，无关痛痒的不需要浪费篇幅，语言宜平实、客观和精练，太感性的描述不宜出现。通常简历的篇幅为 A4 纸版面 1～2 页，不宜过长，内容最好能整理成一页。简历中尽量提供能够证明自己职业胜任力的量化数据，最好还可以提供能够提高职业含金量的成功经历，如组织策划了一项影响力广泛的社团活动、获得了某项专业技能大赛奖项等。

三、个人简历的基本内容

个人简历一般应包括以下几个方面的内容：

（一）求职意向

写明意向岗位、意向城市等。也可以只写意向岗位。

（二）基本信息

包括姓名、性别、年龄、联系方式（手机、邮箱、微信号）、毕业院校、所学专业，而籍贯、政治面貌、身体状况、特长爱好等则视个人情况以及招聘岗位需求列出。例如：如果不是党员，就可以省略政治面貌；如果招聘条件上注明要有良好的身体素质，就要写明身体状况。

（三）教育经历

写明受教育时间段、就读学校、所读专业、学历层次，一般从大学写起。注意这项是表明自己的受教育的经历，展现教育优势，特别适合高学历和有深造经验的求职者，如本项不是自身求职优势，可省略。

（四）知识技能

写明自己所具备的、与职业岗位相匹配的知识、技能、素养。对于这部分的写作，第一要注意针对性，即只写出与职业岗位相匹配的知识、技能、素养，与应聘岗位无关的内容不写；第二要尽可能用事实说话，避免空泛，如“具有良好的专业知识，成绩优异，扎实的专业技能，良好的沟通协调能力”此类语言就显得空泛，应该用专业成绩或学习方面的获奖、专业技能竞赛获奖、参加的相关校内外实践活动、组织策划的某些校内外活动等来证明。

（五）实践经历

包括校内与校外实践。校内实践主要是指担任学生干部、加入学生会或社团活动、“三下乡”实践活动、志愿者活动、校内实习实训等。校外实践包括兼职打工、企业实习等。写明实践时间、实践单位、实践岗位及主要工作内容及业绩。例如：2021.8—2021.11　海润百货　销售员　参与公司 2021 年度“十一”黄金周销售方案的制定，黄金周期间个人销售额达到×万元。

注意：这部分的写作依然要有针对性，即只写出与岗位相关的实践经历。

（六）证书与获奖

写明在校期间考取的各类职业技能等级证书以及在校期间获得的各类奖项。同类型的证书只写最高级别的，如考取了英语四级、六级证书，那就只需写出英语六级证书。这部分的写作也要有针对性，突出职业相关性，特别是证书、荣誉较多的同学。综合性荣誉、学习方面的代表性荣誉，如“三好学生”“优秀学生干部”“优秀共青团员”等，可以都列举出来。

（七）自我评价

用简要、积极的语言做出自我评价，突出自己的综合素养、个性特点、学习能力。注意不要面面俱到，依然要考虑与职业岗位需求的匹配性。

需要注意的是，以上只是个人简历的基本内容，并不是个人简历模块的固定组成，编制个人简历时可以根据自身情况设置具体模块。熊猫办公、智联招聘等网站及 WPS 等软件平台都提供了大量的简历模板，应该尽量选择一些简洁明快的模板。

例文

个人简历

求职意向：软件工程师

基本信息

姓　　名：张亮	出生年月：1989.5	二寸照片
籍　　贯：山东济南	政治面貌：中共党员	
电　　话：××××××××	毕业院校：东北大学	
邮　　箱：info@tukuppt.com	学　　历：硕士	

教育背景

- 2017.9—2020.7　硕士　东北大学　计算机系统结构
- 2013.9—2017.7　本科　东北大学　软件工程

专业技能

● 计 算 机：精通 C++，SQL Server 数据库；熟练使用 C、VB
计算机操作系统及软件测试等相关专业知识扎实
精通 AVR Studio 编程，通过 Cygwin 在 Mantis 操作系统上进行设计
对无线传感器网络底层通信协议有深入了解，能独立编写相关算法
熟悉计算机网络，对 LINUX 命令、嵌入式系统有一定的了解

● 获得认证：软件设计师、IBM Lotus 认证和 IBM DB2 700 认证

实习经历

● 2015.7—2016.8　沈阳市阳光北联电脑公司，销售、维修笔记本电脑
● 2018.12—2019.5　辽宁营口华兴软件工程公司，参与程序开发、技术支撑

校园任职

● 2015.3—2016.2　学生会办公室主任，负责学生工作计划制定、新成员培训
● 2014.9—2017.7　软件协会副主席，组织策划学校“新秀杯”软件测试大赛

获奖情况

● 2015.11　国家奖学金，宋庆龄基金会宝马优秀大学生奖学金
● 2016　××杯全国大学生软件测试大赛辽宁省二等奖
● 2017.6　辽宁省优秀毕业生

自我评价

思维活跃，善于动脑，对陌生环境具有很强的适应能力。自学能力强，基础知识扎实，对于新生事物和知识有十分强烈的好奇心和吸收能力。

【例文简析】

这份求职简历所提供的信息，无论是专业技能、实习经历，还是校园实践、获奖情况，都与求职岗位密切相关，针对性非常强，这一点值得我们学习。

写作提示

1. 内容真实，不能弄虚作假，同时要注意表述的技巧——只陈述有利信息，可以回避对求职不利的信息。

2. 语言言简意赅，凸显应聘者所具有的应聘岗位需要的职业胜任力，关键部分可以用字体加粗的方式予以突出。

3. 用具体的数据、真实的案例或相关证书来说明自己具备某项能力，切忌用“我是一个责任心很强的人，做事踏实，具有较强的语言表达能力”之类的空洞语言。

4. 最好控制在一页之内。简历的页眉、页脚处可以插入清晰的校名、校徽图标，慎用口号语。

5. 要仔细检查已成文的个人简历，简历中的名词和术语要准确，绝对不能出现错别字、语法和标点符号方面的低级错误。

6. 简历制作要美观大方，用白色 A4 纸打印，字体采用宋体、仿宋、黑体等常用字

体，切忌字体过于花哨、排版混乱。如果投递的是电子简历，要转换成 PDF 格式，以免在传输过程中格式发生变化。

写作训练

1. 分析下面这则求职信存在的主要问题。

求职信

尊敬的领导：

您好！感谢您在百忙之中能抽空审阅我的求职信。

我十分珍惜求学生涯的学习机会，在大学四年里本着严谨的求学态度，认真学习了专业知识，掌握了专业技能，涉猎了丰富的相关课外知识，有较强的自学能力和解决实际问题的能力。

学习专业技能固然重要，但能力培养也必不可少。在校期间能积极参加各项活动，在四年的大学生活中，严格要求自己，不断进取。入学以来我一直担任班级的班长，繁忙的工作不仅培养和锻炼了我的工作能力，更加锻炼了我解决问题的能力，使我面临问题的时候能够冷静分析，缜密思考，而这一切对我专业的选择都产生了深刻的影响。我在做好本职工作的同时，还积极参加学校组织的各项活动，并鼓励同学参与，为他们出谋划策。我能够紧密团结同学，我相信集体的力量是强大的，只有大家拧成一股绳，才能把各项工作做好。

在生活方面，热情待人，对于自己的过错勇于承担责任，受到老师、同学好评。能够吃苦耐劳、诚实、自信、敬业。具有较强的责任心，并且脚踏实地办好每一件事。一滴滴汗水是面对昨日舒心的微笑，也是走向未来丰沛的信心。我要用我那双冷静而善于观察的眼睛，那颗真诚而热爱事业的心，那双善于操作而有力的手，那双发誓踏平坎坷的脚，一如继往地发扬对工作求真务实、锐意进取、开拓创新的工作作风和对事业执着追求的精神，磨砺前行。诚然，缺乏经验是我的不足，但我拥有满腔的热情以及“干一行爱一行”的敬业精神。

我热爱贵公司所从事的事业，殷切地期望能够在您的领导下，为这一光荣的事业添砖加瓦，并且在实践中不断学习、进步。一个合作机会，对我来说是一次良好的开端。我期望着您的佳音。祝贵单位事业蒸蒸日上，屡创佳绩！

2. 根据自己的情况和求职意向，结合招聘网站上某一家公司的招聘启事，制作一份完整的求职简历。

项目七
行政文书

学习引导

行政文书，即公文，作为传达和贯彻党和国家的方针、政策，联系和处理各级机关公务的工具，体现着组织的意志，表达着组织的主张，显现着组织活动的行为目的，因此，公文的种类和体式取决于公文的性质和公务活动的内容与方式。不同的文种反映公文不同的内容与作用。在拟写公文时，必须从实际需要出发，根据本机关的职权范围、所处地位与发文目的，正确使用文种。

学习目标

知识目标：

- 了解行政文书的相关概念、类型及特点
- 掌握通知、通告、通报、请示、批复等行政文书的结构内容、格式等写作要求

能力目标：

- 有意识地评析、修改通知、通告、通报、请示、批复等行政文书的格式、语言、体例，使之完善
- 根据具体情况写出格式规范、内容充实、层次分明、表达清晰、逻辑缜密的行政文书

素质目标：

- 逐步形成严谨、细致的职业素养和良好的信息素养
- 树立责任感、使命感和服务意识，做到爱岗敬业，爱家爱国
- 遵守规范，注重细节，具有规则意识、大局意识

行政文书概述

一、行政文书的含义

行政文书即公文。“公文”一词的正式提出，最早见于《后汉书·刘陶传》。到了宋代，公文又被称作“文牍”。现在，人们一般把公文和文件并称。公文是指党政机关、社会团体、企事业单位用于处理公务的具有某种特定格式的文件。它由法定的作者发布并具有法定的权威性，它是传达政令和下情上传的基本手段，也是横向联系的纽带，公文完成执行效用后可转化为档案，作为历史凭证供后人查考。

行政公文是管理部门通用的一种文书。国家依靠行政公文行使对经济、文化、社会各类事物行政管理的权力。2012 年 4 月 16 日由中共中央办公厅、国务院办公厅印发，自 2012 年 7 月 1 日正式施行的《党政机关公文处理工作条例》规定：“党政机关公文是党政机关实施领导、履行职能、处理公务的具有特定效力和规范体式的文书，是传达贯彻党和国家方针政策，公布法规和规章，指导、布置和商洽工作，请示和答复问题，报告、通报和交流情况等的重要工具。”

二、行政文书的种类

（一）按适用范围分

中共中央办公厅、国务院办公厅《党政机关公文处理工作条例》规定，我国现行的法定行政公文有 15 种：决议、决定、命令（令）、公报、公告、通告、意见、通知、通报、报告、请示、批复、议案、函、纪要。

（二）按行文方向分

按行文方向，行政公文可分为上行文、平行文和下行文。上行文是下级机关向上级机关的行文，如请示、报告等。平行文是不相隶属机关（包括平级机关）之间的行文，如函等。下行文是上级机关对下级机关的行文，如命令、通知、决定等。

（三）按公文的办理时限分

按办理时限，行政公文可分为特急、急件、一般文件 3 类。

（四）按保密级别分

按保密级别，行政公文可分为绝密、机密、秘密 3 个等级。

三、行政文书的特点

（一）作者的法定性

公文的制发者必须是法定的制发者。法定的制发者是指依法成立并能以自己的名义行使法定的职权和承担一定义务的组织或个人，如各级党政机关、人民团体、企事业单位。

（二）权威的法定性

公文具有法律约束力，借助公文发布的一些法规性文件，国家强制力保证执行，任何单位和个人不得违反。

（三）体例、样式的规范性

公文的体例、样式（包括公文的种类、格式、行文规则、语言及处理办法等）由国务院办公厅统一制定，不得随意更改。

（四）程序的特定性

公文的处理程序包括制文、发文、收文、阅文、办文等，均有特定的要求，如制文包括草拟、审核、签发、缮印、校对、用印等环节，每一道程序都有严格的规定。

四、行政文书的行文格式

《党政机关公文处理工作条例》第九条规定："公文一般由份号、密级和保密期限、紧急程度、发文机关标志、发文字号、签发人、标题、主送机关、正文、附件说明、发文机关署名、成文日期、印章、附注、附件、抄送机关、印发机关和印发日期、页码等组成。"总体而言，公文包括文头、正文和文尾 3 个部分。

（一）文头

文头又称为版头、稿头，位于公文首页上端，由文件名称、发文字号、秘密等级和保密期限、紧急程度、签发人组成。

1. 文件名称

文件名称由发文机关全称或规范化的简称加"文件"二字组成。几个单位联合行文时，主办的单位名称排列在最前面。

文件名称位于文头部分的正中，用小标宋体，红色标识（故有"红头文件"之说）。字号最大不超过 22mm×15mm，上边缘至版心上边缘为 25mm；上报的公文，发文机关上边缘至版心上边缘为 80mm。

2. 发文字号

发文字号是公文的特殊标志，主要是为了便于收发文单位分类、统计，同时便于引用和查询。发文字号由机关代号、年份、顺序号三部分组成，如"国发〔2021〕10 号"，代表国务院在 2021 年发的第 10 号文件。联合行文时，只标注主办机关的发文字号。在文件名称下空两行，居中排列，但文头有"签发人"时，其位置略向左移，使用 3 号仿宋体。年份、序号用阿拉伯数字标识；年份应标全称，写在六角括号"〔〕"里；序号不编虚位（即 1 不编为 01），不加"第"字。发文字号之下 4mm 处印一条与版心等宽的红色反线。

3. 秘密等级和保密期限

内容涉及党和国家机密的公文需在文头部分标注秘密等级，以限定此文件只能在限定的时间、范围传达和阅办，确保机密的安全。其中绝密文件的保密期限一般不超过 30 年，机密文件不超过 20 年，秘密文件不超过 10 年。标注位于文头左上角第一行，使用 3 号黑体。标注方法为：秘密等级★保密期限。

4. 紧急程度

紧急程度是指公文送达和处理的时限要求。紧急公文应当根据紧急程度分别标明“特急”“急件”，位于秘密等级之下；如无秘密等级，则在文头左上角第一行，使用3号黑体字标注。如需同时标识秘密等级与紧急程度，秘密等级顶格标识在版心左上角第1行，紧急程度顶格标识在版心左上角第2行。

5. 签发人

签发人指代表发文机关核准并签发公文的领导人姓名。上行文必须标注签发人，位置在发文字号的同行右侧。“签发人”三个字使用3号仿宋体，签发人姓名使用3号楷体。

（二）正文

这部分是公文的主体和核心，包括标题、主送机关、正文、附件、署名和印章、成文日期、附注等内容。

1. 标题

公文标题就是公文的名称，用来揭示公文的主旨，处在公文首页的核心位置，在文头横线以下分一行或多行居中书写，使用2号小标宋体。完整的公文式标题由发文机关、发文事由、文种三部分构成，如《国家邮政局关于适当调整邮政基本资费的通知》，其中“国家邮政局”是发文机关，“关于适当调整邮政基本资费”是发文事由，“通知”是文种。但在某些情况下，公文标题也可采用规范的省略形式，其省略形式主要有两种：一种是省略发文机关，如《关于赴美考察的请示》；另一种是省略发文事由，如《中华人民共和国主席令》。此外，有一些普发性的公文，如在公共场合张贴的通报，可以直接以文种《通报》作为标题。

2. 主送机关

主送机关是指公文行文的对象，即发文机关要求其主办答复或知晓文中事项的受文单位。除少量面向全社会或某单位全体人员发布的普发性公文外，都应当注明主送机关。一般而言，上行文和平行文只有一个主送机关，而下行文的主送机关可以有多个，机关间按系统、级别排列，不同系统、级别间加逗号，同一系统、级别间用顿号，如“各省、自治区、直辖市人民政府，国务院各部委、各直属机关”。主送机关应顶格而写，用机关全称或规范化的简称，采用3号仿宋体。

3. 正文

正文部分是公文的主体和核心，包括开头、主体和结尾三个部分。开头部分又称为引据部分，用于说明发文的目的、依据和缘由。主体部分是正文的核心，用以交代发文的事项，不同文种内容侧重上各有不同，如向上级机关反映情况、汇报工作要简述事实经过，向下级机关做出指示要详细说明和交代工作任务和执行方法。结尾部分主要写发文单位对受理单位就如何处理公文提出的要求，有时也可使用一些规范化的语句结尾，如“特此通知”“专此函复”等。

4. 附件

附件是随文附上的有关照片、图表、统计数字以及文字依据材料、参考材料等，用以对公文正文内容作补充、说明和印证。

附件位于正文下行，采用3号仿宋体。

5. 署名和印章

署名即发文机关的落款，应写机关全称或规范化简称，几个机关联合发文，主办机关排列在前。位置在附件下方右侧，署名上要加盖印章（会议纪要可不加盖印章）。印章是公文生效的标志，加盖印章要上不压正文，下压在成文日期上，还应骑年盖月。

6. 成文日期

成文日期是公文生效的法定时间，以领导人签发的日期为准（联合行文以最后一个机关领导人的签发日期为准，会议通过的公文以通过日期为准）。成文时间用公元纪年、阿拉伯数字书写，要将年、月、日标全，如“2021年7月1日”。

7. 附注

附注是对正文的某些内容或有关事项、要求的注解和说明，一般分为两种情况：一种是注释说明正文中的一些不易夹注的名词术语；另一种是用以标注公文的传达范围和阅读对象，如“此文发至省部级”。需要注意的是，“请示”应当在“附注”处注明联系人的姓名和电话，以便联系。

附注位于成文日期下一行，采用3号仿宋体。

（三）文尾

文尾部分又称为版记部分，包括主题词、抄送（报）机关、印发机关和印发时间、印发份数等内容。

1. 主题词

主题词也称为“叙词”，是用以揭示公文的主题思想和核心内容的规范化的名词或名词性的词组。主题词的选取范围应参照中央和地方政府制定的主题词表。一份文件的主题词数量以3～5个为宜，最多不超过8个。在标引主题词时，应根据主题词所表达的概念，由大到小依次排列，且最后一个主题词必须是文种名称。

主题词居左顶格标识，采用3号黑体。

2. 抄送（报）机关

抄送（报）机关是指主送机关之外的需要送达的其他机关，这些机关有了解公文内容的必要，但对公文不负有答复与办理的责任。一般而言，对上级用“抄报”，对平级用“抄送”。

抄送机关位于主题词下一行，左空一字，采用3号仿宋体。抄送机关间用逗号隔开。

3. 印发机关和印发时间

印发机关多数是指发文机关里负责制发公文的办公室。印发时间是指印发该公文的实际时间，与成文时间不是一个概念。

印发机关和印发时间位于抄送机关下一行（无抄送机关时位于主题词之下），用3号仿宋体。印发机关左空一字，印发日期右空一字，用阿拉伯数字将年、月、日标全，年份应标全称，月、日不编虚位（即1不编为01），后加“印发”二字。

4. 印发份数

标明印发份数，便于内部文件的回收。

五、行政文书的用纸与印装格式

公文用纸一般采用国际标准A4型，即210mm×297mm，纸张的白度为85%～90%，横向耐磨度≥85%，pH酸碱度为7.5～9.5。张贴的公文用纸大小根据实际需要确定。公文用纸页边与版心大小为：大头（上白边）为37mm±1mm，订口（左白边）为28mm±1mm，版心尺寸为156mm×225mm（不含页码）。为了方便公文整理、装订和阅读，公文文字的书写或印刷一律从左至右横排。在民族自治地方，可以并用汉字和通用的少数民族文字（按其习惯书写、排版）。公文正文每页排版22行，每行排28个字，一般采取双面印刷，左侧装订，不压文字，不掉页，少数民族按其习惯装订。

例文

机密★1年
特急

××××××××文件

×××〔202×〕1号

关于××××××××通知

××××：

××

附件：××××××××××××××××××××

××××（发文机关）
202×年××月××日

主题词：××××××××××
抄送：××××××××××××××××××××

××××（印发机关）　　202×年×月××日印发

任务1 通知

情境导入

大学毕业后，苏小语最终入职××公司，主要负责文书处理工作，今天她接到一个任务：替总公司草拟一份通知。通知怎么写？怎样才能写出一份格式规范、内容恰当的通知呢？

明确：学习通知的写作。

知识聚焦

一、通知的概念

[微课] 通知

通知适用于发布法规、规章，转发上级机关、同级机关和不相隶属机关的公文，批转下级机关的公文，要求下级机关办理某项事务等。它主要是一种指挥性、知照性下行文，在现行行政文书中，它是一种使用频率很高的文种。

二、通知的分类

根据功能和用途，可把通知分为以下几类：

（一）批转性通知

对下级机关报送的公文加批语后转发给其他下级机关的公文，要求有关单位执行或参照执行。如《国务院批转国家发展改革委关于20××年深化经济体制改革重点工作意见的通知》。

（二）转发性通知

转发类通知与批转类通知不同，可以转发上级机关、同级机关或不相隶属机关的公文。如《××镇人民政府转发关于进一步加强文明创建决胜脱贫攻坚助推乡村振兴工作的通知》。

（三）发布性通知

将本机关有关规章、会议文件和领导讲话等发给下级机关的公文。如《农业农村部关于印发〈全国乡村产业发展规划（2020—2025年）〉的通知》。

（四）传达性通知

传达要求下级机关执行和有关单位周知或者执行的事项的公文。如《扬州市旅游局关于传达全省安全生产工作紧急电视电话会议精神的通知》。

三、通知的特点

通知具有三个特点：

（一）功能的多样性

在下行文中，通知的功能是最为丰富的。它可以用来布置工作、传达指示、晓谕事项、发布规章、批转和转发文件、任免干部等。

（二）使用的广泛性

通知不受发文机关级别高低的限制，大到国家级的党政机关，小到基层的企事业单位，都可以发布通知。通知的行文路线并没有严格的限制，主要用作上级机关对下级机关、组织对所属成员的下行文。但平行机关之间、不相隶属的机关之间，有时也可使用通知知照有关事项，如晓谕事项的通知可以发往不相隶属机关。通知写作灵活自由，使用比较方便。

（三）明显的时效性

通知事项一般是要求立即办理、执行或知晓的，不容拖延。有的通知（如会议通知）只在指定的一段时间内有效。

四、通知的结构和写法

通知一般由四个部分构成：标题、主送机关、正文、落款。

（一）标题

标题一般由发文机关、事由、文种三个部分组成。发文机关要用全称或规范化简称，事由应是通知的主要内容，要准确、简要。如果事由十分重要或非常紧急，可在文种前加上“重要”“紧急”等词语，如《关于防止发生重大火灾事故的紧急通知》。如果是两个或者两个以上的机关联合发文，可以在文种前加上“联合”二字。如果是对前不久发的文件内容进行补充，可以在文种前加上“补充”二字。

标题有时可以省略发文机关和事由部分，如在文头中已标明发文机关，标题中的发文机关就可以省略；如事由单一、内容简短的通知，其事由部分也可以省略。

（二）主送机关

主送机关在标题之下、正文之上顶格写起。如果是向下级机关普遍发送的公文，主送机关名称按惯例排列，如《国务院办公厅关于发布〈国家行政机关公文处理办法〉的通知》，其主送机关排列为“各省、自治区、直辖市人民政府，国务院各部委、各直属机构”。单位向内部下级机构发文，可根据本身的机构设置情况，用“各处室”“各车间”等统称。

（三）正文

正文一般由通知的缘由、通知事项、结尾三个部分构成。具体写法根据通知类型不同也有所不同。

1. 通知的缘由

通知的缘由是通知正文的导语。要交代清楚为什么制发该通知，如交代有关背景、根据、目的、意义等。除特别需要外，一般要写得简洁明了。段末一般用过渡用语，如“特通知如下”“现通知如下”“现将有关事项通知如下”“现就有关问题通知如下”“特作如下紧急通知”等。

2. 通知事项

通知事项是通知正文的核心部分。如果通知事项单一，可以段篇合一，不分条款；如果通知的事项较多，则要分条列款，这样可以更清楚明白，便于理解执行。

（1）批转性通知首先对被转公文进行批示，然后交代转发，再提出执行要求，或做出指示，或做出政策性的规定。

（2）转发通知首先指明转发文件的目的、依据、态度，然后交代转发，再向下级提出要求或做出具体执行规定。

（3）发布性通知的写法与批转性、转发性通知的写法大体相同。其中任免通知只需写明什么会议决定，任命什么人担任什么职务，免去什么人的什么职务即可，不必说明原因。

（4）传达性通知首先写部署工作、任务的依据、目的、意义等，再写对具体工作、任务的部署，最后对受文单位提出希望或要求，如“请遵照（贯彻、参照、研究）执行”“请认真贯彻执行”“特此通知，望认真执行”“本通知自下发之日起实行”“自××××年××月××日起执行”“将执行的情况于××××年××月××日上报×处”等。

3. 结尾

常见的结尾有三种写法：一是专用尾语“特此通知”；二是规定实施日期的尾语“本通知自××××年××月××日起实施”；三是提出希望和要求的结尾。如无必要，可以省略这一部分。

（四）落款

发文机关署发文机关全称或者规范化简称。成文日期署会议通过或者发文机关负责人签发的日期。联合行文时，署最后签发机关负责人签发的日期。公文中有发文机关署名的，应当加盖发文机关印章，并与署名机关相符。有特定发文机关标志的普发性公文和电报可以不加盖印章。

例文1

国务院批转国家发展改革委关于20××年
深化经济体制改革重点工作意见的通知

国发〔20××〕27号

各省、自治区、直辖市人民政府，国务院各部委、各直属机构：

国务院同意国家发展改革委《关于20××年深化经济体制改革重点工作的意见》，现转发给你们，请认真贯彻执行。

附件：《关于20××年深化经济体制改革重点工作的意见》

国务院

20××年4月13日

【例文简析】

这是一份批转性通知。标题用“发文机关+事由+文种”的形式，并用“批转”二字明示通知的性质。正文是该通知的核心内容，述明三个要点：第一，批示“同意”这个意见；第二，将其“批转”；第三，提出执行的要求。该通知简明扼要，符合批转性通知的写作规范。

例文2

转发关于进一步加强文明创建决胜脱贫攻坚助推乡村振兴工作的通知

各村（居）委会、有关单位：

现将×市精神文明建设委员会办公室《关于进一步加强文明创建决胜脱贫攻坚助推乡村振兴工作的通知》（×市文明通〔202×〕7号）转发给你们，请按照文件精神，认真贯彻落实。

附件：《关于进一步加强文明创建决胜脱贫攻坚助推乡村振兴工作的通知》

××镇党政办公室（印章）

202×年4月15日

【例文简析】

这是一则转发性通知，结构简洁明了。开门见山地交代需转发的文件，提出要求，文后附上相关附件。全文简练、紧凑、清晰。

例文3

农业农村部关于印发《全国乡村产业发展规划（2020—2025年）》的通知

农产发〔202×〕4号

各省、自治区、直辖市农业农村（农牧）厅（局、委），新疆生产建设兵团农业农村局：

为深入贯彻党中央、国务院决策部署，加快发展乡村产业，依据《国务院关于促进乡村产业振兴的指导意见》，我部编制了《全国乡村产业发展规划（2020—2025年）》。现印发你们，请认真贯彻执行。

附件：《全国乡村产业发展规划（2020—2025年）》

农业农村部（印章）

202×年7月9日

【例文简析】

这是一则发布性通知。正文首先写制定《全国乡村产业发展规划（2020—2025年）》的目的、依据；紧接着是印发给收文单位，并提出认真贯彻执行的要求；最后附上《全国乡村产业发展规划（2020—2025年）》全文，供收文单位学习。

例文 4

××市旅游局关于传达全省安全生产工作紧急电视电话会议精神的通知

各县（市、区）旅游局，市经济技术开发区、××风景名胜区、生态科技新城旅游管理部门：

202×年12月10日晚，省政府召开全省安全生产工作紧急电视电话会议，市政府主要领导在××分会场参加了会议并作了讲话。现将会议精神传达给你们，请及时传达到辖区旅游企业，并迅速开展旅游安全检查和整治工作。

一是各地要认清当前安全生产形势。全面贯彻党的十九大精神，严格落实安全生产责任，超前研判各类安全风险，采取切实可行的安全管控措施，全力防范遏制重特大事故、压降一般事故，有效提升防灾减灾救灾能力，确保全市安全生产形势的持续稳定。

二是要迅速开展安全生产大检查。各地要在前一阶段工作的基础上，深入开展旅游安全综合整治，进一步加强旅游活动各个环节的安全监管，特别是对非法从事经营单位，坚决予以打击和取缔，彻底消除安全隐患。

三是扎实推进重点行业领域专项整治。各地要始终把防范遏制重特大事故摆在重中之重的突出位置，结合冬季安全生产工作特点，深化重点行业领域安全专项整治，特别是要联合交通、质监、消防等部门开展旅游交通、住宿、餐饮及游乐设施等方面的整治。

四是深入推进安全生产问题隐患整改落实。各地要把隐患排查整改作为重要抓手，保持严查严管的思想不松、力度不减，深入排查、有效管控各类安全风险，及时整治消除各类事故隐患，坚决防止因风险管控不到位、隐患整治不彻底而发生事故。要对今年安全生产大检查期间尚未完成整改的问题隐患，加强跟踪检查，强力督促整改，全面形成整治闭环管理。要建立隐患台账，及时督办，严格整改措施，限期整改到位。

五是全面提升安全生产事故防范能力。各地要进一步提高思想认识，紧绷安全生产这根弦，严格落实安全生产属地责任和企业主体责任。要切实强化应急处置演练，将桌面演练与实际演练结合起来，使企业处置预案与政府部门预案有效衔接。要健全完善安全生产预测预报预防工作，健全联动响应工作机制，及时发布灾害性天气预警信息。要广泛宣传冬季安全知识、逃生自救等常识，认真组织企业员工应急教育培训，切实提高避险救灾技能和事故初期处置能力。要严格执行领导干部到岗带班、关键岗位24小时值班，确保一旦发生事故或险情能快速应对、有效稳控，努力把事故损失减少到最低程度。

希望各单位高度重视，认真贯彻，确保我市旅游市场持续健康发展。

××市旅游局（印章）

202×年××月××日

【例文简析】

这是一则传达性通知。标题用“发文机关＋事由＋文种”的形式，并用“传达”二字明示通知的性质。正文部分第一段交代该通知的发文背景、依据，并对受文单位提出要求。接下来的文字则具体传达会议相关精神。

写作提示

注意不要混淆通知和通告。

通知和通告都属于告知文书，很多人很容易把二者混淆，其实它们有明显的区别：在内容上，通告大多简明扼要，而通知大多详细具体；在规格上，通告也比通知要高；两者的告知方式也不尽相同，通告多用张贴、登报或广播电视播发，而通知一般以文件形式印发，仅个别普发性文件由新闻单位公布；通告没有严格的格式，没有文件版头，没有秘密等级、急缓程度等附加标记，而通知的成文必须遵守严格的格式，有的还有文件版头，根据内容划分秘密等级，并标注急缓程度。

写作训练

1. 修改下面的通知。

关于××大学系统升级的通知

各单位：

学校经研究决定计划于近期对现用OA办公系统进行版本升级。现将有关事项通知如下。

1. OA办公系统进行升级部署期间，现有OA办公系统电脑端、移动端将停止运行。如有紧急文件请提前用纸质版公文流转单进行公文流转。

2. 为使全校办公室工作人员尽快熟悉并适应新版OA办公系统，学校办公室与信息化办公室将于7月3日（星期五）采用腾讯会议平台举行线上培训会（会议号：724907716）。届时，请各单位安排至少1名办公室老师参会。

学校办公室

信息化办公室

2021年8月28日

2. 公司要求苏小语根据下面材料，替总公司草拟一份通知。

为纠正不正之风，加强廉政建设，根据中央的指示精神，要求各公司、各机构、各部门加强财经监督，切实教育干部职工严守财经纪律，不得利用一切职务的方便索贿受贿；不得动用公款私自请客、送礼或用公款购买香烟招待客户，领导干部和财务人员不能利用职权或职务之便挪用公款，任何借款都需要通过正常手续的批准，否则，要当贪污论处。总公司将在 12 月底对各单位执行情况进行大检查。发通知日期为 202×年 2 月 10 日。

任务 2　通告

情境导入

采购、财务、人力、营销等部门是苏小语所在公司为业务单位服务的重要窗口单位，服务大厅来往人员较多，属于人群聚集区，也是新冠肺炎疫情防控的重点区域。为加强疫情防控工作，有效减少人员聚集，阻断疫情传播，更好地保障人民群众生命安全和身体健康，××公司需将疫情防控期间外来人员办理业务的相关事宜通告给相关业务单位，因此苏小语需要拟写一则通告。

明确： 学习通告的写作。

知识聚焦

一、通告的概念

通告是在一定范围内公布社会有关方面应当周知或遵守事项的公文。通告的适用范围广泛，各级政府及其职能部门、各企事业单位和社会团体都可以使用。

[微课] 通告

二、通告的特点

（一）法规性

通告的内容往往是交代政策和宣布有关规定，它具有行政约束力，在某些情况下还具有法律效力。

（二）专业性

通告往往是针对实际业务活动而发布的，内容要求详尽具体。

（三）普遍性

通告的内容及制发单位均十分广泛，国家领导机关和地方各级行政机关以及基层、企事业单位均可以根据需要制发通告。

三、通告的分类

（一）周知类通告

这类通告用来告知具体业务。如《关于××小区停水的通告》。

（二）遵守类通告

这类通告用来公布法规政策，有关人员要在知晓的基础上遵守。如《关于打击盗窃和走私文物的通告》。

四、通告的结构和写法

通告一般由标题、正文和落款三部分构成。

（一）标题

通告的标题拟法较为灵活，大致有以下几种情况：

（1）发文机关＋事由＋文种。如《××市交通管理局关于××大桥改造施工的通告》。

（2）发文机关＋文种。如《××市房地产管理局通告》。

（3）事由＋文种。如《关于××道路禁止通行的通告》。

（4）只写文种，即《通告》。如遇特别紧急情况，可在通告前加上“紧急”二字。

（二）正文

通告的正文一般由通告缘由、通告事项、通告结尾三部分构成。

1. 通告缘由

通告的开头，简要地讲明发布通告的目的与依据。依据大致有两种类型，一是法律依据或政策依据，二是理论依据或事实依据。这部分要写得十分简明，高度概括。经常用“为了……”“根据……”“由于……”等短语，比较简洁。写完通告缘由之后，用“特此通告”“现（将有关事项）通告如下”过渡，转入事项部分。

2. 通告事项

这部分是通告的重点，要求写清楚通告事项的具体内容。首先要做到条理分明、层次清晰。内容简单时，可采用贯通式写法；内容较多时，要采用分条、分款的写法。其次要做到明确具体，清楚说明收文对象应执行的事项，便于理解和执行。

3. 通告结尾

有的通告提出要求希望或执行期限。有的通告以“特此通告”或“本通告自发布之日起实施”为结语，以示强调，引起注意。也可以秃尾。

（三）落款

包括发文单位和成文日期，并加盖单位公章。若标题已有发文单位，此处亦可省略。

例文 1

停水通告

一、停水事由

为配合××大道综合管廊建设施工，××将对××大道××路供水管道进行停水迁改。

二、停水时间

7 月 14 日 22:00—7 月 15 日 6:00。

三、停水范围

××××小区、××××小区、××××小区、××××小区、××××小区、××××小区受此影响停水。

四、友情提示

1. 请停水区域内的用户做好储水准备，提前储存足够的生活用水，避免因缺水影响正常生活。

2. 管理好家中的用水设施，在家中无人监管时一定要关闭水龙头、阀门等开关，避免恢复供水后造成跑水，形成财产损失。

3. 在恢复正常用水后，管道中的余水尽量排净后再使用，建议居民将家中水龙头打开放水 3 到 5 分钟，如水色异常，建议延长放水时间，待水色恢复正常后可以如常使用。

4. 停水期间，公司将密切关注施工进度，保证工程施工完毕立即开始供水。因停水给您用水带来不便，敬请谅解。

5. 如有其他用水需求可关注微信公众号【××××水务服务号】，通过"网上营业厅"进行业务咨询与办理。

××××水务有限公司（印章）

202×年 7 月 8 日

【例文简析】

这是一则周知类通告。标题由事由、文种组成。正文部分依次交代发布本通告的原因及具体事项。行文条理清晰，语言平实，层次分明。

例文 2

关于 2021 淮安西游乐园淮安马拉松比赛期间对部分路段实施临时交通限行的通告

2021 淮安西游乐园淮安马拉松比赛将于 4 月 18 日 7:30 至 13:30 在我市举行。为确保赛事活动安全顺利举办，维护道路交通安全，根据《中华人民共和国道路交通安全法》等相关法律规定，现决定在赛事期间对部分路段实施临时交通限行，通告如下：

一、比赛线路

1. 全程马拉松（42.195 千米）：行政审批中心→翔宇大道→枚皋路→承恩大道→楚州大道→永怀路→韩信北路→镇淮楼东西路→西长街→西门大街→北门大街→友谊街→里运河东堤→城河街→翔宇大道→静园路→滨河大道→滨河大道与静园路交叉口→滨河大道→漕城路→通甫路→明远路→万瑞路→海天路→万康路→枚皋路→通甫路→淮安市体育中心。

2. 迷你马拉松（7.5 千米）：行政审批中心→翔宇大道→枚皋路→明志路。

二、交通限行措施

1. 2021年4月17日20:00起，对翔宇大道（水渡口大道至深圳路段）西半幅道路、越秀路（翔宇大道至清扬路段）、明志路（枚皋路至景会路段）、通源路（香樟路至明志路段）实施临时交通限行，禁止机动车、非机动车通行。

2. 2021年4月18日5:00起，对翔宇大道（水渡口大道至深圳路段）东半幅道路、清扬路（环宇路至会展南路段）、环宇路（水渡口大道至清扬路段）、会展南路实施临时交通限行，禁止机动车通行；珠海路（南昌路至翔宇大道段）禁止机动车向西（翔宇大道方向）通行。

3. 2021年4月18日7:00起，对翔宇大道（深圳路至枚皋路段）、枚皋路（万瑞路至山阳湾路段）实施临时交通限行，禁止机动车通行。与翔宇大道（深圳路至枚皋路段）相邻的深圳路（康育路至翔宇大道段）、康城路（康乐路至翔宇大道段）、机场路（康育路至翔宇大道段）、厦门路（无锡路至翔宇大道段）、青岛路（南昌路至翔宇大道段）、迎宾大道（南昌路至翔宇大道段）、大连路（济南路至翔宇大道段）、汕头路（武汉路至翔宇大道段）、台州路（韩泰路至翔宇大道段）、三亚路（合肥路至翔宇大道段）、云林路（福缘巷至翔宇大道段）、福地路（通源路至翔宇大道段）禁止机动车向西（翔宇大道方向）通行，和平路（清扬路至翔宇大道段）、清扬路（亿力未来城三期停车场出入口至翔宇大道段）、天津路（解放东路至翔宇大道段）禁止机动车向东（翔宇大道方向）通行，翔宇北道（健康东路至水渡口大道段）禁止机动车向南（水渡广场方向）通行，八亭桥往翔宇大道出口禁止机动车驶出；与枚皋路（万瑞路至山阳湾路段）相邻的致远路（篆香楼路至枚皋路段）、凤里路（篆香楼路至枚皋路段）禁止机动车向南（枚皋路方向）通行。

4. 2021年4月18日7:30起，对景会路（福地路至致远路段）、承恩大道（景会路至梁红玉路段）、楚州大道（承恩大道至关天培路段）、永怀路（经八路至名人亭段）、韩信路（永怀路至镇淮楼东西路段）、镇淮楼东西路（东长街至人民桥段）、西长街（兴文街至友谊路段）、东西门大街（里运河东堤至东长街段）、北门大街（东西门大街至长安路段）、友谊路（名人亭至城西北路段）、里运河东堤（人民桥至河下大桥段）、城河街（里运河东堤至翔宇大道段）实施临时交通限行，禁止机动车通行。与承恩大道（景会路至梁红玉路段）相邻的沁春路（山阳湾路至承恩大道段）、安澜路（枚皋路至承恩大道段）禁止机动车向南（承恩大道方向）通行。

5. 2021年4月18日8:00起，对翔宇大道（北门大街至枚皋路段）、静园路、滨河大道（怡园路至漕城路段）、漕城路（滨河大道至通甫路段）实施临时交通限行，禁止机动车通行；延安东路（新庄路至通甫路段）禁止机动车向东通行；通甫路大桥北侧辅道禁止机动车向北通行。

6. 2021年4月18日8:30起，对通甫路（漕城路至枚乘路段，龙江路至白云路段）、明远路（合意路至S247段）、万瑞路（S247至海天路段）、海天路（万瑞路至通甫路段）、万康路（海天路至富城路段）、枚皋路（万瑞路至富城路段）、富城路（枚皋路至万瑞路段）、拱辰路（白云路至富城路段）实施临时交通限行，禁止机动车通行。

与通甫路（潸城路至枚乘路段）相邻的正大路（九龙湖小区北门至通甫路段）禁止机动车向东通行，正大路（鼎泰沁园小区南门至通甫路段）禁止机动车向西通行，延安东路高架往通甫路出口禁止机动车驶出；与万瑞路（S247至海天路段）相邻的乐善路（顺宁路以南段）沿线交叉路口禁止机动车向西（万瑞路方向）通行，万康路（顺宁路至富城路段）沿线交叉路口禁止机动车向东（万瑞路方向）通行；与万康路（海天路至枚皋路段）相邻的沈湖路沿线交叉路口禁止机动车向东（万康路方向）通行。

7. 2021年4月18日8:00起，对S247（G233至G205段）实施临时交通限行，禁止货车通行。其中S247（通甫路至南京路段）禁止机动车通行。过往车辆可从G205、G233等道路绕行。

上述临时交通限行路段，根据比赛情况逐段恢复正常交通。比赛期间，根据安保活动需要，视情对非机动车采取临时交通限行措施。比赛道路禁止车辆停放，沿线各交叉口的车辆和行人，须服从执勤人员的指挥管理，无关车辆、行人不得进入比赛道路。

三、清江浦区与淮安区通行线路

1. 迎宾大道高架—东站高架—G233。

2. 水渡口大道—S247—深圳路—鸿海路—梁红玉路。

3. 榷关路—运北东路—淮海南路。

4. 宁连路—武黄路—黄码大桥。

5. 盐徐高速公路淮安南出口—马甸出口。

因赛事活动给市民的交通出行带来不便，敬请谅解。

特此通告。

淮安市公安局

2021年4月9日

【例文简析】

这是一则遵守类通告。标题由事由、文种组成。正文开头部分交代了发布本通告的原因和目的，末句以“通告如下”引出通告事项。通告的规定和要求分条列项地写出，层次分明，语言平实，语气严肃。

写作提示

公告、通告都是公开发表的告知性公文，但它们之间有着明显差别。

1. 发文单位不同。公告的受文对象最为广泛，如新华社受权发表的我国将向太平洋发射运载火箭的公告，受文对象为全世界。通告的受文对象往往带有地区性，虽然它有时可以打破地区界限，告之全国，但绝不能向国外发布。

2. 内容与作用不同。公告所宣布的是国内外关注的重大事项或涉及面较广的重要事项，行文要简短。通告所发布的是需要公众周知和遵守的事项，多属一般性事务，内容较多，正文部分常常要分条、分项书写。

3. 发文方式不一样。通告多用于张贴在街道、市场或司法机关附近等有关地方。公告多通过报纸、电台等来发布。

写作训练

1. 公司要求苏小语根据情境及下面的材料，替总公司草拟一份条理清晰、行文规范的通告。

为加强疫情防控工作，有效减少人员聚集，阻断疫情传播，更好地保障人民群众生命安全和身体健康，××公司经研究决定：(1) 推行“不见面”服务，无须现场办理的业务可通过公众号“××业务通”办理。(2) 推行现场业务办理预约制。如确需到业务大厅现场办理业务，首先，建议提前拨打相关部门或业务人员电话进行预约，尽量安排错峰办理，以减少在大厅等待逗留的时间。业务办理完毕后，请尽快离开大厅，不要在公司内逗留或闲聊。如非紧急业务，请通过电话方式先行咨询相关业务，尽量远程办理。其次，请务必佩戴防护口罩，主动配合保卫人员做好体温检测和身份登记等工作。伴有发热、咳嗽等呼吸道感染症状的，请暂不进入公司办理业务。离开大厅时，请将用过的纸巾和口罩随身带走妥善处理，不要随手丢弃。

各业务部门自202×年2月10日起对外办理业务。

2. 根据以下材料，代××市交通管理局拟写一份实行交通管制的通告。

为保障一环路××大学路口跨线立交桥工程的顺利实施，从本月6日（除夕）开始至6月30日，××东路至一环路××大学路口将禁止除公交车以外的所有机动车通行。此举是为了修建跨线立交桥，为以后地铁2号线施工做好准备。

任务3　通报

情境导入

在苏小语工作期间，公司宿舍发生了一件事情。公司销售部的职员张川违反规定在宿舍床上吸烟导致被子等物品着火，引起了火灾，虽然扑救及时没有人员伤亡，但还是造成了数千元个人财物损失。为了避免类似事故的再次发生，公司领导决定对张川提出通报批评，通报写作的任务就交给苏小语了。

明确：学习通报的写作。

知识聚焦

一、通报的概念

通报，是用来表彰先进、批评错误、传达重要精神或者告知重要情况的公文。它的使用范围很广，各级党政机关和单位都可以使用。它的作用是表扬好人好事，批评错误和歪风邪气。通报应告知的是引以为戒

［微课］通报

的恶性事故，传达重要情况以及需要各单位知道的事项，以便宣传教育干部群众，推动工作的进一步开展。

二、通报的特点

（一）内容的真实性

真实性是通报的生命，是制发通报的重要前提，否则通报就失去了本身存在的意义。

（二）作用的双重性

通报具有两个作用：一是教育作用，二是交流作用。

（三）行文的时效性

对于先进事迹、典型经验、重要情况，只有及时通报才能更好地推广，更好地发挥其作用；对于坏人坏事、反面典型，也只有及时通报才能更好地起到警示作用，以杜绝类似事件的发生。

三、通报的分类

通报可分为表扬通报、批评通报和情况通报三种。

（一）表扬通报

表扬通报用来表彰先进人物或先进集体、介绍先进事迹、推广典型经验，是从高层机关到基层单位都广泛采用的常用公文类型。如《关于表彰202×年度优秀会员企业及先进个人的通报》。

（二）批评通报

批评通报是对工作中发生、出现的重大事故、重大失误、错误倾向、不良风气提出批评时使用的公文文种，有针砭、警示、纠正的作用。批评通报可以针对个人所犯的错误制发，也可以针对某一部门、单位的不良现象制发，还可以针对普遍存在的某种问题制发。如《关于×××同学考试作弊的通报》。

（三）情况通报

情况通报用来传达重要精神、沟通重要情况。为了让下级单位对一些重要事件或全局状况有所了解，上级机关应该适时发布这样的通报。常见的工作情况通报的内容主要有工作进展情况、落实情况、评比检查结果等。如《中共××市委关于巡视整改进展情况的通报》。

四、通报的结构和写法

通报一般由标题、主送机关、正文和落款四部分构成。

（一）标题

通报的标题，在结构上与一般应用文类同，完整形式都是发文机关＋事由＋文种。但“事由”部分的写法有其自身的特点。

表扬通报，标题中往往要加上“表彰”字样。如《××人民政府关于表彰教育工作先进单位的通报》。

批评通报，一般只在“事由”中写明批评的现象或事故，不加“批评”的字样。如《××省人民政府办公厅关于××煤矿三起重大伤亡事故的通报》。

情况通报，标题中往往要加上“情况”的字样。如《××市文化局关于查禁非法出版物情况的通报》。

（二）主送机关

一般为直属下级机关，或需要了解该内容的不相隶属的单位。内部张贴时可以不写主送机关。

（三）正文

正文一般由导语、通报主体和结尾三部分组成。导语写通报的目的或缘由；通报主体，即通报具体内容；结尾即根据通报内容提出各类事项的要求或希望。

1. 表扬及批评通报

（1）介绍事实或缘由。介绍先进人物或集体的行动及其影响，要写清时间、地点、人物、基本事件过程。如果对个人的错误进行处理，要写明违纪人员的基本情况，然后是对错误事实的叙述，要写得简明、清晰。如果是针对某一普遍存在的问题进行通报，则要选择一些有代表性的事实进行综合叙述。表达时应概括叙述，只要将事实讲清即可，篇幅不宜过长。

（2）揭示事实的性质或意义。对先进人物、典型事迹，应表明其代表的积极的倾向，指出其意义，以便激励先进、督促后进；对于单一错误事实，要对错误的性质、危害进行分析，一般都写得比较简短；对于综合性的不良现象或问题，分析要系统。主要采用议论的写法，要注意文字的精练。措辞要有分寸感，不能出现过誉或贬低的现象。

（3）做出表彰或处理决定。这部分写什么会议或什么机构决定，给予表彰对象以什么样的表彰和奖励，或者给予批评对象什么样的处分和惩罚。这部分在表达上要注意清晰、简洁，用词精当。

（4）提出希望和要求。这部分表述的是发文的目的，是整篇通报的思想落脚点，应该写得有针对性，具有教育意义，以使受文单位对通报高度重视、认清性质、采取措施。

2. 情况通报

（1）缘由和目的。开头首先叙述基本事实，包括阐明发布通报的根据、原因、目的等。开头文字不宜过长，应该综合归纳、要言不烦。

（2）情况和信息。主体部分主要叙述情况、传达信息，通常内容较多，篇幅稍长，要注意梳理归类，对结构进行合理安排。

（3）希望和要求。在明确情况的基础上，对受文单位提出一些希望和要求。这部分是全文思想的归结之处，写法因文而异，总的原则是抓住要点，切实可行，简练明白。

（四）落款

包括发文单位和成文日期，写在正文尾部右下方。如标题已有发文单位，且时间已标注在发文单位下面，则落款可省略。

例文 1

××市住房和城乡建设局
关于表扬熊×同志抗击新冠肺炎疫情先进事迹的通报

各直属党支部：

熊×同志是局直属事业单位××市绿色建筑节能发展中心的共产党员。20××年5月选派到××县××街道××村担任第一书记职务。

面对突如其来的新冠肺炎疫情，熊×同志会同村“两委”第一时间制定疫情防控措施，并组建疫情防控党员先锋队。走村入户向老党员、困难党员、孤寡老人、低保户、五保户、建档立卡贫困户、计生特困户以及病残家庭等弱势群体宣传防疫知识，送去口罩。针对疫情防控物资紧缺的突出问题，熊×同志主动对接爱心企业，向××村捐赠了价值35 000元的消毒液、喷雾器、医用口罩、对讲机等疫情防控物资。同时，熊×同志自费5 000元，向××村捐赠了医用外科口罩500个、红外线体温枪4支；向局机关捐赠医用外科口罩500个，向市公园城市建设发展中心捐赠医用外科口罩200个。

熊×同志作为一名共产党员，把疫情防控战场作为党性锻炼的考场，不忘初心、牢记使命，挺身而出、迎难而上，充分发挥了党员先锋模范作用。鉴于熊×的突出表现，我局决定予以通报表扬。全体党员干部要认真学习熊×同志投身一线、坚守岗位、勇当先锋的无私奉献精神，始终牢记初心和使命，勇于担当、主动作为，一手抓防控，一手抓发展，坚决打赢疫情防控的人民战争、总体战、阻击战。

特此通报

××市住房和城乡建设局（印章）
20××年××月××日

【例文简析】

这是一则表扬通报。正文首段介绍受表彰个人的基本情况；第二段主要介绍具体的先进事迹；第三段对先进事迹进行分析、评议，做出表彰决定，并发出号召。

例文 2

××市卫健委关于医生张×滥用
麻醉药品造成医疗事故的通报

各区县、各乡镇医疗卫生单位：

20××年7月5日晚7时25分，×县×镇×村农民李×因下腹部疼痛，被送到×镇卫生院治疗。该院夜班医生张×以“腹痛待诊”处理，为病人开了阿托品、安定等解痛镇静药，肌肉注射杜冷丁（哌替啶）10毫克。7月6日下午5时许，该病员因腹痛加剧，再次到该卫生院治疗，医生刘××诊断为“急性阑尾炎穿孔，伴腹膜炎”，急转市第二人民医院治疗，于当晚7时施行阑尾切除手术。手术过程中，发现阑尾端部穿孔糜烂，腹腔脓液弥漫。手术切除了坏死的阑尾，清除了腹脓液约300毫升，安装了腹腔引流管条。经过积极治疗，输血300毫升，病人才脱离危险，但身心受到了严重的损害。

急性阑尾炎是一种常见的外科急腹症，诊断并不困难。×镇卫生院张×工作马虎，处理草率，在没有明确诊断以前，滥用麻醉剂杜冷丁（哌替啶），掩盖了临床症状，延误了病人的治疗时间，造成了较为严重的医疗事故。这种对人民生命财产极不负责任的做法是很不可取的。为了教育张×本人，经研究，决定给张×行政记过处分，扣发全年奖金，并在全市范围内通报批评。

各单位要从这次医疗事故中吸取教训，加强对职工的思想教育，增强职工的责任感，以对人民高度负责的精神，端正服务态度，提高服务质量。同时，要加强对麻醉药品的管理，认真执行××省卫健委《关于严格控制麻醉药品使用范围的规定》，严禁滥用麻醉药品。今后如发现违反规定者，要首先追究单位领导的责任。

（印章）

20××年××月××日

【例文简析】

这是一则批评通报。以上通报的主旨是：批评医生张×严重失职的错误行为，并以此为戒，警示全市医疗卫生单位的领导和职工从中吸取教训，增强责任感，以防此类事故的再度发生。

例文3

关于环境整治工作督查情况的通报

×府发〔202×〕54号

各村委会，乡直各单位：

5月26日至27日，根据工作安排，乡环境整治办、城管中队对部分村、驻乡单位环境整治工作进行了督查。现将督查情况通报如下：

一、基本情况

乡环境整治办、城管中队对白田村白田组、白田村东枫林湾组、裴家村曾家组、裴家村冯口组、裴家村棋杆组、裴家村刘家组、裴家村排底组、行马村冯家坞组、行马村毛家组、行马村湾里组、行马村曾家组、行马村苏家组、行马村邵家组、行马村郑家组、行马村行马组、农商行、邮政所等地周边环境整治情况进行了督查。从督查情况看，各单位能够持续开展好周边环境整治工作，但仍然存在垃圾未及时清理、杂物乱堆乱放等问题。

二、具体问题

白田村：白田组村内道路两旁、绿化带内存在杂草未清理，村外田间有成片白色蛇皮袋；东枫林湾组村内边沟内有垃圾，村内有建筑垃圾堆，宣传单破损。

裴家村：曾家组农户门前有菜叶、积水，村内道路堆有水泥管，村内有建筑垃圾堆；冯口组村内杂草未清理到位；棋杆组体育器材损坏严重，占用休闲场所种菜，村内杂草未清理；刘家组宣传栏倾斜，边沟内有垃圾；排底组垃圾未清理，村内杂草清理不干净，村旁边多处杂物未清理。

行马村：冯家坞组村内道路两旁杂草未清理；毛家组杂草清理不干净，村休闲场所有柴堆、粪堆，树下种菜，村旁树林内有成堆垃圾；湾里组、曾家组、苏家组村内有焚烧垃圾现象，杂草清理不干净，垃圾桶倾倒，屋后杂物未清理；邵家组村内有零星垃圾；郑家组“牛皮癣”较多未清理，沟渠、绿化带内有垃圾；行马组（老村）村内杂草清理不到位，沟渠未清理，存在违规建房现象。

农商行：“门前三包”落实不到位，存在垃圾未清理干净、杂物未清理等问题。

邮政所：庭院内垃圾未及时清扫、公益广告数量不达标等问题。

三、下一步工作要求

1. 积极宣传引导。各单位要继续深入开展环境整治宣传教育工作，进一步完善村规民约，明确村民维护村庄环境的责任和义务，落实好“门前三包”制度。开展好“卫生示范户”“最美清洁户”评比活动，广泛动员群众参与环境整治，引导群众树立良好的环境意识，养成良好的卫生习惯。

2. 尽快限期整改。发现问题、解决问题是这次督查通报的主要目的，各单位要根据乡党委、政府要求，列出整改单子，明确责任人，尽快整改到位。

3. 强化监督管理。各村巡查监督员要认真履职尽责，环境整治办要加大督查力度，严格惩处乱堆乱倒、乱排污水、乱搭乱建现象，确保整治工作取得实效。

××乡人民政府（印章）

202×年××月××日

【例文简析】

这是一则情况通报。标题由事由、文种构成。正文主体部分依次介绍了本次环境督查的基本情况、列出存在的具体问题，针对上述问题提出具体要求。该通报简明扼要，用语平实，条理清晰。

写作提示

1. 撰写通报前一定要做好调查研究，核实事件细节，实事求是，以免发文后被动、失信。

2. 叙述典型事实要准确、平实、简明。

3. 讲究时效性，及时行文。

4. 写好事项的分析、评议。分析、评议是最能体现作者思想水平、写作水平的所在，要注意将人和事上升到较高的层面来认识，切忌就事论事。

5. 通报的决定事项不能与事实、政策相抵触。

写作训练

1. 修改下面的通报。

表彰通报

安达化工厂，采取有力措施，切实贯彻《安全生产条例》，建立安全生产岗位责任制，实现全年生产无事故。成为市第一个安全生产年企业，为此，政府决定对安达化工厂通报表彰。

安洋市政府

20××年××月××日

2. 根据本任务情境导入材料，拟写一则通报。

任务 4　请示

情境导入

苏小语所在的部门来了几位新同事，因此需要采购一些办公设备。采购需要向上级请示，得到允许后才能进行，部门将拟写这则请示的任务交给了苏小语。

明确：学习请示的写作。

知识聚焦

一、请示的概念

［微课］请示

请示是向上级机关请求指示和批准时使用的上行公文。

具体而言，请示的适用范围主要有以下几个方面：

（1）超出本机关的工作职权范围须经请示批准才能办理的。

（2）对国家的有关方针政策或上级机关的有关规定、决定等不甚了解或有不同理解，需请上级机关解释或重新审定的。

（3）工作中出现了新情况、新问题，必须处理却又无章可循、无法可依，有待上级机关批示的。

（4）遇到本机关职权范围内很难克服或无力克服的困难，需请上级机关支持、帮助的。

（5）涉及全局性或普遍性的而本机关无法独立解决的工作困难和问题，必须请示上级机关以求得到协调和帮助的。

二、请示的特点

（一）单一性

即一份请示只能涉及一个请求事项，如果有多个问题需要上级机关帮助解决，应该分开行文。

（二）超前性

即请示必须在事前行文，上级机关做出答复后才能付诸实施，不能“先斩后奏”。

（三）隶属性

即请示不能超越法定的隶属关系，一般不得越级请示。特殊情况需要越级时，应该同时抄送被越过的机关。

（四）期复性

即请示的目的是请求上级机关指示或批准、解决某个问题、得到上级机关的明确回复。

三、请示的分类

根据请示的性质和内容，大体可分为以下三类：

（一）指示类请示

即遇到问题没有办法解决，需要上级机关予以指示的请示，如《关于人民雕塑园工程被拆迁人使用权补偿价格的请示》。

这类请示运用于以下三种情况：遇到新情况、新问题，在有关的方针、政策、规章以及上级的指示中，都找不到相应的处理依据，无章可循，因而没有对策，需要上级机关给予指示；对有关方针、政策和上级机关发布的规定、指示有疑问，需要上级机关给予解释和说明；与友邻机关或协作单位在较重要的问题上出现意见分歧，需要上级机关裁决。

（二）批准类请示

即下级亟须办理或上级交办的事项，由于在工作中遇到人、财、物方面的困难，条件不具备，自己无法解决，请求上级机关予以支持、帮助的请示。其内容如请求增补经费，增加设备，为某事拨款、拨指标等，如《关于增拨抗战馆门前纪念广场拆迁资金的请示》《××分局关于增拨技术改造资金的请示》。

（三）批转类请示

即请求上级批转本机关制定的法规、规章或决定、报告等的请示。某职能部门在自己的职权范围内制定了相关的办法和措施，却不能直接要求平级机关和不相隶属机关照办，可用请示的方式请求上级机关批转给有关部门执行，如《关于批转〈××区投资服务专项规划〉的请示》。在标题中我们通常会看到“批转”字样，因而较容易识别。如绿化部门制定的保护花草和绿地的办法，由于职权的限制不可能自己直接出面要求有关部门都遵照执行，就可以将这些办法和措施通过请示提交给上级，请求上级机关批转给所有相关部门施行。

四、请示的结构和写法

请示一般由标题、主送机关、正文和落款四部分构成。

（一）标题

标题有两种写法：一种是由发文机关、事由和文种构成；另一种是由事由、文种构成。请示的标题要标明请求批示（批准）的问题是什么，如《国家税务局关于加强批发扣税工作的请示》《×××局关于召开××××年城市管理工作总结表彰会议的请示》。

"请示"本身含有请求、申请之意，因而标题中应不再写"申请""请求"类词语。

（二）主送机关

请示的主送机关就是负责受理和答复请示的机关，一般为直属上级机关。

《党政机关公文处理工作条例》第十五条规定："请示应当一文一事；原则上主送一个上级机关，根据需要同时抄送相关上级和同级机关，不抄送下级机关；受双重领导的机关向一个上级机关行文，必要时抄送另一个上级机关。"

（三）正文

请示的正文由三部分组成：

1. 请示缘由

请示缘由是请示事项和要求的理由及依据。要先把事由讲清楚，再写请示的事项和要求，这样才能顺理成章。事由很重要，关系到事项是否成立、是否可行，当然也关系到上级机关审批请示的态度。

2. 请示事项

请示事项是请示正文的主体，是要求上级机关给予指示、审核批准的具体问题或所要求的具体事项。由于请示事项是上级机关给予答复和审批的直接依据，因此，请示什么事项，请求上级具体办什么和怎么办，都要写得具体明白，使上级机关清楚要求，给予迅速批复。这部分要求层次分明，由主到次，环环相扣。需要注意的是：事项简单的，往往和结尾合为一句话。如《关于购买 IBM 服务器的请示》的最后一句话："现申请购买 IBM－××××型服务器，请予批示。"请示事项应该避免不明确、不具体的情况和把缘由、事项混在一起的情况，否则会不得要领，不知要求解决什么问题。

3. 结尾

即采用固定尾语结尾，一般是向上级机关提出肯定性要求。一般用"当否，请批复""特此请示，请批复""妥否，请批复""特此请示，请予批准""请批准""请审批""请指示""以上请示如无不妥，请批转有关部门执行"等。请示结尾绝不能缺少以上惯用语。

（四）落款

写明发文单位的名称，如是联合行文的，主办单位写在前面，然后写明所有请示单位。

例文 1

关于明确生态工贸区建设项目涉及无证住房征迁补偿标准的请示

××县人民政府：

××街道金泉村及水南国有林场林地内有 20××年底前群众建造的无证住房需要征迁（××县 20××年底前集体土地上建房由乡〈镇〉批准，20××年后集体土地上建房要符合村里的土地利用规划并经县国土局报县政府批准）。根据（×政〔20××〕391号）文件（详见附件1）通知中“对工作中出现的情况和问题应及时向县政府、海西三明生态工贸区管委会提出，以便妥善协调处理”的要求，经街道研究，将这类无证住房征迁拟适用补偿标准报告县政府。

一、外村村民在集体土地上建造的无证住房，以“是否经村委会同意并且曾在土地管理部门或村委会缴过款”作为认定条件，符合上述条件的，拟参照20××年4月26日××街道征迁组相关人员研究议定的《会议纪要》（详见附件2）第一条中“被拆迁人无法提供扩建房屋所使用土地的权源依据，但该地块在建房前已由被拆迁人事实上长期使用的，按扩建房屋占地面积给予综合补偿单价4 800元/平方米”的补偿标准执行。本村村民建造的无证住房征迁补偿仍按该纪要议定的标准执行。

二、在水南林场国有林地上建造的无证住房拟参照该《会议纪要》第一条中“扩建房屋所占用的土地属上述两条以外情形的，按扩建房屋占地面积给予综合补偿单价3 600元/平方米”的补偿标准执行。

妥否，请示复。

附件：

1.《×县人民政府关于确定海西三明生态工贸区生态新城核心区土地和房屋征收工作主体单位的通知》（×政〔20××〕391号）

2.《××街道会议纪要》（20××年4月26日）

××街道办事处（印章）

20××年××月××日

【例文简析】

这是一则指示类请示，××街道办事处对生态工贸区建设项目涉及无证住房征迁补偿标准存在疑问，根据附件1、2的文件精神，街道办事处将这类无证住房征迁拟适用补偿标准报告××县人民政府，请上级机关给予指示和说明。

例文2

关于解决救灾贷款规模和救灾资金的紧急请示

中国农业银行总行：

今年入汛以来，我省连续遭受大暴雨、冰雹袭击，造成了严重的洪涝灾害。4月1日至6月27日，全省平均降雨量981毫米，有36个县（市）降雨量超过1 000毫米，最高的达1 736毫米。仅6月1日至27日，全省平均降雨量461毫米，比历年同期增加1倍，接近近七十年以来雨量最多的1954年，部分地区超过1954年同期雨量的122毫米。这次降雨来势凶猛，突发性强，持续时间长，暴雨过程多，降雨集中，强度大，致使山洪暴发，江河水位多次猛涨，大幅度超过警戒水位。信江、乐安河、修河水位超过历史最高水平，其中袁河宜春站超过历史最高水位0.99米，赣站水位也达1949年以来第二位。因长江洪水来得早，水位高，致使××湖水位已超过历史同期最高水位，许多地区多次受淹遭灾。

严重的洪涝灾害给我省工农业生产和人民生命财产造成了巨大损失。据不完全统计，截至6月28日，全省有85个县（市）、1 696个乡（镇）1 519.13万人不同程度受灾；有29个县（市）城区进水受淹，2 915个自然村、114.27万人被洪水围困；冲毁自然村22个、1 184户；因灾死亡202人，伤4 835人；受灾农作物面积103.58万公顷，成灾面积72万公顷，其中绝收面积32.65万公顷；倒塌房屋12.46万间，8.18万人无家可归；死亡大牲畜33万头；毁坏公路路基面3 217.26千米，105、316、320、206、318、323六条国道通信线路1 091千米、广播线路1 928千米；2.3万家企业（含乡镇企业）受灾，其中：4 221家因灾停产，5 167家部分停产。据初步统计，全省因灾直接经济损失97.33亿元。

近日，我行已尽最大努力紧急调剂3 000万元贷款规模投入重灾区。由于信贷资金十分紧张，6月中旬，我行备付率仅5.54%，扣除“汇出汇款”须在人民银行存入保证金（特种存款）的因素，实际备付率仅5.02%。本月下旬归还总行借款0.3亿元；尚需清算占用农行资金0.84亿元；以及由于灾民一方面支取存款增多，另一方面农行发放救灾贷款，预计本月下旬将出现贷差0.6亿元，仅此三项6月下旬就要运用资金1.74亿元，月末备付率将继续下降。因此，救灾资金确实无力解决。

为了尽快支持灾区灾民和使企业尽快恢复生产、生活，恳请总行解决我省年度救灾贷款规模6亿元、救灾资金3亿元，其中：银行救灾规模2亿元；信用社救灾规模4亿元。

专此请示，恳请批复。

中国农业银行××省分行（印章）

20××年××月××日

【例文简析】

这是一则批准类请示。标题写“紧急请示”，是因为情况紧急。正文前三段依次介绍了受灾情况、严重的洪涝灾害给工农业生产和人民生命财产造成巨大损失、本行现在的救灾资金已无力解决困难等实情。这是请示的背景，也是请示的缘由。在此基础上，第四段于目的句式之后很自然地就提出了请示事项，即需解决的资金的类别及数量。全文以惯用语“专此请示，恳请批复”作结。

文章在陈述困难及事实时，注重用统计数字说明问题，显得理据充分，要求合理，本文的行文有节奏，并有适度的与主旨相适应的感情，语言得体。

例文3

关于批转《××区投资服务专项规划》的请示

××市××区人民政府：

根据《××区国民经济和社会发展规划编制工作方案》（政府联组发〔20××〕1

号）有关工作安排，本办编制的《××区投资服务专项规划》已经区发展改革委衔接同意，现上报区政府审议批转。

如无不妥，请区府办予以批转至各相关部门。

附件：《××区投资服务专项规划》

××市××区投资服务办公室（印章）

20××年××月××日

【例文简析】

这是一则批转类请示。该区投资服务办公室在自己的职权范围内制定了相关的专项规划，却不能直接要求平级机关和不相隶属机关照办，所以请示区人民政府批转给有关部门执行。

写作提示

1. 遵循一文一事。写请示须遵循一文一事的原则，一般只主送一个主管的领导机关，不多处主送，不送领导者个人；按隶属关系逐级请示，在一般情况下，不越级请示；请示上报的同时不抄送下级与同级机关；请示与报告不能混用，不能将请示写成报告，即不写“请示报告”。

2. 联合请示须确定主办单位。两个以上单位联合向上级机关请示时，要在事前确定主办单位，经过认真磋商，取得统一认识，而后会签、印发。

3. 准备好初步解决方案。写请示事项时，应同时根据本地区、本机关的实际情况，对所请示的问题提出解决的初步意见与方案，供领导批复时参考，因此，事先要经过周密的调查研究，使提出的意见与方案准确切实。

4. 行政规章的请示要说明必要性。请求批准行政规章的请示，要在正文中说明制定此项规章的必要性及其主要内容，然后将规章草案作为请示的附件，一并报送。

写作训练

1. 修改下面的请示。

关于购买复印机的请示

因工作需要，我科急需购买复印机一台，请批准调拨经费 2 800 元。

另：我科尚缺打字员 2 名，请在制定明年人员编制时一并考虑。

上述意见与要求如无不妥，请批复。

此致

敬礼！

××县政府办一科

20××年××月

2. 根据本任务情境导入材料，为苏小语写一份请示。

任务 5 批复

情境导入

公司相关领导在看到苏小语提交上来的请示后，认为请示事项的理由和依据是充分的，因此同意采购相关办公设备。

明确： 学习批复的写作。

知识聚焦

一、批复的概念

批复适用于答复下级机关的请示事项。先有请示，后有批复。批复是下行文。

［微课］批复

二、批复的特点

（一）约束力

批复代表着上级机关的意志，对请示事项的单位有约束力，受文机关必须执行批复内容。

（二）针对性

批复必须是针对下级机关请示事项而发，属被动行文，一文一事，内容简单，针对性强。批复的内容是由请示的内容决定的，批复的主送单位只能是请示机关。

（三）被动性

批复必须依赖请示而存在，先有请示后有批复。任何一份批复都是针对请示做出的。

三、批复的种类

批复只针对下级机关的请示而行文，按批复的内容，可分为指示性批复、审批性批复、决定性批复。

（一）指示性批复

指示性批复不仅是对请示机关的答复，而且是对管辖系统所做的指示。这类批复在一定范围内具有较普遍的指导意见，但又与指示不同。指示是直接由上级机关依据工作实际情况“主动”而发的，而指示性批复是针对下级机关的请示“被动”而发的。由于下级机关提请答复的内容具有普遍意义，原本对“请”作“复”的批复就放宽了适用面。如《国务院关于〈国内航空运输承运人赔偿责任限额规定〉的批复》。

（二）审批性批复

审批性批复是针对请示机关提出的问题经审核后所做的批示性答复。如对增设机构、增加编制、追加经费等事项，需要从工作实际出发，对所请示的内容进行论证审核，依据有关政策规定做出审批性答复，明确表示同意、部分同意或不同意。如《××省政府关于同意××公路收费站变更性质的批复》。

（三）决定性批复

决定性批复是针对所请求的内容经认真分析研究所做出的决策性答复。如对下级机关制定的某些规定、方案、规划等的批准，或决定批转下级机关制定的某些规定、方案、规划。如《国务院关于××市城市总体规划的批复》。

四、批复的结构和写法

批复一般由标题、主送机关、正文和落款四部分构成。

（一）标题

最常见的批复标题是完全式标题，即由发文机关、事由和文种构成。在事由中一般将下级机关及请示的事由和问题写进去；还有一种完全式标题是由发文机关、表态语、事由、文种四部分组成，这种较为简明、全面和常用；也有的批复只写事由和文种。

（二）主送机关

主送机关一般只有一个，是报送请示的下级机关，其位置同一般行政公文，写于标题之下，正文之前，左起顶格。

（三）正文

正文一般由批复引语、批复事项和结尾组成。

1. 批复引语

批复具有很强的针对性，要通过引叙来文以说明批复缘由。应首先点明批复的下级机关并写明来文日期、标题和发文字号，以交代批复的依据。接下来常常以承接语“经研究，现批复如下”来衔接上下文。例如：“你市《关于报请审查××市城市总体规划（202×—202×）的请示》（×政发〔202×〕××号）收悉。经研究，现批复如下：……”

2. 批复事项

批复事项是指针对请示事项给予明确答复或具体指示。

一文一批复，同意有关请示的批复，表明同意态度即可，不必阐述批复理由，但是可以提一些要求。

若不同意请示事项，或对下级机关要求的支持和帮助难以满足，则除在批复中表明态度外，一般还需要适当说明理由，以使对方能较好地接受，并及时做好相应的工作安排。

3. 结尾

写上批复结语“特此批复”“此复”等。

（四）落款

这部分写在批复正文右下方，署成文日期并加盖公章，成文日期用阿拉伯数字。

例文 1

最高人民法院关于如何理解刑法第二百七十二条规定的“挪用本单位资金归个人使用或者借贷给他人”问题的批复

××省高级人民法院：

你院《关于对刑法第二百七十条“挪用本单位资金归个人使用或者借贷给他人”的规定应如何理解的请示》（新高法〔202×〕193 号）收悉。经研究，答复如下：

公司、企业或者其他单位的非国家工作人员，利用职务上的便利，挪用本单位资金归个人或者其他自然人使用，或者挪用人以个人名义将所挪用的资金借给其他自然人和单位，构成犯罪的，应当依照刑法第二百七十二条第一款的规定定罪处罚。

此复。

（盖 章）

202×年××月××日

【例文简析】

这是最高人民法院关于刑法相关内容理解问题的批复，是一则指示性批复。全文先引来文标题和文号，以便收文单位明确这是哪篇请示的批复，然后表明对该请示的态度。指示性批复不仅是对提出请示的下级机关的答复，而且是对管辖系统所做的指示。这类批复在一定范围内具有较普遍的指导意见。

例文 2

江苏省人民政府关于设立江苏××经济开发区的批复

××市人民政府：

你市《关于优先支持江苏××经济开发区创建省级经济开发区的请示》（×政报〔202×〕41 号）收悉。经研究，现批复如下：

一、同意设立江苏××经济开发区为省级经济开发区。

二、江苏××经济开发区规划面积 1.23 平方千米，四至范围：东至沛龙公路，南至大屯镇与杨屯镇界沟，西至沛屯-姚桥铁路支线，北至孟店村。

三、江苏××经济开发区要严格实施土地利用总体规划和城市总体规划，按照规定程序履行具体用地报批手续。坚持以产业用地为主，严格依法供地，合理、集约、高效利用土地资源。

四、江苏××经济开发区要深入践行新发展理念，紧扣高质量发展目标，积极探索资源枯竭型地区转型发展路径，着力打造特色创新集群，提升土地产出率、资源循环利用率、智能制造普及率，推动产业迈向中高端，努力实现高质量发展。

江苏省人民政府（印章）

202×年××月××日

【例文简析】

这是江苏省人民政府关于同意设立江苏××经济开发区为省级经济开发区的批复，属于审批性批复。审批性批复是针对请示行政机关提出的问题经审核后所做的批示性答复。请示方为××市人民政府，批复方为江苏省人民政府。全文先引来文标题和文号，以便收文单位明确这是自己哪篇请示的批复，然后表明对该请示的态度，并提出相关要求。该文篇幅短小，语言简练，符合批复发文的针对性、意见的决断性、效力的权威性、内容的单一性特点。

例文 3

国务院关于××生态经济带发展规划的批复

河南、湖北、陕西省人民政府，国家发展改革委：

国家发展改革委《关于报送××生态经济带发展规划（送审稿）的请示》（发改地区〔202×〕1059 号）收悉。现批复如下：

一、原则同意《××生态经济带发展规划》（以下简称《规划》），请认真组织实施。

二、《规划》实施要全面贯彻党的十九大和十九届二中、三中全会精神，以习近平新时代中国特色社会主义思想为指导，落实党中央、国务院决策部署，坚持稳中求进工作总基调，坚持新发展理念，按照高质量发展要求，统筹推进“五位一体”总体布局和协调推进“四个全面”战略布局，以供给侧结构性改革为主线，主动融入“一带一路”、京津冀协同发展、长江经济带发展等国家重大战略，坚决打好防范化解重大风险、精准脱贫、污染防治三大攻坚战。围绕改善提升汉江流域生态环境，共抓大保护，不搞大开发，加快生态文明体制改革，推进绿色发展，着力解决突出环境问题，加大生态系统保护力度；围绕推动质量变革、效率变革、动力变革，推进创新驱动发展，加快产业结构优化升级，进一步提升新型城镇化水平，打造美丽、畅通、创新、幸福、开放、活力的生态经济带。

三、河南、湖北、陕西省人民政府要加强组织领导，制定工作方案，明确责任分工，完善工作机制，将《规划》确定的重大工程、重大项目、重大政策、重要改革任务与本地区经济社会发展紧密衔接起来，确保各项目标任务落到实处。《规划》实施中涉及的重大事项、重大政策和重大项目按规定程序报批。

四、国务院有关部门和单位要按照职责分工加强指导，围绕《规划》确定的总体目标和重点任务，研究制定具体政策，在体制机制创新、政策措施实施、重点项目安排等方面给予积极支持；同时，注重调动社会力量参与，为《规划》实施创造良好环境，为增强汉江流域经济发展动力提供有力支撑。

五、国家发展改革委要加强综合协调与服务，研究解决《规划》实施中的重点难点问题，会同有关部门加强跟踪分析和督促检查，适时组织开展《规划》实施情况评估，推动《规划》目标任务落实。重大问题及时向国务院报告。

国务院（印章）

202×年××月××日

【例文简析】

这是国务院关于××生态经济带发展规划的批复，是一则决定性批复。全文先引来文标题和文号，以便收文单位明确这是哪篇请示的批复，然后表示对该请示的态度和要求。

写作提示

1. 批复的内容要有针对性。批复要针对下级机关的请示表明意见，内容上要有具体的针对性。在第一行写明所答复的请示的日期、标题或发文编号，如“你局××××年×月×日关于××××问题的请示收悉”，以便收文单位查找办理。

2. 收到请示必须予以答复。答复要简明扼要、观点明确、措辞肯定。同意或不同意，立办还是缓办绝对不能模棱两可，切忌使用的词语有“似属可行”“酌情办理”“最好去做”等。除此之外，批复的意见要具体可行，以便下级机关按照办理。

3. 批复问题应慎重。批复问题前，应加强调查研究与磋商，不宜轻率定夺。有的批复如需要其他所属机关周知时，亦可批转给有关下属机关或在文件公报上刊登。

写作训练

1. 根据上一任务写作训练中拟写的请示，写出相应的批复。

2. 修改下面的批复。

关于修建新办公楼的批复

（2021）×发02号

××长：

有关请示已悉。关于修建新办公楼一事，经研究，还是以不建为宜。此复。

××公司

二〇二一年六月十八日

项目八
新媒体文案

学习引导

进入新媒体时代，有关内容创业的理论和实践备受人们关注，目前也正吸引着越来越多的人加入新媒体的创业行列中。其中，新媒体文案是新媒体运营和内容创业的重要支撑。相较于传统媒体文案，新媒体文案具有成本低、渠道形式多样化、互动性强、更广泛和快捷的二次传播等优势，已成为进行品牌推广、产品宣传和增粉引流的一种重要渠道和方法。

在撰写了优质的、符合用户需求的新媒体文案的基础上，运营者不仅可以通过众多新媒体平台进行品牌推广和产品宣传，还可以策划与品牌相关的、优质的、有高度传播性的线上活动。另外，在新媒体平台的强大算法支撑下，向用户精准推送信息，提高自身产品和品牌的知名度，吸引众多用户关注，实现增粉引流，从而充分利用粉丝经济，达到相应目的，也是新媒体文案的重要意义所在。

总体而言，新媒体文案通过自身优势，能为企业和品牌宣传、产品销售、自媒体吸粉引流带来良好的效果。

学习目标

知识目标：

- 掌握新媒体文案的相关知识
- 熟悉微信文案、微博文案、营销软文、短视频文案的类型和写作要求

能力目标：

- 从受众角度出发，写出层次分明、表达清晰、语言得体的新媒体文案

素质目标：

- 逐渐养成正确的劳动态度、良好的职业道德、健全的人格和正确的价值取向
- 建立文化自信，弘扬社会主义法治精神
- 逐步形成严谨、细致的职业素养和良好的信息素养
- 逐步提高团队协作意识，提升自我的使命感和责任感

新媒体文案概述

一、新媒体文案的概念

新媒体是新的技术支撑体系下出现的媒体形态，如数字杂志、数字报纸、数字广播、手机短信、数字电视、数字电影、触摸媒体等。相对于报刊、户外、广播、电视四大传统意义上的媒体，新媒体被形象地称为“第五媒体”。

新媒体亦是一个宽泛的概念，是利用数字技术和网络技术，通过互联网、宽带局域网、无线通信网、卫星等渠道，以及电脑、手机、数字电视机等终端，向用户提供信息和娱乐服务的传播形态。严格地说，新媒体应该称为数字化新媒体。

文案，原指放书的桌子，后来指在桌子上写字的人，现在指的是以文字来表现已经制定的创意策略。新媒体文案是借助新媒体平台生成的创意和内容的文字表达。

二、新媒体文案的类型

（一）按营销目的分类

企业的所有营销文案都是为销售服务的，但为了更好地区分文案类型，可根据企业营销的主要目的分为销售文案和传播文案。

销售文案是能够立刻带来销量的文案，如介绍商品信息的文案、为了提升销量而制作的引流广告图等。

传播文案是为了扩大品牌影响力的文案，如企业品牌故事、企业节假日情怀营销文案等。不同的文案类型，写作创意方法也有不同，销售文案需要能够立即打动人，并促使立即行动，而品牌传播文案则侧重于是否能够引起人的共鸣，引发受众自主自发传播。

（二）按篇幅长短分类

按文案篇幅长短，可分为长文案和短方案。长文案一般为长微博、微信公众号文章、头条文章等。短文案通常指 140 字微博文案或微信朋友圈文案等。通常来讲，长文案需要构建强大的情感情景，而短文案则在于快速触动，表现核心信息。

（三）按广告植入方式分类

软广告即不直接介绍商品、服务，而是通过其他方式代入广告，如在案例分析中植入品牌广告，在故事情节中植入品牌广告，受众不容易直接觉察到软广告的存在，它具有隐藏性。硬广告则相反，它以直白的内容发布到对应的渠道媒体上。

（四）按渠道和表现方式的不同分类

传播渠道不同，文案的表现形式也有不同，如微信公众号支持多种形式的文案表现，包括文字、图片、视频等。

三、新媒体文案的特点

新媒体文案是在当代社会环境的变革下发展出来的一种文案类型，它更符合现在人们的阅读习惯，也更能适应媒体传播的需要，其写作方式也与传统的文案有所不同，主要有以下五个特点：

（一）内容多元化

网络的便捷性导致信息传播渠道多样化，网络信息泛滥成灾，人们很难从冗杂的信息链中获取指定的某段信息，而文案本身便是对信息的加工和处理，这就使得新媒体文案人员更加需要考虑信息是否能准确、轻易地被人们接收、理解、记住，甚至传播，故而新媒体文案也由单一的文本形式变为文字、动图、超链接、视频等形式的灵活组合，在不同的网络平台都能得到有效的传播。

（二）定位精确

不同的新媒体平台受众具有不同的特征，文案人员要根据各平台受众的特点撰写文案。例如：知乎、豆瓣、微信、微博等比较适合上班族，所以其推送的很多广告都是职场人群所需要并愿意进行传播的。又如：淘宝大部分受众是女性群体，且以年轻女性居多，所以其文案多是这类群体感兴趣的服装、美妆等方面的。另外，受众在平台浏览的各种数据都会被后台记录，平台基于这些浏览记录会精准地为受众推送相关内容。商家或企业若与这些平台合作，就可根据这些数据对受众进行精确的定位，从而取得良好的营销效果。

（三）推广方便

得益于网络的便捷性和移动端设备的普及，相比传统媒体，新媒体文案的推广渠道更多且方便。由于现在多运用移动通信设备查看新媒体文案，因此受众可以直接通过触摸屏进行相关操作。以微信公众号文案的可执行操作为例，受众可以直接长按二维码关注所推广的公众号，也可点击文章右上方的标志，在弹出的页面中根据需要进行分享操作。

（四）成本低

相比于传统广告，新媒体文案的发布成本更低，网络传播的路径更多，只要文案写得足够精彩，就会有人自发地将文案进行传播与分享，一条简单的传播链，往往会产生意想不到的营销效果。而传统媒体则是通过电视、杂志等媒体传播，投入成本较大，且很多时候想要传递的信息也并不能准确地传递给目标受众。

（五）时效性强

在移动互联网环境下，人们逐渐表现出碎片化阅读的行为特点。在该背景下，信息的传播与更新速度快，若是文案传达的信息过时了，就很难引起受众的注意，所以在新媒体文案的写作过程中一定要注意信息的有效获取与及时传达。

任务 1 微信文案

情境导入

苏小语这学期进入学校的新闻传媒中心，担任运营一职。每天她都要在学校的公众号上更新文章。

明确： 学习微信文案的写作。

知识聚焦

目前，微信已经成为我国最大的社交平台之一，也是热门的网络营销和推广平台之一，在新媒体营销中占有举足轻重的位置。

一、微信文案的概念

微信文案是指在微信平台上通过对产品的概念和特点进行深度分析，以文字、图片等形式写出的能够进一步引导用户消费的文案。

[微课] 微信文案

二、微信文案的特点

（一）目标精准性

在微信平台上，只有关注者才能看到发布者发送的信息。因此，微信更容易进行后台数据的统计和管理，能够更精准地绘制用户画像和进行用户定位。

（二）实用性和趣味性

人们关注微信公众号的目的是获取有趣、有料的信息，而不是广告。如果发现关注的微信公众号发布的内容中带有大量的广告内容，对植入广告容忍度低的用户就会取消订阅，这不仅会减少关注该微信公众号的粉丝量，还会对品牌形象有所损害。

优质的微信文案应该与生活密切相关，与企业自身定位相符。微信文案内容要具备实用性和趣味性，可以满足用户的阅读需求，为他们提供良好的阅读体验。

（三）转化率高

人们一般很排斥企业直接发送的广告，即使是忠诚的品牌用户，如果广告信息过多，也会觉得非常反感。微信文案可以通过图文并茂的软文巧妙地引导用户关注产品信息，使其十分自然地接受广告，甚至主动寻求更多内容，这无疑会提高广告的转化率。

（四）互动性强

微信是一款即时通信软件，这就使企业的工作人员能够与用户直接沟通联系，一对一地回复用户提出的问题，从而维护企业形象，这种强互动性的传播效果自然比传统的单一式传播要好。另外，用户在看到感兴趣的内容时会主动分享到朋友圈或微信群，这就扩大了传播受众群体，形成裂变式的传播效果。

三、微信文案的类型与写作要领

微信文案主要分为两大类型，即公众号文案和朋友圈文案。我们可以根据推广需要合理使用相应的类型，做到有的放矢。

（一）公众号文案

微信公众号是个人、媒体或企业在微信公众平台上申请的应用账号，现已成为新媒体营销的常用平台之一。个人、媒体和企业都可以打造自己的专属账号，通过文字、图片、音频、视频等多媒体形式向用户传播信息，实现全方位的沟通和互动。

公众号文案以文章的形式发布软文，微信公众平台为用户提供了多种官方推广形式，如公众号关注、应用下载、卡券分发、品牌活动广告等，可以实现多维度组合定向投放，提高转化率。

对在微信公众号上运营的品牌来说，写出一篇阅读量超过 10 万的文案通常会被看作非常成功的传播。很多品牌的新媒体营销关键绩效指标已经转化为阅读量、转发量、点赞数等，但内容为王，坚持创作优质内容始终是公众号文案的核心。

微信公众号文案的写作要领如下：

1. 合理设计标题

任何一篇文案都需要设计一个有吸引力、有辨识度的标题。除了运用悬念式、数据式、对比式等标题写法以外，还可以在标题中添加独特的格式。

为标题设计独特的格式可以展现微信公众号的个性，特别适合打造系列文章，读者在看到文章标题时就可以轻松判断出文章属于哪个公众号，是什么类型的内容。

最常见的格式是用“|”隔开，“|”前面的文字可以标记文章的类型，相当于一个标签。图 8－1 为微信公众号“谈的”发布的文案标题。“|”前面的文字主要是“谈的”和“分享”。“谈的”主要展示公众号自主推荐的内容，“分享”则是推广广告。

2. 设计吸引人的封面

公众号文案的封面包括封面缩略图和文案标题。一般而言，公众号文案的封面要使用吸引人眼球的图片和标题，以便引起读者的注意，促其点击阅读。读者一般会在 3～8 秒之内决定是否点击，因此，如果封面设计得不出彩，就无法引起读者的注意，文案的内容再好也会被忽略。

公众号文案的缩略图一般使用与推送内容相关的图片，假如推送的内容分为不同的系列，就要为每个系列设计相应风格的图片。图 8－2 为微信公众号“丁香医生”发布的文案封面，其中“好课”“好物”是公众号开设的不同系列，主要是用来推荐课程和商品的，这些封面缩略图与平常的缩略图不同，能够让人直观地看到文案的内容类型。

3. 拟订摘要引导阅读

公众号的摘要是指封面缩略图下方的一段引导性文字，读者可以通过这段文字迅速了解文案的主要内容，或者被摘要中提出的问题所吸引，从而点击文案，增加文案的阅读量。图 8－3 为单图文文案封面上的摘要、标题和封面缩略图。

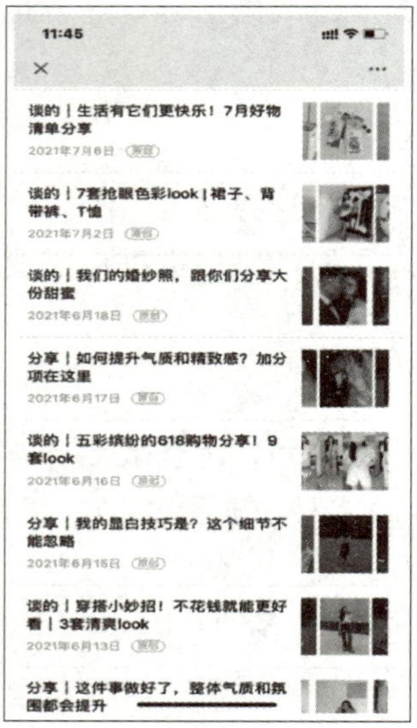

图 8-1　文案标题

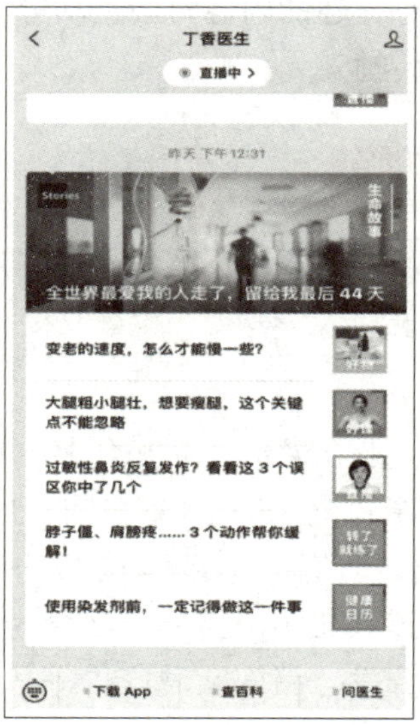

图 8-2　文案封面

图 8-3　文案摘要

摘要的字数限制在 50 字以内，其内容可以根据标题拟订。假如是活动文案，可以将额外的优惠放在摘要位置吸引用户；假如是推荐图书的文案，可以把书中的金句或者其他人对本书的评价设为摘要。

需要注意的是，如果文案创作者不添加摘要，微信公众平台会默认正文前几句文字作为摘要，这无疑浪费了摘要的位置资源。另外，尽管多图文文案不显示摘要，但当这些多图文文案被单独分享出去之后也会显示摘要，所以文案创作者要认真撰写文案摘要，以免摘要的内容表意不清，影响读者对文案的第一印象。

4. 借兴趣点引出主题

读者对某种事物越感兴趣，就越容易关注该事物，因此文案创作者要根据公众平台的定位，结合当前社会热点、推广产品的特征和用户的喜好，挑选出合适的选题，通过发布“干货”、盘点、分享、热点、攻略等相关话题，进行产品或品牌的软文植入。图 8-4 为攻略类文案，图 8-5 为盘点类文案。

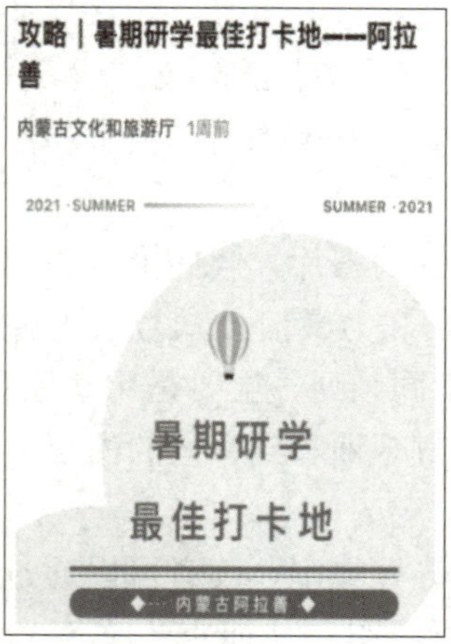

图 8-4　攻略类文案

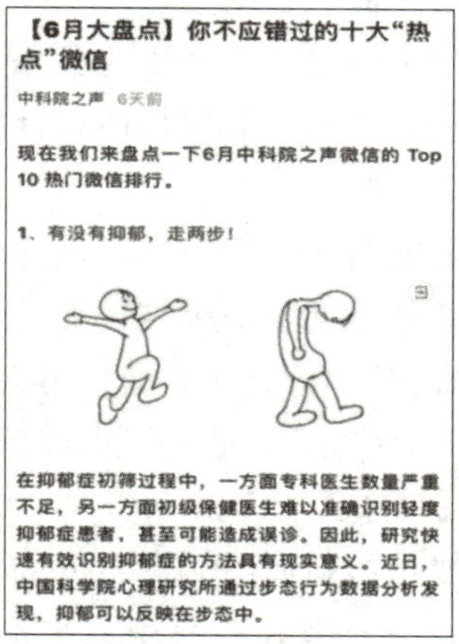

图 8-5　盘点类文案

（二）朋友圈文案

朋友圈是个人化的分享平台，主要分享日常生活、社会热点、心情日志等内容。朋友圈文案可以分为两类，分别是品牌投放的朋友圈信息流广告与个人发布的朋友圈文案。

朋友圈信息流广告是微信在 2015 年推出的一项功能，迄今为止，已经有很多知名企业品牌在朋友圈投放了信息流广告。图 8 - 6 为朋友圈信息流广告。

图 8 - 6　朋友圈信息流广告

品牌投放的朋友圈信息流广告一般注有“广告”或“推广”的字样。个人在朋友圈发布文案时，通常具有鲜明的个人风格，人们会通过朋友圈文案的内容来判断发布者的兴趣、品位和性格等。因此，发布的文案不能让人觉得太低级，不然很容易被屏蔽或拉黑。

个人在发布朋友圈文案时，要尽量分享自己的日常生活和新鲜有趣的事情，不能一味地植入产品广告，可以在分享生活的文字中自然而然地融入产品，使好友通过我们的真实生活来感受并了解产品，从而对产品更加信任和认可。当然，纯分享式的文案虽然没有推广产品，但也十分有利于营销，因为它不仅有利于树立形象，使好友感受到一个活生生、有情调的人格形象，还能在他们面前“刷存在感”，且不让其感到厌烦。

在撰写朋友圈文案时，要注重图文结合，选择图片的数量最好是 1、3、6、9 张，这样的图文结合比较完整，符合人的审美要求，也能提升产品的形象。如果只用一张图片，最好选择全景图，可以完全显示，细节更加清晰。

写作提示

1. 微信文案应主题明确，图文并茂。

2. 在撰写微信文案时，可以提醒读者关注和推广。图文的开头和结尾应该提醒读者关注、转发，让读者成为订阅用户，并帮助推广。

3. 微信文案的撰写应该引发读者的共鸣和互动，这样可以让读者成为忠实订阅用户，并且愿意主动向别人推荐，从而使得传播效果更好。

写作训练

帮助苏小语完成庆祝五四青年节的公众号文案的写作。

任务 2　微博文案

情境导入

学校团委和宣传部策划了一系列学习党史的宣传活动，并在官方微博上发布。苏小语所在的新闻媒体中心负责微博文案的写作。

明确：学习微博文案的写作。

知识聚焦

一、微博的概念

［微课］微博文案

微博（Weibo）是微型博客（Micro Blog）的简称，是一个基于社交关系进行简短信息的获取、分享与传播的广播式社交网络平台，属于博客的一种。目前主流的微博平台是新浪微博，它作为当今最受欢迎的社交平台之一，在线注册的用户类别非常广泛，针对微博平台进行营销将会收到难以估量的效果。

微博文案营销注重价值的传递、内容的互动、系统的布局和准确的定位，是基于粉丝基础的营销。对于文案人员而言，微博上的每一个活跃粉丝都是潜在营销受众。企业用户可以通过微博文案向受众传播品牌信息、产品信息，树立良好的企业形象，提升品牌影响力。个人用户也可以通过微博文案建立自己的受众圈子，打造个人品牌，开展各种营销活动。

二、微博文案的特点

新浪微博一直是各重大新闻与事件的首发平台，不少企业、品牌想要传达的信息多是从此发出的，同时它也是很多品牌文案的写作取材地，具有传播快、受众多、辐射范围广的特点。不少受众都是利用碎片化的时间浏览微博、获取实时信息，受此影响，微博文案具有以下特点：

（一）简练精要

在快节奏的时代环境下，很少有人能够耐心地阅读长篇幅的内容。微博消息多，刷新速度快，为了尽可能浏览更多的信息，人们更倾向于阅读那些能够在短时间内获取信息、不需要自己分析和总结的文章。因此，在写作微博文案时，文案人员千万不要通过大量文字来堆砌，最好做到短小精简、言简意赅、通俗易懂，用浅显直白的文字来表述文案要传达的意思，让人一目了然。

（二）互动性强

微博作为一个社交平台，人们在其中的交互性更强，而互动就是文案发布人员与用户进行对话的一个过程。如果发布的文案具有很强的互动性，就可以引起用户的参与兴趣，并让用户拥有成就感或是互动的乐趣，用户就可能成为你的忠实粉丝，这将有助于增强文案的后续转化率。

（三）趣味性强

纵观微博平台可以看出，若文案枯燥乏味，仅仅只是简单讲述，势必不能吸引用户的目光。而且社会上的网络流行词、表情包、热点话题等，大多以微博作为源头，在这样一个丰富多彩的交流环境下，微博文案具有趣味性的特点毋庸置疑，具体体现在语言的个性化和配图的丰富性上。很多时候，微博文案都会带上各种各样的话题，如“佛系”“内卷”等，流行词如“安利”“打 Call”及表情符号的运用。同时，文案基本不会仅仅只有文字，不然会显得单调，而是多为简短的视频、普通图片、长图、GIF 动图、表情包图片、超链接等的组合，形式丰富、趣味性强。

（四）传播快速

在微博中，一篇成功的文案会在极短的时间内引起众多用户的转载，尤其是能激起情感共鸣、让人觉得有趣的文案，从而达到快速传播的目的，这也是微博文案的一个特点。这时文案人员就需充分把握用户的心理，促使他们进行转发传播。

三、微博文案的写作策略

微博作为一个开放式的社交互动平台，具有实效性强、受众面广、传播速度快的特点，除了娱乐消息、时事新闻、生活动态以外，各类推广信息占据了微博平台的半壁江山。针对微博平台的传播特点，微博营销文案有以下几种写作策略：

（一）激发互动，引导传播

微博平台会展示所有实时的点赞、评论、转发的数量，是一个强调互动的社交平台。一方面，互动可以增强微博平台的粉丝黏性；另一方面，互动可以促进评论和转发，不断增加博主的粉丝数量，从而增强账号和产品在微博平台的影响力。

激发用户参与互动的方式有很多。例如：设置提问，引导用户参与讨论；设置投票，让用户选择自己心中的答案；抛出福利，设置抽奖环节引导用户评论或转发等。无论采取哪种方式，新媒体文案创作者都需要精心策划文案的选题，具有话题性、趣味性、传播性的文案选题更容易吸引用户的注意。

2020 年疫情期间，螺蛳粉突然在国内外火了，于是淘宝官博做了一个活动，该微博只要被转发 10 次，就送一份螺蛳粉，上不封顶。最终，这条微博转发量为 48 万，也就是要送出 4.8 万份螺蛳粉。明面上淘宝肯定“亏了”，实际上这个话题热度达到了 1.4 亿，为了延续热度，淘宝不仅向天猫、饿了么、盒马等官微发出一张“螺蛳粉借条”（如图 8－7 所示），还做了各种营销，如“找财务预支工资买螺蛳粉被拒”“分期交付螺蛳粉”。这个热度不仅延续了半个月之久，还把流量导入了淘宝，你还能说这 4.8 万份螺蛳粉亏了吗？

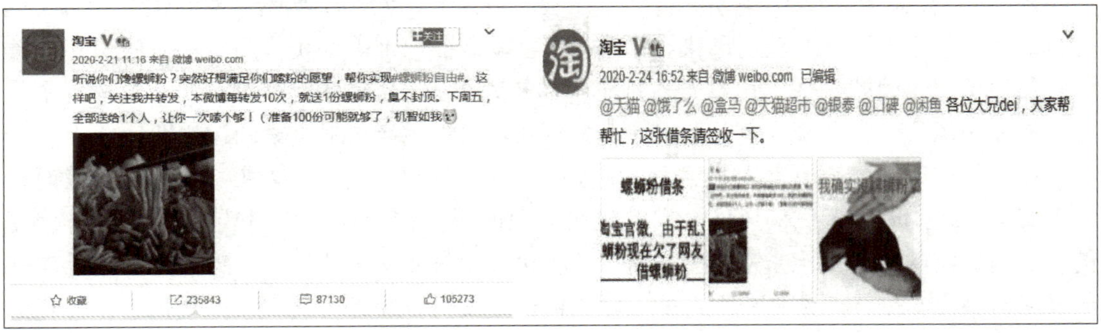

图 8－7 “螺蛳粉”营销

（二）紧追热点，善于借力

热点内容很容易在微博上持续发酵，从而引发更多用户的转发和讨论。微博上的热点内容包括但不限于微博热搜榜、微博热门话题榜、微博热点事件、微博热门影视等。

新媒体文案创作者应该重点关注微博热搜榜和微博热门话题榜。微博热搜榜每分钟更新一次，实时点赞量、评论量、转发量和搜索量极高的话题会进入该榜单。微博热门话题榜是对特定时段内各个微博话题活跃程度的客观反映，微博平台将直接展示话题相关的微博内容、官方账号和热门微博，并支持置顶微博。

微博营销文案可以借助微博热点事件、热门话题的流量优势，争取更多的曝光机会。由于热点事件具有很强的时效性，因此新媒体文案创作者需对热点事件高度敏感且反应迅速，在把握尺度的前提下快速进行文案策划，争分夺秒地发布内容，这样才能借势热点事件获得流量。除了热点之外，微博营销文案也可以借力艺人、综艺等自带流量属性的话题进行传播和转化。

清扬洗发水的产品文案就曾借势某知名艺人。普通的产品营销文案可能并不会吸引很多人的关注，但如果@某位艺人或带上某热门综艺节目的话题，用户的关注度就会大幅提升，如图 8－8 所示。

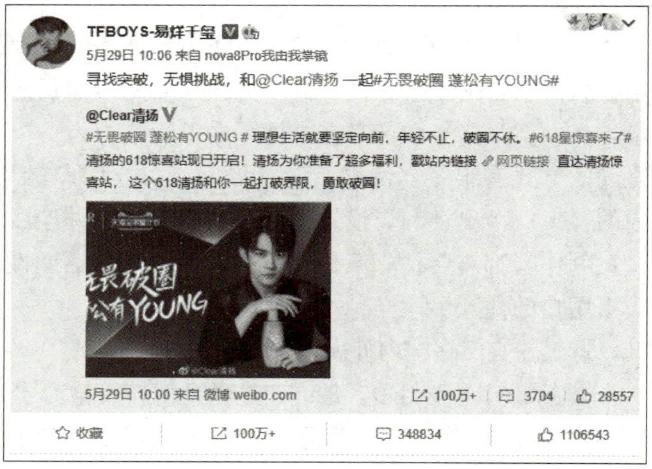

图 8－8　微博营销文案借力艺人

（三）个性鲜明，感染用户

微博社交的基础是人际关系的传播，在微博平台上，无论新媒体文案创作者发布文案的目的是宣传个人形象、企业形象，还是推广活动产品，都需要用优质的内容吸引用户关注，留住用户。因此，微博营销文案的基本要求是语言通俗易懂，其次是文案要体现个人特色或品牌风格。在此基础上，新媒体文案创作者可以适当增强文案的趣味性。

在人们的印象中，故宫庄严肃穆，但是“故宫淘宝”的官方微博账号却反其道而行之，着力打造幽默、亲民的风格，成功地在极短的时间内获得了大量粉丝。“故宫淘宝”的产品与故宫的历史文化紧密相关，这一特色也成为产品文案的创意灵感来源。在图 8－9 的微博营销文案中，原本平淡无奇的一则店铺链接微博，却因为其轻松的话语、个性化的配图，获得了不少用户的点赞和评论。强烈的反差加深了用户对这则文案的印象，也更容易使用户对这个充满个性的品牌产生好感。

在互联网时代，人们更容易被有人文温度、有情绪感染力的文案打动。有人文温度，是指微博营销文案能够给用户传达正能量；有情绪感染力，是指微博营销文案可以引发用户的情感共鸣。这两者都需要新媒体文案创作者深度了解目标用户，洞察其喜好和痛点，抓住目标用户最关心的问题进行话题设计，从而撰写出真正打动用户的微博营销文案。

“步履不停 STILLWALKING”是淘宝网站上的一个服装品牌，其微博账号的文案充满了生活的惬意和美感，俘获了众多文艺青年的心。在品牌发布的一则微博营销文案中，通过想象成为园丁的样子，引发用户内心对恬淡生活的向往，如图 8－10 所示。

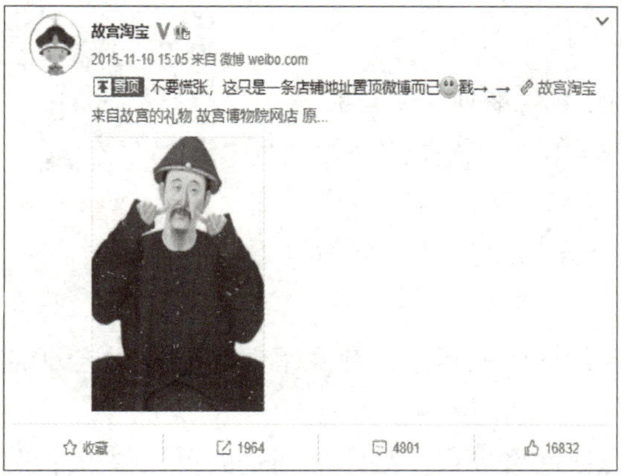

图 8－9　文案的趣味性

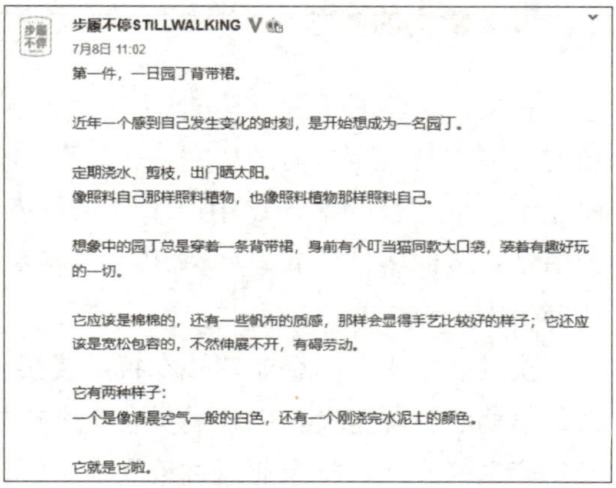

图 8－10　文案的感染力

写作提示

1. 在撰写微博文案前，应分析目标用户画像，确定微博形象、功能定位。

2. 微博文案的语言应该个性化、网络化，有场景或者金句的微博文案更容易引起读者共鸣，带来较高的转发率。

3. 微博文案应该及时发布。因为微博平台的信息传播速度较快，所以对文案的时效性要求较高。

写作训练

根据情境导入的材料，帮助苏小语完成学校官方微博宣传文案的写作。

任务 3　营销软文

情境导入

高考结束了，又到了填报志愿的日子，学校准备在公众号发布一篇文章，进行招生宣传，让苏小语负责招生文案的写作。

明确： 学习营销软文的写作。

知识聚焦

新媒体时代来临之后，软文凭借其“润物细无声”的营销效果迅速打开了网络营销市场，它借助语言文字的魅力，自然地植入广告，等到受众读完整篇文章之后，才发现自己落入了广告的“陷阱”。这种置宣传推广于无形之中的广告策略正是软文的厉害之处，对于不少商家、企业而言，软文已成为其营销制胜的法宝。

一、软文的概念

[微课] 营销软文

软文，是相对于硬性广告而言，指由企业的市场策划人员或广告公司的文案人员负责撰写的“文字广告”。与硬广告相比，软文的精妙之处就在于一个“软”字，让用户不受强制广告的宣传，文章内容与广告完美结合，从而达到广告宣传效果。具体来说，软文的定义可以分为以下两种：

狭义的软文，指企业花钱在报纸或杂志等宣传载体上刊登的纯文字性的广告。这种定义是早期的一种定义，也就是付费文字广告。

广义的软文，指企业通过策划在报纸、杂志或网络等宣传载体上刊登的可以提升企业品牌形象和知名度，或可以促进企业销售的一些宣传性、阐释性文章，包括特定的新闻报道、深度文章、付费短文广告、案例分析等。

二、软文的特点

软文是对受众进行针对性心理引导的一种文字形式，在编写相关文字内容时，文案人员应注意软文的以下特点：

（一）软文和广告具有同样的商业本性

从本质上来说，软文也是一种广告，它是企业软性渗透的商业策略在广告形式上的实现，通常借助文字表达与舆论传播使受众认同某种观念、观点和思想，从而达到企业品牌宣传、产品销售的目的。

（二）软文利用文字的表现形式来“伪装”自己

不同于普通广告在宣传上的开门见山，在软文营销中，软文利用文字资料来“伪装”自己，进而达到广告宣传的效果。软文的表现形式包括新闻资讯、企业文化、评论、趣味性的故事、包含文字元素的游戏等。这些文字形式对于受众来说都非常熟悉，受众在阅读这些文字时，不经意间就会被它所影响，从而产生某种思想和行为。

图 8-11 是安踏的一篇新闻稿，它借助东京奥运中国代表团领奖服这一客观新闻事件撰写文案，实际上在进行品牌宣传，增强品牌影响力。

东京奥运中国代表团领奖服发布 安踏将奥运科技赋能大众产品

2021年06月25日 21:22:41

来源：财报网　　0人参与　0评论

6月25日，中国体育用品行业领导品牌——安踏在京发布2020年东京奥运会中国体育代表团领奖装备，这款由首位获得奥斯卡“最佳美术设计”奖的华人、视觉艺术大师叶锦添设计，象征中国体育最高荣耀的“冠军龙服”将全程见证中国体育健儿在东京奥运会上披金夺银的巅峰时刻，这也是安踏为中国体育打造的第六款奥运领奖装备。同时，通过现场揭幕的运动科技主题展览，彰显安踏品牌运动基因和专业形象的“爱运动，中国有安踏”全新品牌理念也正式曝光，这也标志着安踏在强化专业运动属性，致力于成为消费者心智中专业运动首选品牌的同时，将继续盘活由多年牵手奥运沉淀下来的竞技体育资产，将其反哺于大众消费市场，为消费者提供各种运动场景下的装备解决方案，形成显著的差异化竞争优势。

图 8－11　安踏的一篇新闻稿

（三）软文制造信任与受众产生共鸣

很多营销软文通过文章的情感因素和渗透其中的产品关键词的影响，使目标受众产生心理共鸣，制造出相互信任的氛围，进而增强受众了解产品的兴趣，从而达到宣传或推广销售的目的。例如：三菱汽车的软广告《回家的路》就是以情感为中心进行品牌的营销推广，其文案内容如下所示——

爸爸的背是我关于回家最深刻的记忆。

每次回家，一定会经过糖厂福利社，我记得那里冰棒的味道，像爸爸背的味道。

他总是坚持要接我回家。

后来我念书放假回家，他也一定要来接我。

我第一次开车回家，快到家时，我看到爸爸在等我。

我想他是怕我忘了回家的路吧。

三菱汽车全省 164 个家，欢迎您随时回家。

该片随着旁白呈现了一个完整的故事，从女儿小时候到后来长大读书，父亲一直骑自行车接女儿回家，到最后女儿开着汽车跟随在骑着自行车父亲的后面，看着父亲那瘦弱微驼的背，女儿眼睛湿润了。整支广告洋溢着深深的父爱、浓浓的亲情，记忆中家的温暖不禁涌上心头，观众仿佛觉得自己就是故事中的主角，在感怀自己的亲情的同时，对该品牌汽车留下深刻的印象，也对该品牌汽车产生好感。

（四）软文能产生口碑传播效果

成功的软文营销完全能产生口碑传播效果，它能使受众“耳软”，大多数研究认为，口碑传播是市场中最强大的控制力之一。心理学家也指出，家庭与朋友的影响、受众直接的使用经验、大众媒介和企业的市场营销活动共同构成影响受众态度的因素。

由于存在产品信息的不对称性，因此受众在购买产品或服务时倾向于接收口碑信息，甚至主动搜寻口碑信息。当口碑传播信息与口碑接收者自身感知的产品或服务质量基本吻合时，口碑信息将会轻易影响口碑接收者的购买决策，最终促使其产生与口碑信息相一致的购买行为。文案人员要好好利用这一点，通过优秀的软文内容吸引受众，就可能达到非常好的营销推广效果。

(五) 软文要展示卖点

只让受众相信还不够，文案还需要把产品卖点说得明白清楚，否则受众就会弄不清楚状况，还是达不到最终的目的。尤其是某些推广销售产品的文案，文案人员需要深入了解产品特点，并完美地将其演绎出来，把产品说得明白透彻。通过恰当的宣传后，文案就可以使受众对产品留下印象，促成营销目的的实现。

在这个过程中要注意营造轻松愉快的气氛，只有这样受众才会有兴趣阅读，产生进一步了解的欲望。经验分享类和权威资料类软文就需要充分展示产品的卖点，赋予产品生动的形象化描述，让受众看完文章后产生身临其境的感觉，从而达到出其不意的营销效果。图 8-12 为科普软文，作者以轻松幽默的语言介绍“汽车尾气”及“国家第六阶段机动车污染物排放标准”等汽车知识，实际上是在介绍所推广产品的特点，既有知识性，又充满趣味。

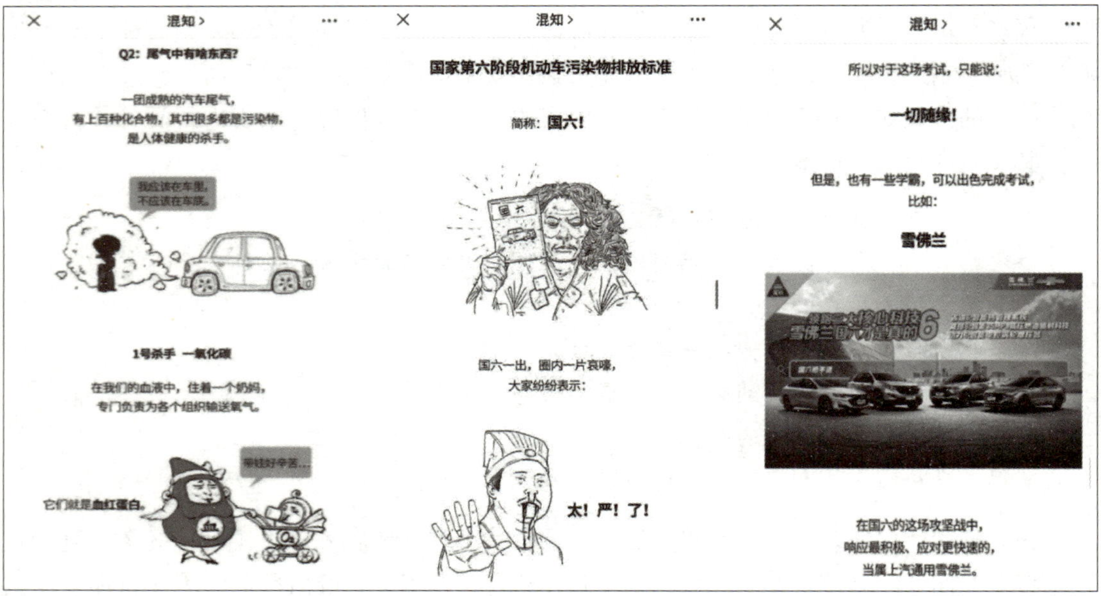

图 8-12 科普软文

三、软文的类型

在现在的广告市场中，硬广告不仅收费标准高于软文，其效果也开始逐渐下降，在这种情况下，软文因其在营销成本及效果上的高性价比，获得了很多商家的青睐。越来越多的企业愿意尝试利用软文来占领市场。作为一种有力的营销武器，软文可以被分为以下 3 种类型：

(一) 推广类软文

在文章中介绍产品或品牌，或者加入推广链接，这些文章都可以称为推广类软文。这类软文在营销推广中的作用非常明显，一旦被大量转载，其得到的推广效果将非常显著。推广类软文通常有比较固定的形式，主要包括：

（1）在文章中推荐网站或网页链接。

（2）在文章中直接推荐产品销售网店的网址。

（3）以电子邮件的形式投放的销售信函或海报。

（4）在平面媒体上直接介绍产品或品牌的相关知识。

（5）网页信函，即一个域名只有一个网页，且在该网页中只有产品或品牌的介绍。

图 8-13 为街拍博主撰写的一篇街拍穿搭分享文章，借模特的国风穿搭引出国际动漫节的活动，在文中植入了动漫节的宣传海报和二维码，方便读者扫码操作，这就是一种推广类软文。

图 8-13 街拍穿搭分享文章

（二）公众类软文

公众类软文是指企业或机构处理内外公共关系，以及向公众传递各类信息的软文，其主要的平台包括企业内部刊物、官方网站及其他社交平台等。这类软文的写作目的通常是处理企业与员工之间、企业与受众之间、企业与公众之间的关系，当企业有重要行动或发生重要事件时，可以通过发布公众类软文来协调相关关系，从而保证企业的正常运行，保护企业的相关利益。

公众类软文通常分为公关软文和新闻软文两种类型。

公关软文的作用就是为企业或机构塑造良好的组织形象，为培养良好的公众关系而进行最接近事实的报道。

2020 年 4 月，伴随着疫情的向好发展，海底捞恢复营业后餐品涨价，半份毛血旺从 16 元涨到 23 元；半份土豆片 13 元，合一片土豆 1.5 元；自助调料 10 元一位；米饭 7 元一碗；小酥肉 50 元一盘。这一行为迅速将海底捞推向舆论风口，海底捞随后就发布了致歉信，并恢复到 2020 年 1 月 26 日门店停业前标准。虽然引起热议，但舆论环境并不负面，海底捞果断采取行动，重新赢回了大众的信任。图 8－14 为公关软文，该话题不但冲上微博热搜，而且赢得不少网友的好评，知错能改，才是最好的公关策略。

新闻软文则通常是对于企业或机构的新闻事件进行报道的文章，图 8－15 所示为华为官方网站的新闻软文，企业可以通过这类软文向公众传递企业信息。

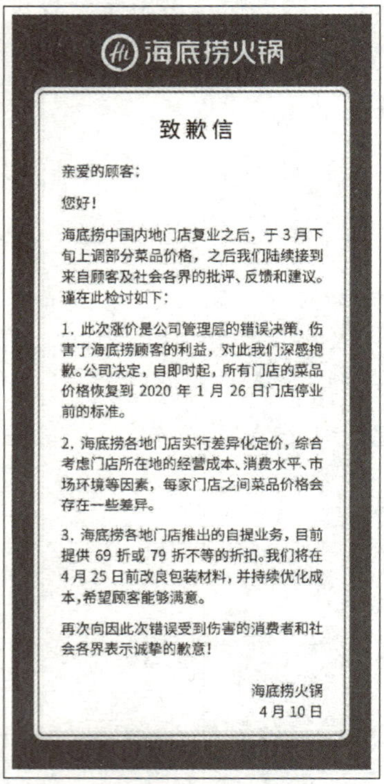

海底捞火锅

致歉信

亲爱的顾客：

您好！

海底捞中国内地门店复业之后，于 3 月下旬上调部分菜品价格，之后我们陆续接到来自顾客及社会各界的批评、反馈和建议。谨在此检讨如下：

1. 此次涨价是公司管理层的错误决策，伤害了海底捞顾客的利益，对此我们深感抱歉。公司决定，自即时起，所有门店的菜品价格恢复到 2020 年 1 月 26 日门店停业前的标准。

2. 海底捞各地门店实行差异化定价，综合考虑门店所在地的经营成本、消费水平、市场环境等因素，每家门店之间菜品价格会存在一些差异。

3. 海底捞各地门店推出的自提业务，目前提供 69 折或 79 折不等的折扣。我们将在 4 月 25 日前改良包装材料，并持续优化成本，希望顾客能够满意。

再次向因此次错误受到伤害的消费者和社会各界表示诚挚的歉意！

海底捞火锅

4 月 10 日

图 8－14　海底捞的公关软文

图 8－15　华为官方网站的新闻软文

（三）品牌力软文

品牌力软文是用于建设并宣传品牌的软文，它可以由内部人员撰写，或由企业主导、找人代写，也可以是外部用户对产品的使用感受，还可以是从外部收录的文章，主要目的是提高品牌知名度、美誉度和忠诚度，有助于塑造品牌形象、积累品牌资产。

在品牌力软文中，效果最强大的是故事型软文，从传播的角度看，结合了故事的软文广告，能够引发二次传播，甚至达到“病毒式传播”的效果。故事是对生活的艺术性概括。在一般情况下，能够成为广告的故事也较具有代表性，因此更能够使受众联系到自身。广告信息穿插在故事之中，受众在感同身受的同时，也接受了广告信息。这样的广告形式避免了传统广告所造成的厌倦感，增加了人们的阅读兴趣，显得生动有趣，既达到了传播效果，又完成了营销目的。

图 8－16 为六神磊磊的一条名为《你以为那是叫花鸡？那是金庸的本事》的《绝地求

生》网络游戏的软文广告，通过讲述“洪七公吃鸡”的故事，与网络游戏推出的口号“大吉大利，今晚吃鸡”发生联系，浅显有趣。

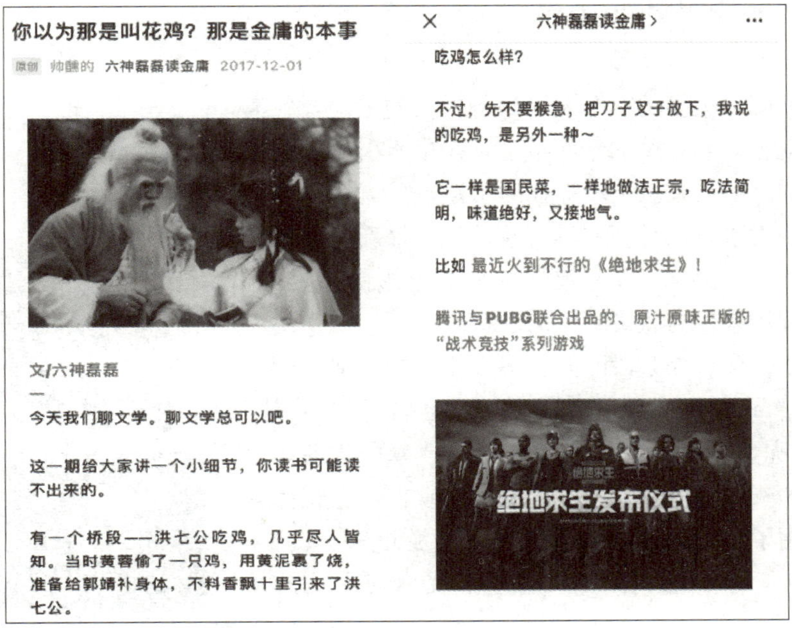

图 8-16　品牌力软文

四、软文写作的要求

软文营销的成功与否，软文的写作是关键。很多时候，完成一篇软文比较简单，达到软文营销的效果却非常困难。那么要如何才能提高软文营销的效果呢？下面分别从软文的标题、话题、结构和广告融入等方面介绍软文写作的要求。

（一）标题要有吸引力

同其他的新媒体文案一样，软文标题的确定十分重要，文章的标题代表着文章的核心内容，其好坏甚至会直接影响软文营销的成败。因此，在创作软文前，一定要赋予文章一个富有诱惑性、震撼力或神秘感的标题。

2020 年 10 月 1 日，恰逢中秋、国庆双节同庆，某公众号发表的一篇软文，标题名为《天宫鉴诗会 明月何多情》，如图 8－17 所示，其实是中国平安的广告。对于文章的受众来说，这样的题目非常有意境，也非常切合广告的主题。该文章以这种新颖的标题获得了大量的点击与评论留言，更有读者表示看到标题就点击阅读了，这就是好标题的妙用。

图 8－17　中国平安的广告

需要注意的是，标题虽然要有诱惑力，但是切忌变成“标题党”（在网络媒体中制作夸张、引人注目的标题来吸引受众注意力，以达到增加点击量或提高知名度目的的人群），如《吃饭还能免费送话费，朋友圈都转疯了》，让受众以为文章是纯粹的广告或谣言，这样撰写标题的行为是不可取的。

（二）抓住时事热点和流行词

奥运会期间，很多的赛事及结果备受人们关注，各大网站、报纸就会刊登有关的新闻报道，在搜索引擎中其搜索量也会增加，所以在软文中抓住时事热点，就容易达到营销的效果。时事热点是那些具有时效性、最新鲜、最热门的新闻，如《战狼 2》《流浪地球》等电影的热播等，就被不少品牌用来作为软文写作的题材。

流行词也一样，如某段时间较多人使用的“请开始你的表演”“打 Call”“比心”“你的良心不会痛吗”“戏精”“你咋不上天呢”“佛系”等，都能够贴近受众的生活，引起关注。图 8－18 是一篇关于手链的推广软文，它在标题和正文都利用了当时的热播电影《寻梦环游记》，吸引了受众的注意力，增加了文章的阅读量和受众对文章的接受度。

图 8－18　关于手链的推广软文

（三）结构清晰

高质量的软文排版应该是严谨而有条不紊的，一篇排版整洁、版式优美的文章，不但会给受众带来良好的阅读观感，让其觉得软文结构明朗、思路清晰，还会给人一种权威的感觉。

为了达到软文营销的目的，一定要仔细检查文章的排版，做到最基本的上下连贯，最好为每一段话题标注一个小标题，突出文章的重点，或是巧用字体、字号、图片或其他显眼的标识将其与周围的内容隔开，使受众一目了然。另外，在文章措辞上，如果是需要说服他人的，最好加入类似“数据统计”“专家建议”的言语，提高文章的可信度。图 8－19 为某结构清晰、重点突出、排版美观的软文示例。

（四）自然融入广告内容

软文就是软广告，软文营销最难操作的部分就是如何把广告的内容自然地融入文章中而又不引起受众的反感。一篇成功的软文是要让受众在读过之后，不仅没有感受到广告的味道，还能够受益匪浅，认为软文为其提供了不少帮助，这一点非常重要。

在这个过程中，文案人员要注意融入广告并不是最后才操作的步骤，相反，只有在写软文之前就想好广告的内容和目的，才能做好软文的自然融入。公众号“新世相”的一篇推文《男人认命，是从发胖开始的》（如图 8－20 所示）通过列举娱乐圈多个男明星的发胖史来表达“要想对抗发福，就要勇于改变自己的身材，这样才能重新掌控自己的生活”。文章结尾写道：“这种‘超级迸发’的瞬间，同样也藏在阿迪达斯推出的系列跑鞋中……”让受众对品牌和产品印象深刻。

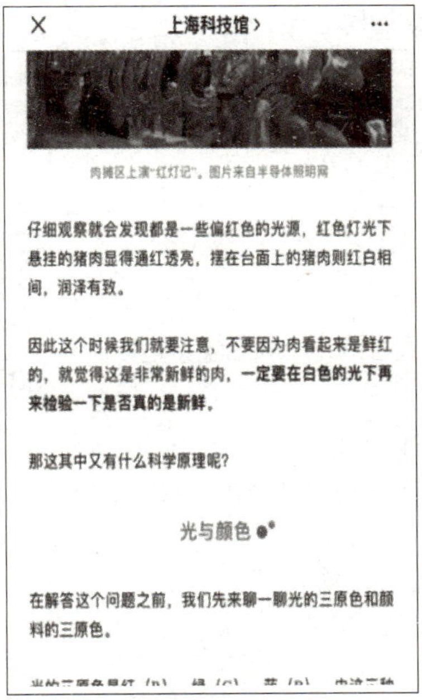

上海科技馆 >

肉摊区上演"红灯记"。图片来自半导体照明网

仔细观察就会发现都是一些偏红色的光源，红色灯光下悬挂的猪肉显得通红透亮，摆在台面上的猪肉则红白相间，润泽有致。

因此这个时候我们就要注意，不要因为肉看起来是鲜红的，就觉得这是非常新鲜的肉，**一定要在白色的光下再来检验一下是否真的是新鲜。**

那这其中又有什么科学原理呢？

光与颜色

在解答这个问题之前，我们先来聊一聊光的三原色和颜料的三原色。

图 8-19　软文排版示例

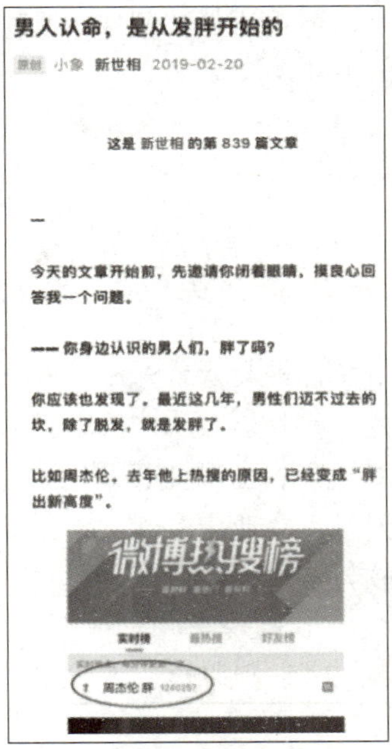

男人认命，是从发胖开始的

小象　新世相　2019-02-20

这是 新世相 的第 839 篇文章

—

今天的文章开始前，先邀请你闭着眼睛，摸良心回答我一个问题。

—— 你身边认识的男人们，胖了吗？

你应该也发现了。最近这几年，男性们迈不过去的坎，除了脱发，就是发胖了。

比如周杰伦。去年他上热搜的原因，已经变成"胖出新高度"。

微博热搜榜

实时榜

周杰伦胖

图 8-20　"新世相"的推文

写作提示

一个文案人员想写好软文，就要多加练习，熟能生巧。但无论是练习还是写作，难免会遇到素材匮乏、难以继续的情况，这时，可以采取以下 4 种方法：

一是案例法，就是把自己的亲身经历写出来，然后加上分析、感受、评价等。

二是总结法，将自己收集的案例、热点时事、别人的故事，分析总结后编辑为新的文案。

三是观察法，每天的生活就是无穷的宝库，细心地观察生活，从生活中找到创作的灵感，留心地记住每时每刻所发生的事情，全面把握住那一刹那的灵感，就能在软文创作中得到无穷的感想，进而写好软文。

四是实践法，多看新闻，新闻讲述的是每天发生的事情，具有较强的时效性。在新闻中，文案人员可以找到很多及时有效的信息，而且受众每天在网上浏览新闻，基本是关注自己喜欢的新闻。将这些新闻穿插到软文当中，就是一个很好的写作软文的方法。

写作训练

帮助苏小语完成学校的招生宣传软文。

任务 4　短视频文案

情境导入

新学期开始了，学校的汉服社要招新，他们打算在学校公众号上发一段短视频宣传自己的社团，于是请苏小语帮忙策划，制作短视频文案。

明确：学习短视频文案的写作。

知识聚焦

一、短视频的概念

短视频是指在各种新媒体平台上播放的、适合在移动状态和短时休闲状态下观看的、高频推送的视频内容，时长一般几秒到几分钟不等，内容融合了技能分享、幽默搞怪、时尚潮流、社会热点、街头采访、公益教育、广告创意、商业定制等主题。由于内容较短，因此既可以单独成片，也可以成为系列栏目。

［微课］短视频文案

二、短视频的选题方向

短视频内容生态的演变和大众品位的升级，使人们对短视频内容进化的需求越来越强烈。短视频的内容覆盖搞笑娱乐、生活休闲、时尚美妆、母婴育儿、运动健康和知识技能等各个方面，垂直内容细分化趋势不断增强。因此，如果能在短视频选题上赢得受众的青睐，就能占领短视频领域的高地。

（一）短视频的选题原则

在确定短视频选题时，应遵循以下原则：

1. 以受众为导向

制作短视频的最终目的并不是孤芳自赏，而是吸引人们的关注，引发人们的共鸣。因此，在构思短视频选题时一定要从受众的角度出发，优先考虑受众的需求，了解其兴趣和爱好，分析人们日常关注的热点，以及希望解决的问题等。只有重视受众的体验，将短视频投放到平台后才可能获得良好的反馈；反之，如果在没有做足受众分析工作的情况下盲目地确定选题，最后制作出来的短视频只能石沉大海，无人问津。

2. 在某一领域垂直深耕

在移动化和社交环境的滋养下，短视频逐渐发展成为主流的内容形态之一。从短视频兴起，到各大互联网公司争相在短视频领域进行布局，短视频的内容格局已经基本成型。在垂直化方向上，美妆、美食、萌宠等各大短视频领域的发展空间越来越饱和，甚至出现扎堆的情况，因此只有在更加垂直细分的领域寻找突破口，选择有深度的主题持续生产优质内容，不断打造更加专业、更具影响力的短视频，才能提升受众的忠诚度，增加其黏性。

在平时的积累中，我们应当收集数据，从播放量、转发量、收藏量及评论中对比分析哪类选题更容易吸引受众关注，并做好总结与记录。对于受众关注度高的选题，我们可以变换角度之后进行再创作；对于受众关注度低的选题，我们可以在分析原因之后，在以后的创作过程中尽量规避。

3. 实用性

能够直接触发人们收藏、点赞、评论、转发等一系列行为的短视频一定是对大众有价值的。在构思短视频选题时，我们应该本着实用性的原则，以价值输出为宗旨，让观看视频的受众有所收获。

目前，短视频泛娱乐化的内容过剩，人们更需要通过实用性的内容来帮助自己提升生活品质或者满足求知欲，因此，在构思选题时，文案创作者要思考自己创作的短视频能给受众带来什么利益，能否让其产生收获感和满足感，尽量分享一些“干货”，只有这样才能在有价值的内容环境中积累和沉淀忠实的受众。

4. 贴合热点，找准切入角度

当下，追踪热点、围绕热门选题来制作短视频已经成为常用的选题方法。追踪热门事件、热点话题，可以有效地吸引大众的目光，让短视频在投放传播时自带流量。需要注意的是，在短视频市场日趋饱和的今天，同质化的选题越来越多，容易让人产生审美疲劳。因此，在贴合热点的同时，要把握好时机，提升自我的敏感度，在第一时间搭上热点的快车，但也不能盲目跟风，而要找准热点的切入角度，寻找不同的方向，以独特的视角给受众更新奇的观看体验，这样的短视频才不会流于平庸。

5. 创新性

如果选题缺乏创新，就难以制作出有创意的短视频内容。要使选题具有创新性，文案创作者就须具有创新意识和创新的实现力。一方面，可以在借鉴别人作品的基础上深入挖掘，以逆向思维和求异性思维寻找鲜有人涉足的领域进行自我创新与扩展；另一方面，要不断地积累经验，增加个人的知识储备，在不断的学习中获取创新的灵感。选题有了创意，也就有了打动受众的新鲜感。

（二）短视频的主要选题方向

1. 搞笑类

搞笑类是短视频中比较火爆的一类选题。现代社会竞争压力不断加大，人们需要以轻松、搞笑的元素来调剂生活，缓解精神上的压力，所以这类短视频的受众比较广泛，男女老少皆宜。

在选题上，我们可以考虑不同的细分领域，例如：情景喜剧类选题要注重场景与笑点的结合，力争在笑料包袱上推陈出新，也可以将这类选题做成一个系列，这样可以增加视频内容的辨识度，吸引稳定的受众。又如：搞笑点评类选题要以贴近人们日常生活的话题为主，以接地气的话题进行辛辣的点评，引发人们的共鸣。除此之外，还有搞笑街访和恶搞配音等搞笑类选题方向。

2. 美食类

俗话说，“民以食为天”。在美食领域，我们更容易收集到丰富的素材，从不同的角度获得创意灵感。美食类短视频不仅可以向受众展示相关美食，还可以将人们对生活的乐观、积极的态度表达出来。

在美食类选题方向上，常见的类型主要有美食制作类、美食达人类及美食测评类等。其中，美食制作类在所有美食类短视频中占比最高，因为其制作门槛较低，又具有强大的普适性，所以这类选题同质化现象比较严重；美食达人类则是将网络红人和美食结合起来，为自己的短视频贴上一个特色标签，这样制作出来的短视频不是简单的美食介绍，而是把一种风格和理念传达给受众，更能与受众产生情感互动；美食测评类的关键点则在于评测的内容和角度，这类选题往往与美食产品的推广相结合。

3. 生活技巧类

生活技巧是指人们在日常生活中总结出来的知识和经验，涵盖健康、饮食、居家、穿搭等方面。在日常生活中，我们难免会碰到各种琐碎、棘手的问题，如怎样清除西装上面的污渍？怎样挑选新鲜的肉类？刚买的新鞋磨脚怎么办？……人们对于这类短视频的根本诉求就是简单、实用，能让日常生活变得更加方便、轻松，提升生活质量。

4. 娱乐类

娱乐类选题的方向比较广泛，如才艺展示、明星热点、电影解说、娱乐资讯等。因为这类短视频的内容量很大，所以文案创作者在构思选题时要运用新奇的创意，从不一样的角度出发。

5. 科技类

随着科学技术的进步及人们知识水平的提高，科技类短视频逐渐受到人们的关注。客观地说，目前科技类短视频的受众规模还相对较小，但把握好这块蓝海领域也会得到不少流量。

科技类短视频一般包括智能设备测评、器械拆装实验、创意 DIY 小发明等，这类短视频要求创作者具备一定的科技知识积累和较强的动手能力，而且由于科学技术更迭速度比较快，因此创作者需要不断汲取新的知识，获取新的素材，给受众带来更多有价值的内容。

6. 健康类

生活质量的改善使人们对健康的关注程度越来越高，崇尚健康的理念现在已经深入人心，因此，专业人士就可以从健康的角度入手，选择与人们健康密切相关的主题，为受众解决一些简单的健康问题，普及医学知识，这也不失为好的选题方向。

除了以上几种短视频选题方向外，还有体育、旅游、职场、宠物等短视频类型。更多的垂直细分领域有待探索和发掘，只有找准方向，努力深耕，才能在短视频的创作上有所收获。

三、短视频脚本的写作

在拍摄短视频时，盲目、无规划地拍摄会造成资源的浪费和素材的冗杂，也就难以创作出高质量的短视频，所以短视频脚本的写作便成了短视频制作的重要环节，优质的脚本对短视频的拍摄可以起到提纲挈领的作用。

“脚本”一词属于编剧术语，指表演戏剧、拍摄电影等所依据的底本，或者是书稿的底本，它是故事情节发展的大纲，决定着作品的走向，以及拍摄的具体细节。随着短视频发展的日趋成熟化，脚本逐渐被应用到短视频制作过程中。

短视频脚本是为了获得最佳的画面效果，在短视频拍摄之前构建的故事基本框架，包括人物对白（解说词）、场景切换、时间分割，以及动作、音效等。短视频脚本是服务于短视频拍摄的一种工具，是高效、高质完成短视频制作的重要手段。

短视频脚本主要包括八个构成要素，即框架搭建、主题定位、人物设置、场景设置、故事线索、影调运用、音乐运用和镜头运用，如表 8－1 所示。

表 8－1　短视频脚本的构成要素

要素	具体内容
框架搭建	拍摄前的整体建构，如场景选择、拍摄主题、故事线索、人物关系等
主题定位	明确主题，找准切入点
人物设置	人物安排，每个人物如何表现主题
场景设置	室内、室外、棚拍或者绿幕抠像
故事线索	情节的发展走向，脚本的叙事手法
影调运用	不同的主题搭配相应的影调，如悲剧搭配冷调、喜剧搭配暖调
音乐运用	渲染气氛，带动观众情绪
镜头运用	运用不同的镜头拍摄不同的画面

短视频的脚本类型主要包括三种，即拍摄提纲、文学脚本和分镜头脚本。

（一）拍摄提纲

拍摄提纲是为短视频拍摄制定的大致框架，它包含短视频拍摄的基本要点，是短视频最终呈现的大致轮廓。在拍摄纪录型或故事型短视频时，由于拍摄细节存在不确定性，镜头难以预先划分，拍摄者可以依据拍摄提纲在拍摄过程中灵活调整所要表达的内容。

拍摄提纲一般包括五个部分，如表 8－2 所示。

表 8－2　拍摄提纲的组成部分

组成部分	说明
主题	明确立意，为拍摄者确定创作方向
视角	寻找独特的切入点，更好地表现短视频主题
体裁	根据体裁确定拍摄要求及表现方法
风格	确定短视频的创作基调内容
内容	用具体的场景架构指导短视频拍摄

（二）文学脚本

传统的文学脚本是指各种小说或故事经过改版后，方便以镜头语言来完成的台本方式。对于短视频创作来说，文学脚本既沿袭了传统的制作初衷，又被赋予了新的形态。

短视频文学脚本以文学的手法描述短视频的情节发展，把拍摄者所要呈现的视听效果以文字的形式传达出来，从而形成一个较为完整的流程。它将整个作品中可控场景的拍摄思路用文字诠释出来，是一种较为详细的脚本形式。

（三）分镜头脚本

对于短视频拍摄来说，分镜头脚本是最为详尽的脚本形式，是将文字画面转化为视听立体形象的重要环节。它参照拍摄场景的具体情况，以拍摄提纲或者文学脚本为基础，运用蒙太奇手法将短视频的画面内容加工成一系列具体、可感、可供拍摄的镜头，是镜头语言的再创造。

分镜头脚本一般采用表格的形式，将镜头号、景别、画面、时长、对白（解说词）、音乐音响等按顺序制作成表格，分项填写。拍摄者可以根据不同短视频的拍摄需求，灵活安排表格项目，如表 8－3 所示。

表 8－3 分镜头脚本的构成要素

要素	说明
镜头号	按组成短视频的镜头的先后顺序依次编号
景别	以远景、全景、中景、近景、特写的拍摄角度来表现整体或者突出局部
画面	用精练、具体的语言描述出要表现的画面内容
时长	每个镜头的拍摄时间精确到“秒”
对白（解说词）	每个镜头下人物的对白，或者对画面的解说
音乐音响	为配合镜头画面安排的音效，可以起到烘托情境的作用

下面围绕“毕业季”这个主题，列举三种不同类型短视频脚本的写作。

1. “毕业季”短视频拍摄提纲

主题：在毕业季，莘莘学子结束了四年的校园生活，面对离别，他们心中有太多的感慨与不舍。然而毕业不是青春的结束，而是青春的续航。毕业了，请带着四年的收获，怀揣梦想，拥抱新生活。

视角：从大学生活的各个场景入手，通过对生活、学习、活动不同侧面的刻画，反映难忘的校园生活。

体裁：纪录片型短视频。

风格：虽有淡淡忧伤，但充满希望。

内容：

场景一：校园大门外

一群身穿学士服的毕业生从各个方向走来，站定，拍毕业照。

场景二：运动会

丹桂飘香的九月，几位同学在操场跑道上比赛。

场景三：学习

学生参加辩论赛，两位辩手唇枪舌剑。

场景四：安静的教室

空荡的教室，写满毕业送别话语的黑板。

2. “毕业季”短视频文学脚本

阳光明媚的校园门口，一群身穿学士服的毕业生从各个方向走来，他们说着、笑着，慢慢地聚集在一起站定，“咔嚓”一声，画面定格在学生热情洋溢的笑脸上。

时间回到从前，一帧帧回忆的画面涌入脑海。运动会上，几位同学在赛道上驰骋，他们表情坚毅，脸上挂满汗水，周围一片鼓励喝彩的声音；辩论赛上，两位辩手唇枪舌剑，气氛紧张而热烈。

最后，记忆回到现实，毕业了，教室里不再吵吵闹闹，空荡而又寂寞，黑板上赫然写着：“我们不诉离别，只记住青春最好的模样！毕业，不是青春的结束，而是青春的续航！”

3. “毕业季”短视频分镜头脚本

具体如表 8－4 所示。

表 8－4　“毕业季”短视频分镜头脚本

镜头号	景别	画面	时长	对白（解说词）	音乐音响
1	远景	校园门口，阳光普照，一群身穿学士服的毕业生从各个方向走来	15s	—	背景音乐《光阴的故事》
	中景	他们互相交谈着，脸上洋溢着笑容		—	—
	近景	毕业生慢慢聚集在一起，脸上仍然挂着笑容，画面定格，拍成照片		—	相机按动快门的“咔嚓”声
2	中景	运动会上，五名学生穿着运动衣奋力奔跑	20s	—	鼓掌喝彩的声音，背景音乐《青春纪念册》
	特写	脸上表情坚毅，挂满汗水		—	
3	近景	辩论赛上，正反方辩手相对站立，一方辩手正在论述观点	20s	辩手：正所谓“不积跬步，无以至千里；不积小流，无以成江海……”	背景音乐《青春纪念册》
4	近景	教室里，空荡且安静；黑板上写着毕业寄语	20s	我们不诉离别，只记住青春最好的模样！毕业，不是青春的结束，而是青春的续航！	音乐从镜头转向黑板那一刻开始播放《青春纪念册》高潮部分

四、短视频文案写作

随着短视频市场规模的不断扩大，各类短视频如雨后春笋般地涌现。如何让自己的短视频脱颖而出，迅速吸引受众的眼球，是制作短视频的关键所在。

对于短视频来说，标题的拟订至关重要。一个寡淡无味的短视频标题无法吸引受众的注意力，也就不能勾起受众观看短视频的欲望。

优质的短视频标题应以对内容的巧妙提炼为基础，将创新力与个性化的元素融入其中，这样才能对短视频起到画龙点睛的作用。一方面，受众会通过标题来甄选自己期待观看的短视频内容；另一方面，优质的标题可以获得短视频平台更多的推荐机会，所以短视频标题的拟订十分重要。

在拟订短视频标题时，可以运用以下技巧：

（一）把握标题的长度，运用短句强化标题的层次感

各大短视频平台通常都会对短视频标题有字数限制，如果标题太短，短视频内容中的有效信息就不能被完整地传达出来；如果标题过长，则给人一种冗赘感。复杂、拗口的长句往往不利于人们阅读，因此短视频标题讲究精确、凝练。以简洁的短句代替长句，可以强化标题的层次感，优化标题结构，让受众获得舒适的阅读体验，从而提高短视频的播放

量。例如：《六一节经典动漫大盘点，“90 后”感触，“80 后”飙泪!》《现在不全力以赴，还要等到什么时候?》。

(二) 巧用数字、标点符号

在碎片化的阅读方式下，人们往往注重第一眼的直观印象，如何在几秒内迅速吸引受众的注意力，成为拟订短视频标题首先要解决的问题。与文字相比，简洁、利落的数字能让标题更具视觉冲击力。同时，数字传达出的信息显得客观、精确和专业，使短视频的内容更具可信度。例如：《高考考了 703 分，却被 11 所大学拒绝，博士毕业后的他用 4 个字来回复》《高领衫 11 种穿搭：衣橱必备款系列》。

除了以数字吸引受众的注意力外，标点符号的灵活运用也能给短视频标题增色不少。感叹号可以表达强烈的感情，如抒发赞颂、喜悦、愤怒、叹息、惊讶等情绪；破折号表示进一步解释说明。例如：《2 岁宝宝辅食：学会这道水果比萨，轻松满足宝宝挑剔味蕾!》《夏日樱桃妆——让你清透水嘟嘟》。

(三) 提取短视频中的爆点，在标题中设置高频关键词

短视频关键词主要包括两种：一种网络热点关键词，即由当下的热点事件和热门话题衍生出来的关键词；另一种是基于短视频内容的关键词。这就要求我们在拟订短视频标题时，既紧跟时事热点，又从短视频内容中提取人们关注的爆点，用搜索流量较高的关键词来准确表达短视频内容。

设置关键词不仅仅是为了方便受众搜索短视频，更重要的是每个短视频平台都有各自的推荐机制，关键词越准确，越容易按照平台的推荐机制推荐给对相应话题感兴趣的受众。我们可以将网络热点关键词与短视频内容关键词进行优化组合，这样就会大大提高短视频的播放量。

例如：在短视频《啥是佩奇》刷爆朋友圈以后，很多短视频创作者创作了与该话题相关的视频内容。《温州商报》选取了这一微电影的片段，并配上标题《啥是佩奇? 你可曾记得，曾经有人那么执着地疼爱你……》，获得约 269 万点赞、7 万评论和 16 万转发。

(四) 设置悬念，激发受众的好奇心

一个充满悬念的短视频标题可以激起人们的好奇心，而这种好奇心正是促使人们打开短视频的动力。这样的标题通过刻意营造悬念，制造疑问，使受众产生猎奇的心理，促使其打开短视频一探究竟。

一是可以把标题设置成一个疑问句，通过提出问题来激发受众观看短视频的兴趣；二是可以在标题中制造对比和冲突，为受众打造差异化体验；三是可以打破人们的常规认知，以独特的角度吊起受众的胃口。

例如：《长相奇怪的跳跳鱼，还能有这种吃法?》《所爱隔山海，山海不可平。你经历过绝望吗?》。

(五) 在标题中明确受众指向，增加代入感

在短视频标题中，将受众指向“标签化”，明确视频内容所针对的人群，可以拉近视频制作者与受众的心理距离；还可以使用第一人称、第二人称，以场景对话的方式拟订标题，从受众的角度出发，以受众的体验为主，强化受众的代入感。例如：《囤货季来啦!

宝妈们该给自己囤点儿啥?》《这些单词很容易，但你真的会读吗?》。

写作提示

1. 短视频文案要紧追热点。紧追热点可以帮助视频传播快速升温，但热点话题也要根据目标受众的定位来选取，这样才能起到更好的效果。

2. 短视频文案要融入情感，情节应符合逻辑，形式应生动有趣，还要注重细节的打造，只有符合逻辑地表现出贴近用户真实生活地情节，才能使用户真正感到触动，有助于增强视频内容的深度。

写作训练

帮助苏小语完成汉服社的招新宣传短视频文案。

参考文献

1. 郝立新．应用文写作［M］.2版．北京：清华大学出版社，2016.
2. 孙悦，冯昱．应用文写作［M］. 北京：清华大学出版社，2018.
3. 柳胜辉．财经应用文写作［M］. 北京：高等教育出版社，2017.
4. 秦效宏，递春．财经应用文写作［M］. 北京：清华大学出版社，2018.
5. 李薇．财经应用文写作［M］.3版．北京：高等教育出版社，2020.
6. 刘春丹．财经应用文写作［M］.3版．北京：北京大学出版社，2017.